CADER IDRIS A'R ARTISTIAID

'Heb os, 'mynydd y meddwl' yw Cader Idris, un sydd wedi dwyn sylw artistiaid am bedair canrif. Mae testun dadlennol Andrew Green a'i ddetholiad godidog o ddelweddau yn esbonio pam mae'r mynydd wedi hudo cynifer ohonynt.'
Peter Wakelin, llenor a churadur.

'Nid yn unig mae Andrew Green yn amlinellu'r hanes o weld y mynydd, ond mae hefyd yn dathlu Cader Idris fel tirwedd ac fel cysyniad sy'n parhau i ddangos i ni pwy ydyn ni a beth yw ein lle yn y byd.'
Tony Curtis, bardd, beirniad a thraethodydd.

'Dyma gyfrol odidog sy'n dod â ni nid yn unig yn nes at un o fynyddoedd mwyaf trawiadol Cymru ond hefyd at ddeall crefft a chelfyddyd ei ddelweddu. O'i darllen, cawn deimlo'r llwybrau caregog o dan ein traed, yr awyr yn herio'n hysgyfaint a rhyfeddod yn llenwi ein llygaid.'
Mererid Hopwood, llenor a bardd telynegol.

CADER IDRIS A'R ARTISTIAID

ANDREW GREEN

GRAFFEG

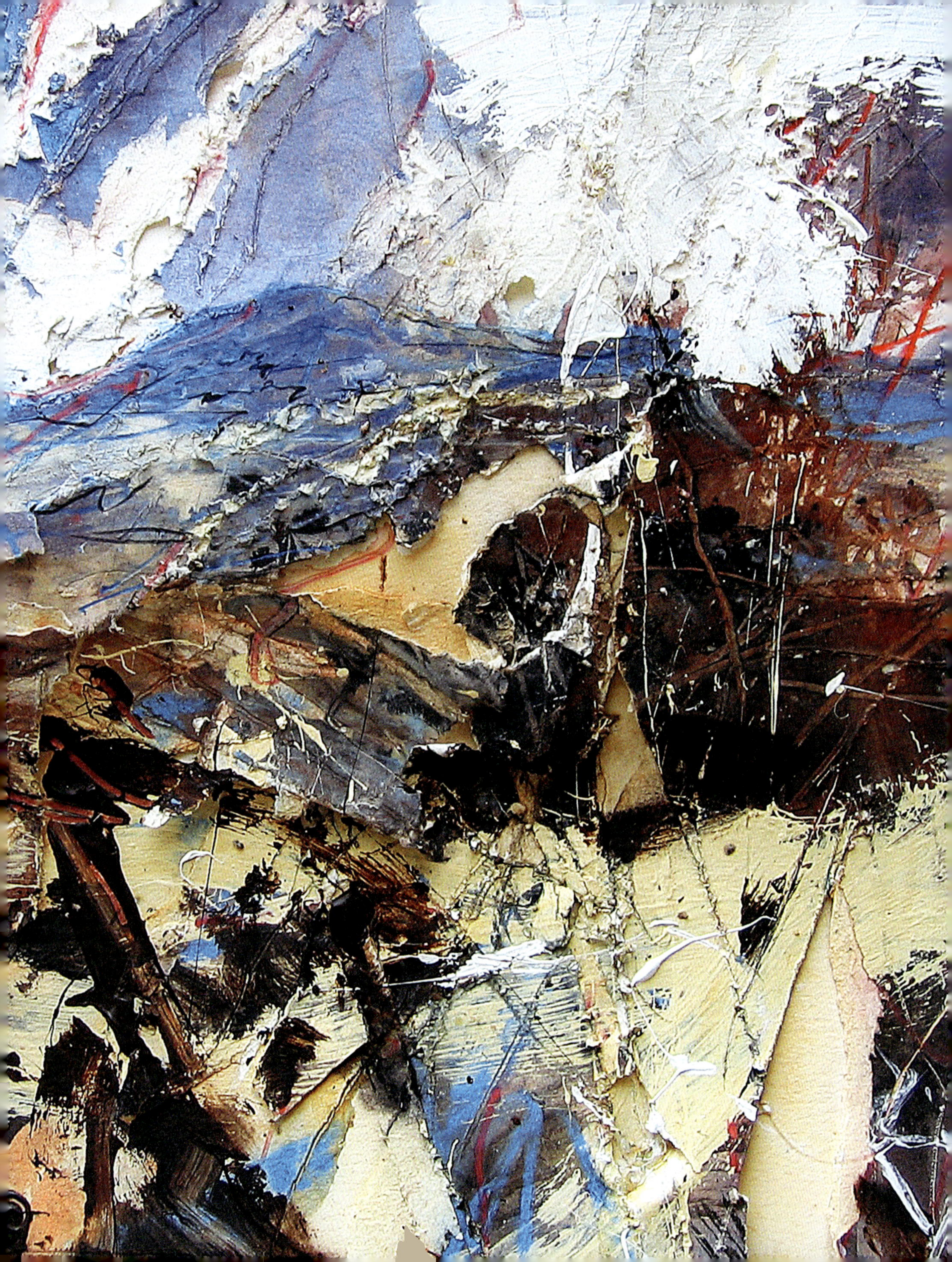

CYNNWYS

David Tress
Manylyn o *Cadair Idris from above Dolgellau*, 2005, cyfryngau cymysg ar bapur, 57 x 78 cm, casgliad yr artist.

RHAGAIR

Cader Idris yw fy newis o fynydd ers imi roi troed arni gyntaf. Bryd hynny, dros hanner canrif yn ôl, fe'm tywyswyd i gerdded ar ei thraws: i fyny Llwybr Minffordd, ar draws Pen-y-gader, ac i lawr Llwybr Madyn i Lyn Gwernan. Ers hynny, rwyf wedi'i dringo lawer o weithiau, o bob cyfeiriad, ac mae cyrraedd y copa o leiaf unwaith y flwyddyn yn nod personol.

Mae llawer o bethau am Gader Idris sy'n ei gwneud yn arbennig i mi: rhythm cam y llinell hir o'i chefn gogleddol a welaf o bell, y creigiau tywyll, arswydus sy'n pwyso dros Gwmrhwyddfor, düwch caeedig Llyn Cau, esgyniadau anodd fy hoff lwybrau, cribau pensyrfdanol Craig Cau, y panorama o Ben-y-gader ar ddiwrnod clir, unigrwydd Cwm Amarch a Mynydd Pencoed, a'r disgyniad caregog o Fynydd Moel, sy'n bygwth troi'ch ffêr.

Mae gan lawer o bobl deimladau tebyg am Gader Idris; mae'n well ganddynt y mynydd hwn na mynyddoedd uwch ac amlycach fel yr Wyddfa. Bu'n atyniad arbennig i artistiaid gweledol ers y ddeunawfed ganrif, pan beintiodd Richard Wilson hi am y tro cyntaf. Mae peintwyr ac artistiaid eraill wedi dod yma'n rheolaidd, o Gymru a thu hwnt, i ddal rhywfaint o hanfod y mynydd. Er bod rhai ohonynt, fel J.M.W. Turner, John Sell Cotman a John Piper, yn adnabyddus, mae eraill yn llai cyfarwydd. Gyda'i gilydd, yn eu gweithiau dangosant Gader Idris – ei chopaon, clogwyni, llynnoedd, ei hawyr a'i golygfeydd – mewn amrywiaeth hynod o olau, gweadau a hwyliau.

Yn ei lyfr *The Mountains of Snowdonia*, atgynhyrchodd yr artist Peter Bishop beintiadau o lawer o fynyddoedd a lleoliadau eraill ym Mharc Cenedlaethol Eryri. Mae gan y llyfr hwn ffocws mwy lleol. Cyflwyna ddetholiad helaeth, cronolegol o weithiau gweledol (nid peintiadau'n unig) wedi'u hysbrydoli gan un mynydd, Cader Idris, o'r 1760au hyd heddiw. Yn y modd hwn gellir adrodd y stori o sut y datblygodd arddulliau artistig trwy'r cyfnod, o glasuriaeth a'r awydd i ddal golau a màs, i Ramantiaeth, prif arddull y bedwaredd ganrif ar bymtheg, tuag at foderniaeth a haniaeth yn yr ugeinfed ganrif, ac yn fwy diweddar, cysyniadaeth.

Denwyd – a denir o hyd – awduron hefyd at Gader Idris, a dyfynnaf o weithiau rhai ohonynt, pan fo'u geiriau yn bwrw goleuni ar waith y artistiaid gweledol.

Yn ei gasgliad *The Epic of Cader Idris* (2024) ysgrifenna'r bardd Samatar Elmi, 'Defnyddir amryw sillafiad o Cader/Cadair Idris trwy'r llyfr hwn i anrhydeddu'r llithriadau anhepgor yn yr iaith yn nhreigl amser.' Ond trwy'r llyfr hwn mae'n well gennyf y ffurf sy'n arferol a safonol erbyn hyn, sef 'Cader Idris', yn hytrach na'r sillafiad mwy ffurfiol, 'Cadair Idris', yn unol ag arfer Awdurdod Parc Cenedlaethol Eryri. Mae ffurfiau enwau lleol eraill yn dilyn argymhellion Comisiynydd yr Iaith Gymraeg.

Rwy'n ddiolchgar i Peter Gill, Rebeccah Williams, Joana Rodrigues a'u cyd-weithwyr yn Graffeg am eu holl gymorth wrth baratoi'r llyfr hwn, ac yn ddyledus i Mary-Ann Constantine a Peter Wakelin am eu sylwadau ar ddraftiau cynharach o'r testun, ac i Anwen Pierce am ei gwaith golygyddol rhagorol.

Roedd sawl un o'r artistiaid yn y llyfr, a'u teuluoedd neu gynrychiolwyr, yn gymorth mawr trwy roi delweddau a gwybodaeth imi, a chaniatâd imi atgynhyrchu eu gweithiau: Tony Cragg, DACS (Duncan Grant, John Piper), David Cross (Tom Cross), Huw Davies (Ogwyn Davies), Pete Davis, Jane Edmonds (Michael Edmonds), Hamish Fulton, Paul Joyce, Eleri Mills, Sam Munday (Gillian Ayres), Robert Newell, David Patten, William Pye, Sue Steinberg (Ashley Abraham), David Tress, Teilo Trimble, Bedwyr Williams a Judith Yarrow. Diolch hefyd i'r awduron a roddodd ganiatâd imi ddyfynnu o'u gweithiau: Gillian Clarke, Rhys Dafis a Samatar Elmi. Rwy'n ddiolchgar iawn i Gyngor Llyfrau Cymru am ei grantiau hael tuag at gostau'r llyfr.

CYFLWYNIAD

'The most beautiful pearly tints': profi Cader Idris

Wal dywyll ar y gorwel pell. Cadair freichiau cawr. Teilchion drylliedig o losgfynydd hynafol. Llynnoedd, wedi'u sgwrio gan iâ a'u gwarchod gan dyrau caregog, a fu'n sanctaidd yng ngolwg pobl cyn hanes. Pen-y-gader, copa creigiog a silff gul rhwng barddoni a gwallgofi. Cadwyn a groesir ac a amgylchynir gan hen ffyrdd: Llwybr Madyn, Llwybr Pilin Pwn, y Ffordd Ddu. Cyrchfan y Brenin Llwyd a chŵn Annwn.

Mae gan Gader Idris achos cryf i gael ei hystyried fel y mynydd â'r cysylltiadau cyfoethocaf. Mae'n ffefryn i sawl un sy'n hen law ar fynyddoedd. Nid yw Cader Idris (895 metr) ymysg y mynyddoedd uchaf – ni ellir ei chyfrif hyd yn oed yn 'Munro', gan nad yw'n cyrraedd 3,000 troedfedd o uchder. Ond yn aml ymddengys yn uwch na llawer o gopaon eraill: mae fel petai'n codi'n syth o lefel y môr, bron, a llawer o'i llethrau yn serth a pheryglus.

Nid copa unigol mo'r Gader, ond cyfres o fynyddoedd, wedi'u cysylltu gan grib sydd oddeutu deg cilometr o hyd. Fe'i gelwir 'y crib hiraf a thecaf i'r de o ffin yr Alban' gan y dringwr a'r awdur Jim Perrin. Mae'n cychwyn yn agos i'r môr ym Mae Ceredigion ac yn mynd tua'r gogledd-ddwyrain. Ei ffin i'r de yw'r ffawtlin ddaearegol ac ynddi Lyn Mwyngil a bwlch Cwmrhwyddfor, ac i'r gogledd rhed afon Mawddach yn llanwol rhwng Abermaw a Dolgellau.

Mae gan bob copa ei gymeriad ei hun. Canolbwynt y gadwyn yw Pen-y-gader, clamp o gopa garw. I'r dwyrain saif Mynydd Moel a Gau Graig, ac i'r gorllewin, y Cyfrwy, Tyrau Mawr a Chraig y Llyn. O'r crib canolog rhed esgeiriau tua Chraig Cau, Mynydd Pencoed a Chraig Cwm Amarch. O dan y llethrau serth gorwedd sawl llyn: i'r de, Llyn Mwyngil a Llyn Cau, a alwyd gan y bardd a'r mynyddwr Ioan Bowen Rees 'efallai y llyn peiran mwyaf perffaith yn Ewrop', ac i'r gogledd, Llyn Cyri, Llyn y Gader, Llyn Gafr a Llyn Aran.

Mae daearyddiaeth Cader Idris yr un mor gymhleth. Uwchben haenau cyn-Gambriaidd a Chambriaidd, gorwedd y creigiau ar yr wyneb o'r cyfnod Ordofigaidd (430–500 miliwn CP). Mae rhai yn gerrig llaid a silt; eraill, yn arbennig ar yr ochr ogleddol, yn folcanig, a grëwyd pan oedd y creigiau dan ddŵr. Cafodd y mynydd ei godi, ei ffawtio a'i blygu yn ystod Orogeni Caledonaidd yn y cyfnodau Silwraidd a Defonaidd. Lawer yn ddiweddarach, yn ystod cyfres o oesoedd iâ, cafodd ei wynebau eu hindreulio a'u herydu gan rewlifau. Gorwedd Llyn Cau a Llyn y Gader mewn peirannau a sgwriwyd gan gerrig a ddaliwyd gan yr iâ cylchredol. Cam-farn gan sawl ymwelydd cynnar oedd bod Llyn Cau, pum deg metr o ddyfnder, yn geudwll llosgfynydd wedi diffodd. Gwarchodir ei fynedfa gan faen mawr hir, neu *roche moutonnée*, wedi'i lyfnhau gan iâ. Ffurfiwyd y sgri ar ei lethrau wedi i'r creigiau gael eu rhewi a thoddi dro ar ôl tro.

Denwyd naturiaethwyr at Gader Idris byth ers i Edward Llwyd, yr ysgolhaig o Rydychen, roi cyfarwyddyd yn y 1680au i 'employ some trusty fellow yt shall undertake to traverse Cader Idris for a whole day in search of plants'. Ar yr amryw gynefinoedd o'r mynydd ceir cymunedau pwysig o blanhigion, yn arbennig grug, rhedyn, mwsoglau a chennau, yn ogystal â choed, glaswelltau a blodau arctig alpinaidd fel y tormaen glasgoch. Ceir hefyd loÿnnod byw, gwyfynod, ystlumod a llawer o adar, gan gynnwys cigfrain, hebogau, tinwynnod, brain coesgoch a mwyalchod y mynydd. I warchod yr amgylchedd gwerthfawr hwn mae gan y mynydd statws arbennig. Mae Cader Idris yn rhan o Barc Cenedlaethol Eryri, a ddynodwyd yn gyntaf yn 1951, ac o fewn ei ffiniau mae Gwarchodfa Natur Genedlaethol, Ardal Cadwraeth Arbennig a Safle o Ddiddordeb Gwyddonol Arbennig.

Bu pobl yn byw ac yn gweithio yn agos i'r mynydd ers cyn hanes. Saif meini hirion ar bwys Llynnoedd Cregennan, y pâr o lynnoedd i'r gogledd, yn ymyl llwybr hynafol y Ffordd Ddu, a gysylltai mewndir Meirionnydd â Bae Ceredigion, dan gysgod llethrau gogleddol Cader Idris. Mae carneddau'n gyffredin yn yr un ardal ac ar ucheldir y mynydd, ac i'r un cyfnod – yr Oes Efydd – y perthyn torch aur a ddaeth i'r fei yn Ffridd Gilfachwydd ger Llyn Gwernan yn 1823. Gwnaed y darganfyddiad mwyaf trawiadol yn 1963, pan ddaeth dau gerddwr ar draws celc o wrthrychau metel wedi'u claddu, yn cynnwys placiau addurnedig wedi'u clymu yn wreiddiol wrth darianau. Maent yn dyddio o'r cyfnod Rhufeinig cynnar, ond o ran arddull yn perthyn i draddodiad Celtaidd cynharach. Awgryma eu lleoliad, yn uchel ar Lwybr Minffordd ger Nant Cader, iddynt gael eu gosod i anrhydeddu

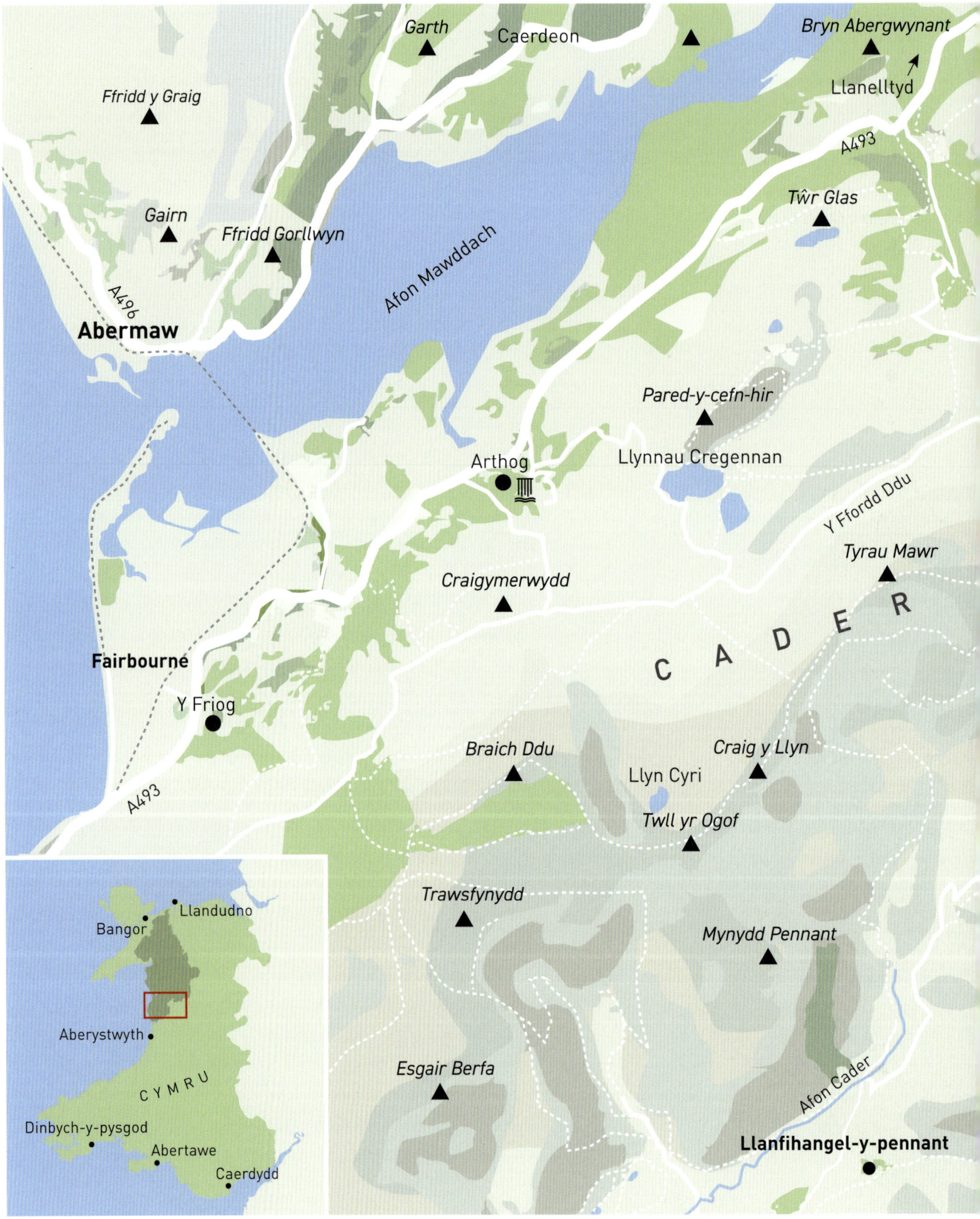
Garth
Caerdeon
Bryn Abergwynant
Llanelltyd
Ffridd y Graig
A493
Gairn
Ffridd Gorllwyn
Afon Mawddach
Twr Glas
A496
Abermaw
Pared-y-cefn-hir
Arthog
Llynnau Cregennan
Y Ffordd Ddu
Tyrau Mawr
Craigymerwydd
C A D E R
Fairbourne
Y Friog
Braich Ddu
Craig y Llyn
Llyn Cyri
A493
Twll yr Ogof
Trawsfynydd
Mynydd Pennant
Esgair Berfa
Afon Cader
Llanfihangel-y-pennant
Llandudno
Bangor
Aberystwyth
CYMRU
Dinbych-y-pysgod
Abertawe
Caerdydd

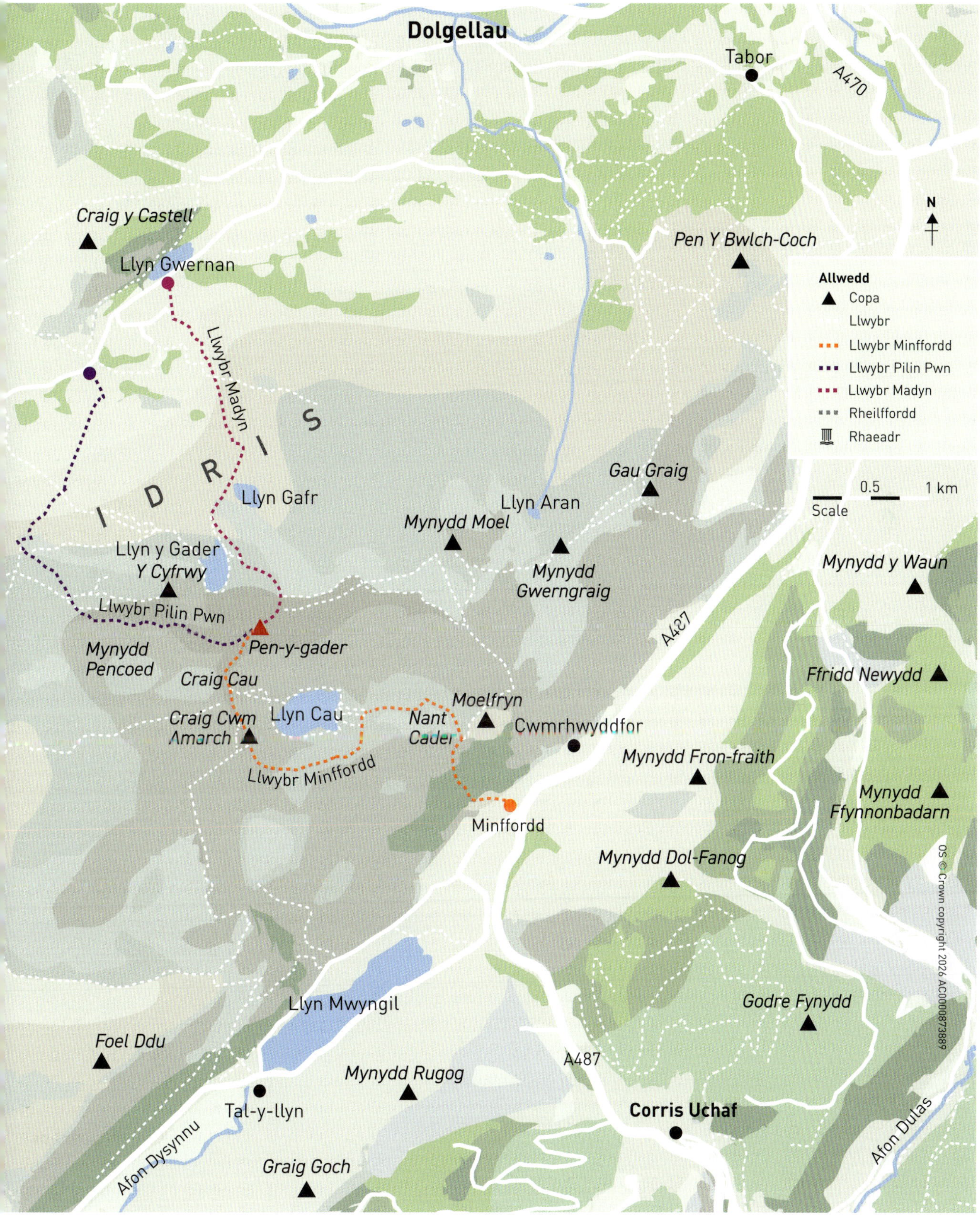
Dolgellau
Tabor
A470
Craig y Castell
Llyn Gwernan
Llwybr Madyn
Pen Y Bwlch-Coch
N
Allwedd
Copa
Llwybr
Llwybr Minffordd
Llwybr Pilin Pwn
Llwybr Madyn
Rheilffordd
Rhaeadr
I D R I S
Llyn Gafr
Gau Graig
Llyn Aran
0.5
1 km
Scale
Mynydd Moel
Llyn y Gader
Y Cyfrwy
Mynydd Gwerngraig
Mynydd y Waun
Llwybr Pilin Pwn
A487
Pen-y-gader
Mynydd Pencoed
Craig Cau
Ffridd Newydd
Moelfryn
Craig Cwm Amarch
Llyn Cau
Nant Cader
Cwmrhwyddfor
Mynydd Fron-fraith
Llwybr Minffordd
Mynydd Ffynnonbadarn
Minffordd
Mynydd Dol-Fanog
OS © Crown copyright 2026 AC0000873889
Godre Fynydd
Llyn Mwyngil
Foel Ddu
A487
Mynydd Rugog
Tal-y-llyn
Corris Uchaf
Afon Dysynnu
Afon Dulas
Graig Goch

ysbryd y nant (gallai Llyn Cau fod wedi bod yn llecyn sanctaidd tebyg). I'r Rhufeiniaid, yn ôl pob tebyg, roedd Cader Idris yn fwy o rwystr nag o gymorth duwiol: bu raid iddynt newid cwrs eu ffordd i'r de, tua'r gaer ym Mhennal.

Ar ryw adeg cafodd Cader Idris ei henw presennol. Yn ôl traddodiad, roedd Idris naill ai'n ddyn neu'n greadur goruwchnaturiol. Mae sôn mewn achau a chroniclau am bennaeth ym Meirionnydd o'r enw Idris ap Gwyddno, a ymladdodd yn erbyn y Gwyddelod a chael ei ladd yn y flwyddyn 632. Yn ôl chwedl arall, cawr a drigai ar y mynydd oedd 'Idris Gawr', a Llyn y Gader oedd ei gadair freichiau. Ymgasglodd straeon yn ei gylch. Wedi'i wylltio gan dair carreg fân a ddaliwyd yn ei esgid, ysgydwodd Idris yr esgid er mwyn cael eu gwared. Hedfanodd y cerrig drwy'r awyr a glanio fel meini mawr yn ymyl Llyn y Tri Graenyn yng Nghwmrhwyddfor. Diflannodd y meini amser maith yn ôl. Yn ôl cerdd ysgafn a ysgrifennodd Lewis Morris yn 1750, pisodd gwrach er mwyn creu'r llyn, sydd hefyd wedi diflannu erbyn heddiw. Yn ôl eraill, seryddwr neu athronydd oedd Idris.

Ymgasglodd chwedlau eraill ynghylch Cader Idris. Cysylltwyd hi â'r Brenin Llwyd, drychiolaeth a ddaeth yn destun clasur o lyfr i blant gan Susan Cooper. Credid bod Gwyn ap Nudd, arglwydd Annwn, yn hela gyda'i gŵn ar ei llethrau, ac roedd clywed eu cyfarth yn arwydd o farwolaeth. Yn ôl stori arall, enwocach, a gofnodwyd am y tro cyntaf oddeutu 1600, byddai rhywun a âi i gysgu ar Ben-y-gader yn dihuno naill ai'n fardd neu'n wallgofddyn. Dywedwyd i Evan Evans (Ieuan Fardd), yr ysgolhaig o'r ddeunawfed ganrif, brofi'r myth trwy dreulio noson ar y copa. Yn ddiweddarach, dychmygodd Felicia Hemens, yn ei baled Gothig, 'The rock of Cader Idris' (1822), dreulio noson ar Ben-y-gader, gan oroesi, er gwaethaf yr ymweliadau gan ysbrydion:

> I viewed the dread beings, around us that hover,
> Tho' veil'd by the mists of mortality's breath;
> And I called upon darkness the vision to cover,
> For a strife was within me of madness and death.

Yn fwy diweddar, ceisiodd bardd arall, Samatar Elmi, roi cynnig ar yr un prawf:

Uwchben haenau cyn-Gambriaidd a Chambriaidd, gorwedd y creigiau ar yr wyneb o'r cyfnod Ordofigaidd (430–500 miliwn CP).

I put up my tent on a gravelly slope
The wind split along both sides
and watched the last of light drain
from the sky, the horizons in this analogy
an exit wound.
People shouted as I climbed.
You're wasting your time
you're already both mad and a poet.
But, you see, the challenge said you'd wake up either.

Cafodd y myth ei droi ben i waered gan awdur cynharach o lawer, Thomas Love Peacock, wrth iddo nodi: 'On top of Cadair Idris, I felt how happy a man may be with a little money and a sane intellect, and reflected with astonishment and pity on the madness of the multitude.'

Ers achau bu'r ardal yn lle i ffermwyr lleol bori gwartheg, ynghyd â defaid yn nes ymlaen, ac mae adfeilion yr hafotai, corlannau, cytiau a waliau a ddefnyddiai bugeiliaid yn ystod yr haf pan grwydrai eu hanifeiliaid ar y ffriddoedd i'w gweld o hyd. Fodd bynnag, i ddieithriaid roedd Cader Idris yn lle arswydus a hagr, yn ardal i'w hosgoi. Yn 1694, barn James Brome am Feirionnydd oedd 'very barren, and exceedingly full of spir'd hills, and good for little but cattle'. Yn y 1720au ysgrifennodd Daniel Defoe am enwau'r mynyddoedd: 'they seem'd as barbarous to us, who spoke no Welch, as the hills themselves'. Amcanion gwyddonol oedd gan yr ychydig rai a fentrodd i'r copaon, fel Edward Llwyd a John Caswell, a ddringodd i Ben-y-gader yn 1682 er mwyn mesur ei uchder.

Erbyn y 1750au bu newid yn agweddau pobl ddieithr tuag at y mynyddoedd. Rhyfeddodd George Lyttelton ar y copaon a welodd o Foel Siabod, ac aeth ei deimlad lled-grefyddol o syndod yn drech nag ef. Roedd ei ymateb yn adlewyrchu dyfodiad yr Aruchel ('Sublime'), mudiad a ddaeth yn boblogaidd ym Mhrydain dan ddylanwad Edmund Burke, a welodd werth esthetig mewn 'syfrdandod', sef y nerth, ofn ac arswyd oedd i'w gweld yn y byd naturiol, yn arbennig mynyddoedd. O'r 1770au deuai twristiaid i ddringo Cader Idris, wedi'u hysgogi gan y disgrifiad o'r mynydd a gyhoeddwyd gan y Cymro Thomas Pennant. Dilynwyd nhw gan genhedlaeth newydd o Ramantwyr, oedd yn awyddus i archwilio byd natur yn ei wylltineb cyntefig. Y cyntaf oedd Samuel Taylor Coleridge, a ddringodd Gader Idris gyda'i gyfaill Joseph Hucks yn 1794. Ar y copa roedd Hucks yn syfrdan, gan gymharu'r dibyn oddi tano â'r 'void space of darkness' yn nisgrifiad John Milton o Chaos, 'when the fallen archangel stood at the gates of hell'.

Yn y man daeth Cader Idris yn atyniad i dwristiaid. Gallent gyflogi tywyswyr i ddangos y ffordd iddynt, a chysgodi rhag y ddrycin mewn cwt ar y copa. Cyn hir cododd diwydiant bychan o gyhoeddi 'teithiau Cymreig', ac ym mlynyddoedd cynnar y bedwaredd ganrif ar bymtheg ffynnodd hanesion am gyrraedd copaon gogledd Cymru. Ond nid geiriau oedd yr unig ffordd o fynegi sut ymatebodd yr oes newydd i fynyddoedd. Daeth artistiaid gweledol hefyd i Gader Idris. Bwriad y rhan fwyaf ohonynt oedd dal ei hysblander oddi isod, ond roedd rhai yn fwy mentrus, gan ddringo â'u llyfrau braslunio, ar droed neu ar gefn merlyn. Richard Wilson, Cymro arall, a gychwynnodd y ffasiwn o lunio golygfeydd manwl o fynyddoedd. Tynnodd ei lun arloesol, *Llyn-y-Cau, Cader Idris* (1765–7), un o'r portreadau cyntaf o fynydd unigol, sylw ymwelwyr artistig at botensial gweledol Cader Idris.

Cyn hir dilynai artistiaid eraill esiampl Wilson. Mae rhan o atyniad y mynydd yn cael ei gyfleu yn nyddiadur awdur anhysbys a ddringodd Pen-y-gader yn Awst 1792; artist, yn ôl pob tebyg, oedd yr awdur, gan ei fod yn disgrifio ei brofiad â llygad manwl a geiriau gweledol peintiwr:

> ... in the afternoon went up to the sumit of Cader Idris the view extensive – see Wicklow – Balla Lake and the other side totally lost in clouds – the clouds on the opposite hills. Dipping and forming light spots – considerably below us and the distant clouds floating in a line waving – and tinged with the most beautiful pearly tints – the whiter parts clearly beyond expression ...

Yn yr un modd, roedd gan artistiaid feddwl uchel o Gader Idris am y golau a'r lliwiau newidiol a wibiai ar draws ei hucheldiroedd. Anelai eraill at ddal ei harucheledd a'i maint enfawr. Mentrodd ambell un, dan ddylanwad y Rhamantwyr a'u gweledigaeth newydd o fyd natur, ddringo'n uwch a dod i adnabod y mynydd yn well, gan chwilio am ei hanfod unig, gwyllt. Daeth Rhamantiaeth i fod y prif fodd o ymdeimlo yn hanner cyntaf y bedwaredd ganrif ar bymtheg. Gallai natur wyllt a

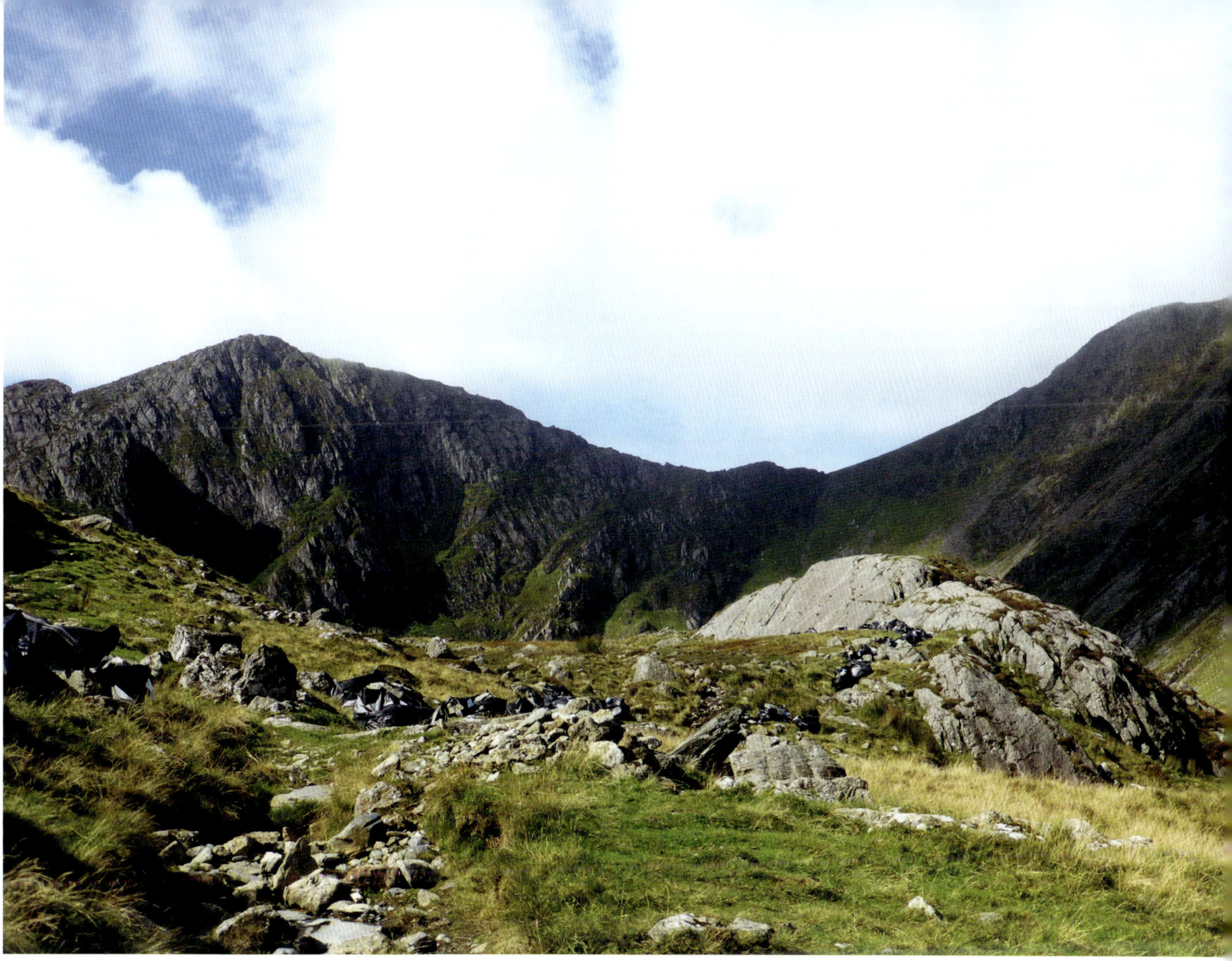

Yn y man daeth Cader Idris yn atyniad i dwristiaid. Gallent gyflogi tywyswyr i ddangos y ffordd iddynt, a chysgodi rhag y ddrycin mewn cwt ar y copa.

stormus y mynydd, y creigiau a'r llynnoedd tywyll, a'r golygfeydd eang o'r copaon wedi'u cyfleu mewn paent, awgrymu cynhyrfau tebyg yn y galon ddynol, ac ennyn ymatebion sympathetig gan wylwyr.

Ar ddechrau'r ugeinfed ganrif, dan ddylanwad y mudiad modernaidd, bu i beintwyr, ffotograffwyr a hyd yn oed artistiaid masnachol gefnu ar arddulliau Rhamantaidd a naturiolaidd, ac astudio Cader Idris mewn modd mwy niwtral a gwrthrychol, yn arbennig trwy astudio ei ffurfiau cymhleth a'i strwythurau daearegol. Daeth lliwiau'n fwy llac a llai cynrychioladol. Ond eto, yn aml byddai arddulliau o'r gorffennol yn dod yn ôl i'r wyneb. Dewisodd Neo-ramantwyr, er iddynt weithio mewn idiomau cyfoes, ailymweld ag ymatebion angerddol artistiaid cynharach.

Ar ôl yr Ail Ryfel Byd dechreuodd artistiaid symud i ffwrdd o gyfleu Cader Idris ar bapur a chynfas mewn ffyrdd confensiynol. Symleiddio a haniaethu eu tirluniau a wnaeth peintwyr, gan ryddhau eu hunain o gopïo er mwyn canolbwyntio ar eu gweledigaeth bersonol o'r mynydd.

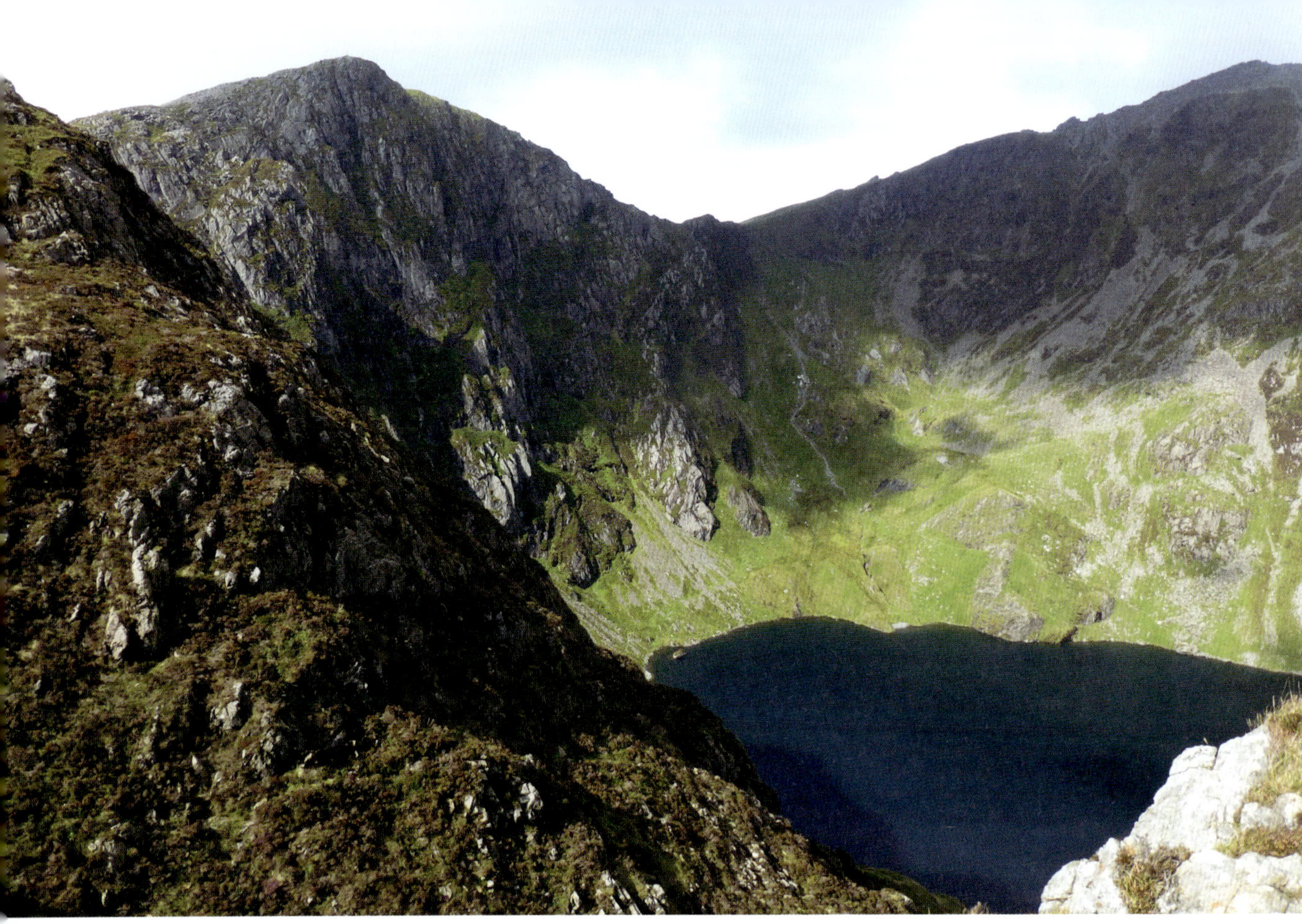

Roedd yn well gan eraill roi'r gorau'n llwyr i ddelweddu'r mynydd, a symud i waith haniaethol yn unig. Nid golwg weledol o'r mynydd yw man cychwyn artistiaid mwy diweddar, yn eu gwaith cerflunio, fideo a chyfryngau eraill, ond yn hytrach syniadau arwyddocaol amdano. Ambell waith, perthnasedd personol sydd gan y syniad; dro arall, bydd yr artist yn defnyddio Cader Idris er mwyn bwrw golwg ar faterion o bwys byd-eang.

Mae'r penodau canlynol yn ymhelaethu ar y teithiau artistig hyn, gan ddechrau gyda llun arloesol Richard Wilson, *Llyn-y-Cau, Cader Idris*. Yr esiampl ddiweddaraf a ddarlunnir yw *Tyrrau Mawr* gan Bedwyr Williams, gwaith arall sy'n torri tir newydd. Rhwng y ddau mae dwsinau o artistiaid wedi craffu ar bron pob agwedd o'r mynydd: mawredd anferth ei orwel tywyll, ei natur ysbeidiol mewn cymylau a niwl, ei lynnoedd gemog, natur greigiog ei lwybrau uchel a'i nentydd, ei lymder sarrug mewn tywydd garw, gwastadedd plethedig ei gopaon olynol, ei apêl gynnes ar brynhawn o haf, glesni gaeafol ei rug a'i hesg, ei stormydd bygythiol, golwg gartwnaidd ei ddringwyr a'i thywyswyr, ei lonyddwch o dan y sêr a'r lleuad lawn, ei ficro-

Mae artistiaid wedi gwneud mwy na dadansoddi Cader Idris. Maent wedi helpu i'w chreu.

wenithfeini yn deilchion yma a thraw, presenoldeb awdurdodol ei gawr cudd, ac ysblander panoramig y golygfeydd o'i gopaon.

Mae artistiaid wedi gwneud mwy na dadansoddi Cader Idris. Maent wedi helpu i'w chreu. Afraid dweud i'r mynydd gael ei fowldio ar draws milenia gan rymoedd nerthol daeareg a hinsawdd. Ond siapiwyd ef a cherfiwyd ef hefyd gan weithred ddynol: gan ffermwyr, twristiaid, cadwraethwyr ac eraill – a chan y crewyr mythau, awduron ac artistiaid sydd wedi ffurfio ein delweddau a'n syniadau yn ei gylch. Ysgrifennodd y bardd a'r beirniad Geoffrey Grigson, 'pryd bynnag gyrrais o fewn golwg copa glas Cader Idris, meddyliais am Wilson.' Hynny yw, mae'r lluniau yn ein meddyliau o Gader Idris yn cael eu siapio i raddau gan y lluniau a wnaed inni gan artistiaid gweledol ar draws bron i dair canrif.

Esiampl amlwg o'r gallu sydd gan artistiaid i effeithio ar sut bydd lle yn cael ei ganfod yw llun Wilson o Lyn Cau a Chraig Cau. Trwy gael ei dosbarthu ar ffurf printiau, a'i hadleisio yng ngwaith peintwyr, ffotograffwyr a cherflunwyr di-rif, sefydlodd ei olygfa'r syniad o Gader Idris ym meddwl y cyhoedd mewn ffordd fwy lliwgar nag y gallai geiriau ei fynegi. Yn ei adroddiad o'r mynydd yn 1784, cyfaddefodd yr awdur Thomas Pennant i olygfa Wilson wneud disgrifiad mewn geiriau'n ddiangen. Faint o bobl sydd wedi'u denu i ddringo o Finfordd i ddarganfod y llyn a'r creigiau uchel drostynt eu hunain, wedi iddynt weld fersiynau o'r ddelwedd a greodd Wilson yn wreiddiol? Neu faint aeth ar y trên o Ddolgellau i Abermaw, wedi'u hudo gan boster y Great Western Railway o afon Mawddach a Chader Idris y tu hwnt iddi?

Gall hyd yn oed y rhai sydd erioed wedi bod yn ardal Cader Idris adnabod ei ffurfiau o'r delweddau sydd wedi'u cyrraedd, yn syth neu'n anuniongyrchol, oddi wrth y peintwyr a'u holynwyr. Mae William Pye, a greodd gerflun o Lyn Cau, yn cyfaddef na fu, yn ôl pob tebyg, erioed ar y mynydd, ac o 'olygfa Wilson', yn hytrach nag o'i brofiad personol, y cafodd Bedwyr Williams yr ysbrydoliaeth ar gyfer y gwaith mwyaf trawiadol o ddelweddau diweddar o Lyn Cau a Chraig Cau. Er mai yn sgil gwaith awduron y mae llawer o nodweddion y mynydd yn gyfarwydd inni heddiw, fel ei chwedlau a'i fythau, artistiaid gan amlaf a ffurfiodd y lluniau a gadwn ni yn ein cof o amlinellau, cefnau, creigiau a llynnoedd Cader Idris.

PENNOD 1

'One fine sultry summer afternoon': Richard Wilson

O'r holl luniau o Gader Idris, un o'r rhai mwyaf trawiadol yw'r llun cyntaf. Peintiwyd *Llyn-y-Cau, Cader Idris* oddeutu'r flwyddyn 1765 gan yr artist o Gymru, Richard Wilson (Ffig. 2).

1. Anton Raphael Mengs
Portrait of Richard Wilson, 1752, olew ar gynfas, 84.6 x 65.2 cm, Amgueddfa Cymru.

Cydnabuwyd Wilson fel y tirluniwr pennaf o'i oes ym Mhrydain. Ganed ef ym mhentref Penegoes, ddwy filltir i'r dwyrain o Fachynlleth, yn 1714. Ficer y plwyf oedd ei dad, John Wilson, ac ef a addysgodd ei fab gartref, lle dysgodd Lladin a Hen Roeg, gan ddangos dawn artistig yn gynnar. Ar ôl i John farw yn 1728, aeth Alice, mam Richard, ag ef i Sir y Fflint, ei chartref gwreiddiol. Yno cymerodd ei nai hi, George Wynne o Goed-llai ger yr Wyddgrug, y dyn ifanc o dan ei adain. Talodd Wynne iddo ddod yn brentis i beintiwr portreadau, Thomas Wright, yn Llundain (Ffig. 1).

Yn 1736, ar ôl chwe blynedd o hyfforddiant, ymsefydlodd Wilson yn beintiwr yn Covent Garden. Cynhyrchodd bortreadau, rai ohonynt o bobl o Gymru, yn ogystal â thirluniau, yn cynnwys llun o Gastell Caernarfon (Ffig. 3). Ymysg ei gwsmeriaid yr oedd llawer o'i gydnabod yn ôl yng Nghymru. Yn 1750, gan ragweld marchnadoedd newydd i'w waith, ymfudodd i'r Eidal a sefydlu stiwdio yn Rhufain. Yma peintiai dirluniau clasurol o gefnwlad yr Eidal, i'w gwerthu i'r uchelwyr ifainc a'r boneddigion cefnog ar y 'Daith Fawr', sef eu prentisiaeth ar gyfer y bywyd diwylliedig. Yn y gweithiau hyn dilynodd arddull y peintiwr o Ffrainc Claude Lorraine a Claude-Joseph Verney, un o gyfoedion Wilson. Dangosent olygfeydd llydan, yn fôr o heulwen gynnes, â choed gerllaw yn fframio llynnoedd, coedwigoedd a bryniau yn y pellter. Yn y tu blaen roedd ffurfiau dynol – weithiau'n gymeriadau o fytholeg Gwlad Groeg. Yr effaith gyffredinol oedd ymdeimlad o drefn a chytgord, gydag arlliw o hiraeth am oes glasurol goll.

Gwerthfawrogai cyfoedion Wilson ei dirluniau yn arbennig am yr hyn a welent fel ei astudiaeth fanwl o'r byd naturiol, a'i feistrolaeth o bersbectif atmosfferig, sef ei allu i awgrymu pellter trwy newid eglurder gwrthrychau agos a phell. Dywedodd John Constable fod 'gwrthrychau yn ymddangos fel petaent yn nofio yn yr heulwen' yn nhirluniau Wilson.

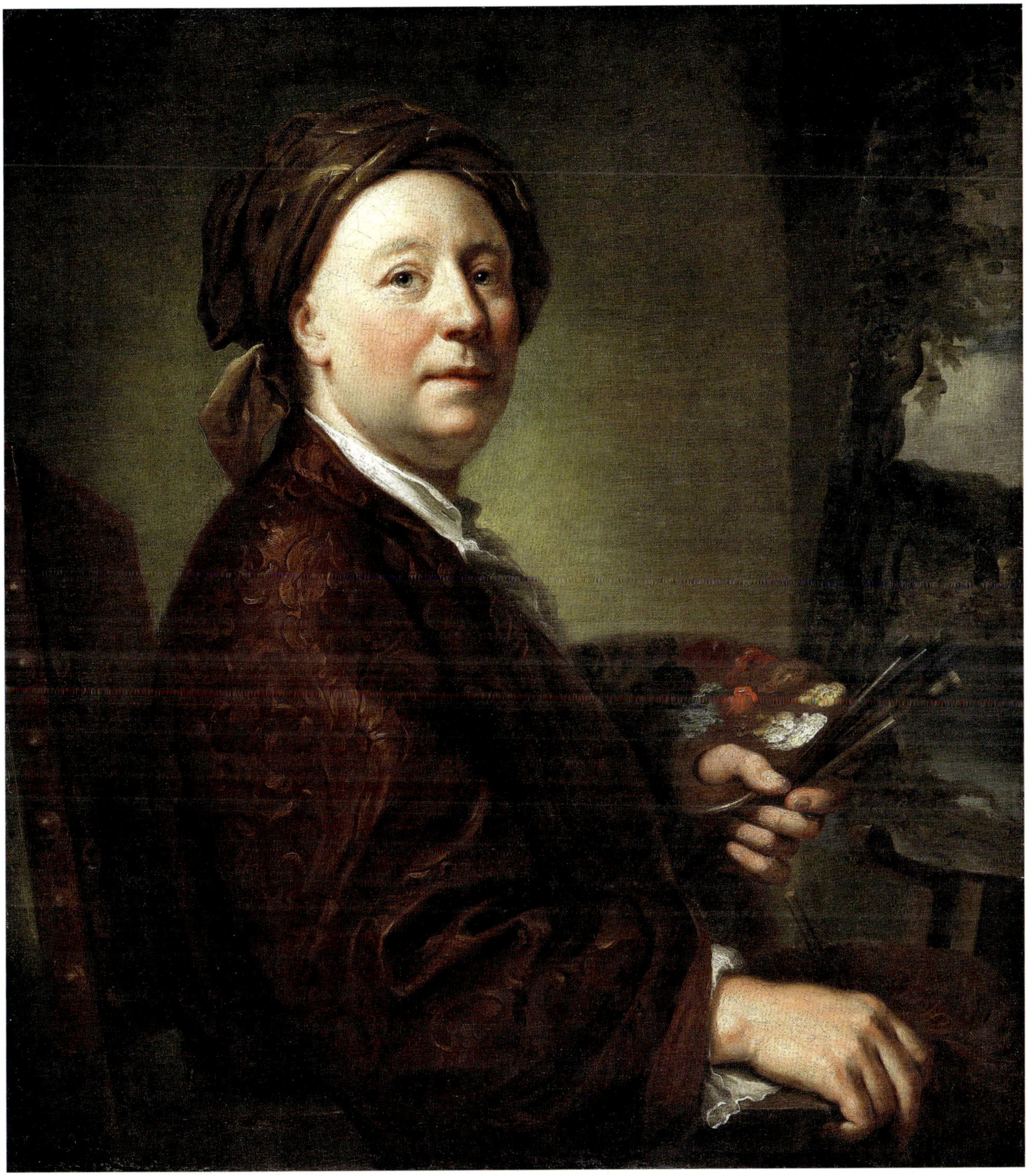

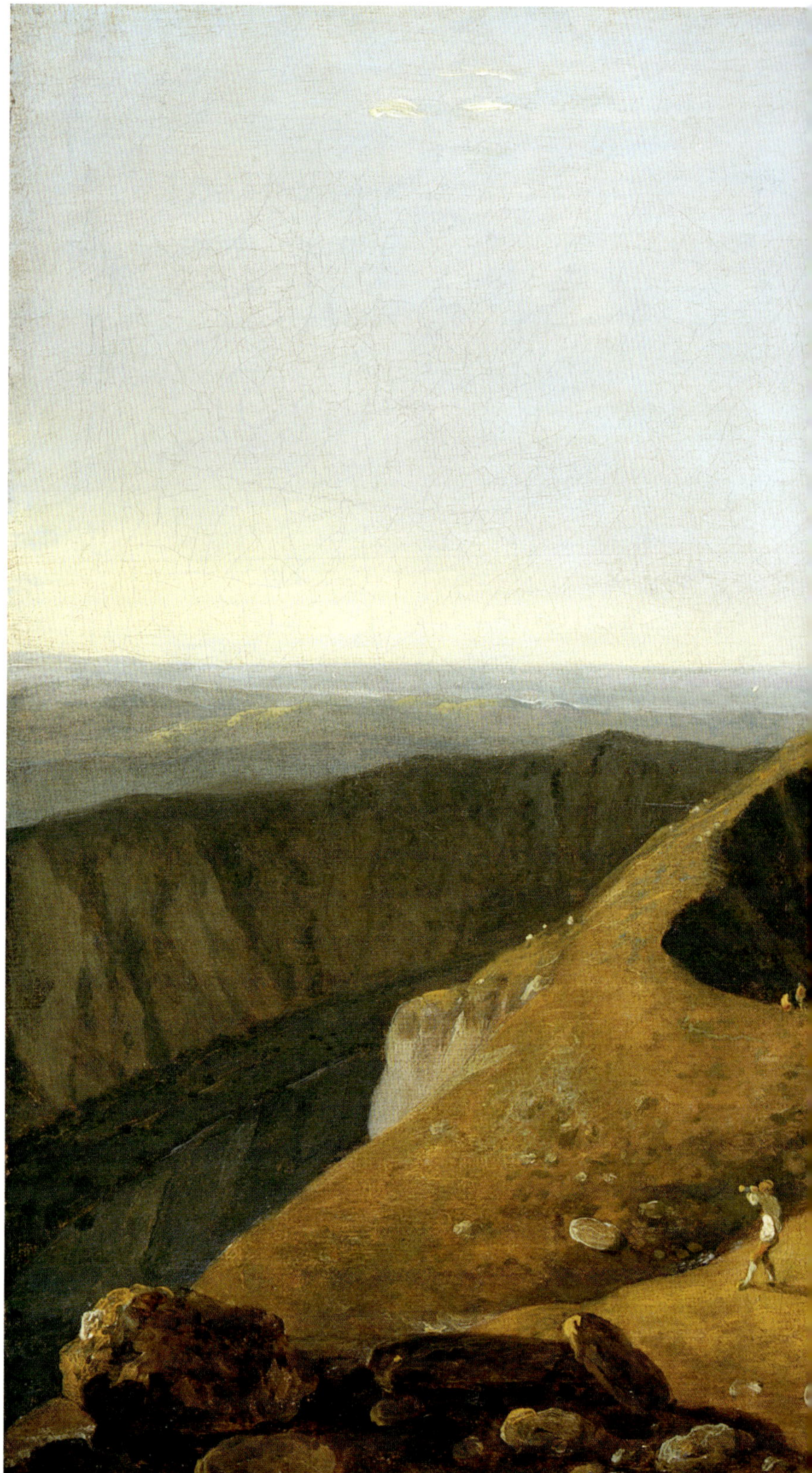

2. Richard Wilson
Llyn-y-Cau, Cader Idris, c. 1765-7,
olew ar gynfas, 51.1 x 73 cm,
Tate Gallery.

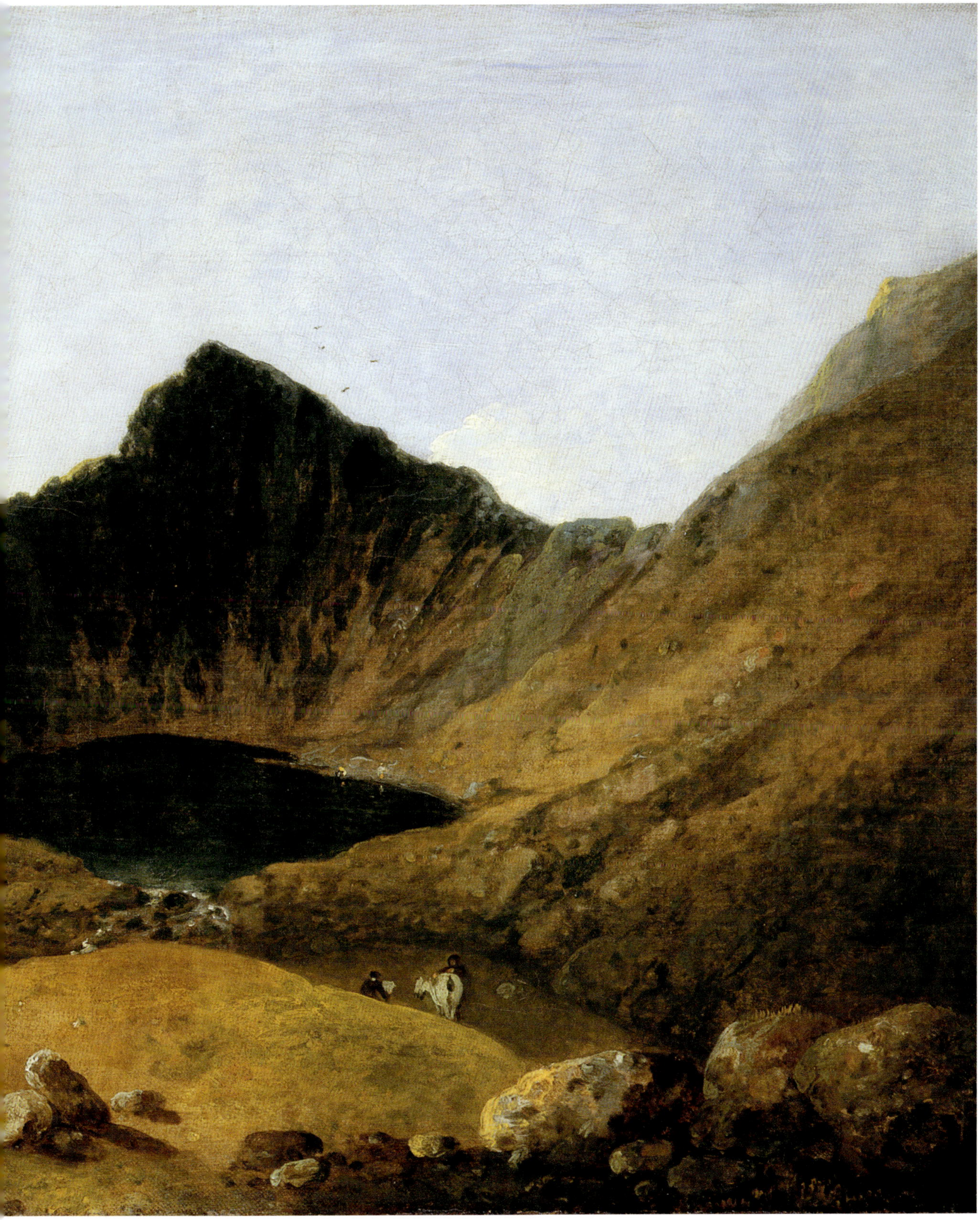

Yn 1757 daeth Wilson yn ôl i Lundain, ac o'i stiwdio yn Covent Garden cynhyrchodd dirluniau Eidalaidd i grŵp ehangach o gwsmeriaid, gyda help sawl prentis. Ond addasodd ei fodel Eidalaidd ar gyfer golygfeydd ym Mhrydain, gan gynnwys nifer yn ei Gymru enedigol. Deuai'n ôl i weld ei deulu yn Sir y Fflint, a theithiodd i ardaloedd eraill o Gymru ar sawl achlysur, gan beintio lluniau ar gais noddwyr cyfoethog. Comisiynwyd un ohonynt tua 1770, *View near Wynnstay, the Seat of Sir Watkin Williams-Wynne*, gan Syr Watkin pan oedd yn ddyn ifanc, ac ymddengys i'r llun fod yn rhan o'r traddodiad cynharach o 'beintiadau ystâd' (Ffig. 4). Bwriad y lluniau hyn oedd atgoffa tirfeddianwyr a'u cyfeillion o fawredd a hirhoedledd y plastai a'r ystadau oedd yn eu meddiant.

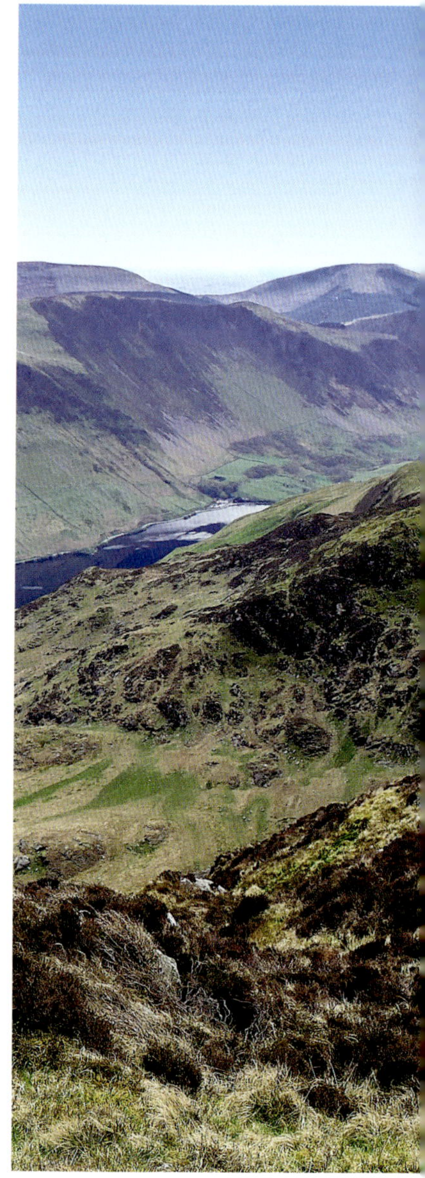

Ond nid drychau syml o gyfoeth materol mo lluniau Cymreig Wilson. Yn hytrach, atynnwyd ei lygad artistig at ddawns golau a phrydferthwch natur, elfennau o'r olygfa nad oeddent yn gysylltiedig â pherchenogi tir. Ar yr adeg hon yr oedd y Cymry yn ailddechrau ymfalchïo yn eu gwlad. Sbardunodd sefydlu Cymdeithas y Cymmrodorion yn 1751 ddiddordeb yn hanes, llenyddiaeth a cherddoriaeth Cymru ymysg pobl dosbarth canol y wlad. Cyn hir yr oedd llenorion Lloegr, megis Thomas Gray, yn magu awydd i wybod am yr 'Hen Frythoniaid' neu'r Cymry hanesyddol. Yn 1762 yr oedd awduron yn Llundain, yn ôl Richard Morris, 'i gyd yn gwirioni ar Frythoniaid'. Ddwy flynedd wedyn derbyniodd llyfr Evan Evans, *Some Specimens of the Poetry of the Ancient Welsh Bards* groeso eang yn Lloegr. O'r 1760au dechreuodd Cymru ddenu ymwelwyr yn llu, tueddiad a gyflymodd wedyn. Yr oedd y nifer o 'deithiau' a ysgrifennwyd gan ymwelwyr yn y 1770au yn fwy na dwywaith y nifer yn y 1760au.

Dechreuodd y symudiadau hyn effeithio ar sut yr edrychai Wilson a'i noddwyr ar y dirwedd. Ehangodd y nifer o bynciau posibl, o gestyll, plastai ac afonydd mwyn, i gwmpasu'r mynyddoedd, rhaeadrau a cheunentydd. Gyda threigl amser, daeth y rhain i gynrychioli peth o hanfod Cymru, ac yn eu tro, symbylodd y pynciau newydd hyn ffyrdd newydd o beintio.

Wrth wraidd y cyfnewid hwn yr oedd mynyddoedd gogledd Cymru. Am flynyddoedd fe'u gwelid naill ai fel llefydd i weithio arnynt bob dydd gan ffermwyr, bugeiliaid a thrigolion eraill, neu fel ardaloedd annymunol i'w hosgoi gan ddieithriaid. Am ganrifoedd edrychai'r

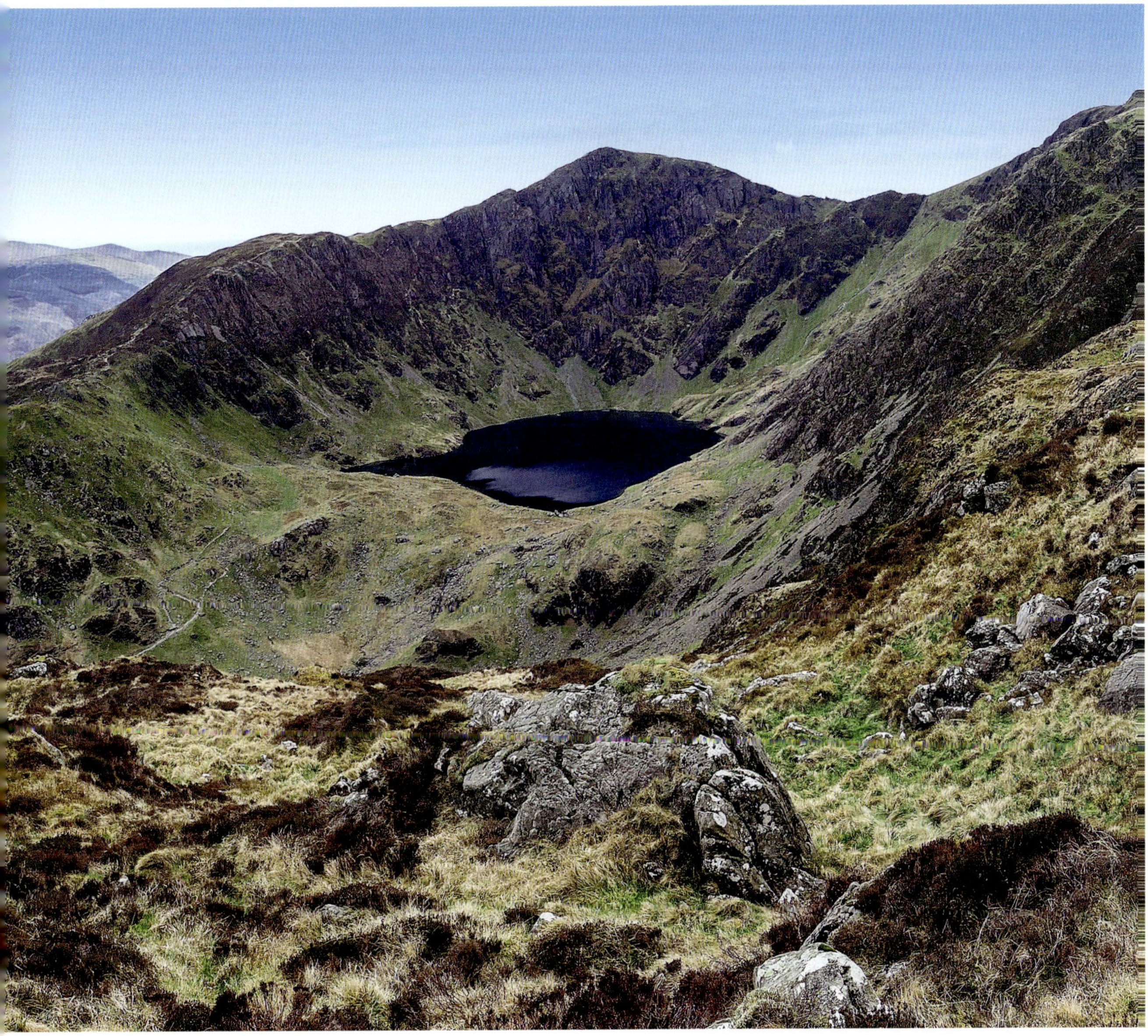

Llyn-y-Cau, Cader Idris, llun gan Robert J Heath/Flickr.

rhan fwyaf o ymwelwyr ar y mynyddoedd gyda ffieidd-dod a dryswch. Disgrifiodd Edmond Halley yr Wyddfa, a ddringodd yn 1697, fel 'ardal ofnadwy o fryniau, na welais ei thebyg erioed'.

Ond yn ail hanner y ddeunawfed ganrif disodlwyd yr ansoddair 'annymunol' gan air newydd, 'aruchel'. Lledaenodd Edmund Burke, yn ei lyfr a gyhoeddwyd yn 1757, *A Philosophical Enquiry into the Origin of our Ideas of the Sublime and Beautiful*, y syniad y gallai arswyd, ofn a syndod, fel y'u ceir ym myd natur, beri i wyliwr deimlo'r pleser mwyaf a'r profiadau dwysaf. Man allweddol i'r aruchel oedd y dirwedd fynyddig. Yma, yn ôl Burke, 'mae gan y sythlin fwy o nerth na phlân ar oleddf; ac ymddengys fod yr effeithiau o wyneb anwastad a thoredig yn gryfach na lle bo'n esmwyth a chaboledig.'

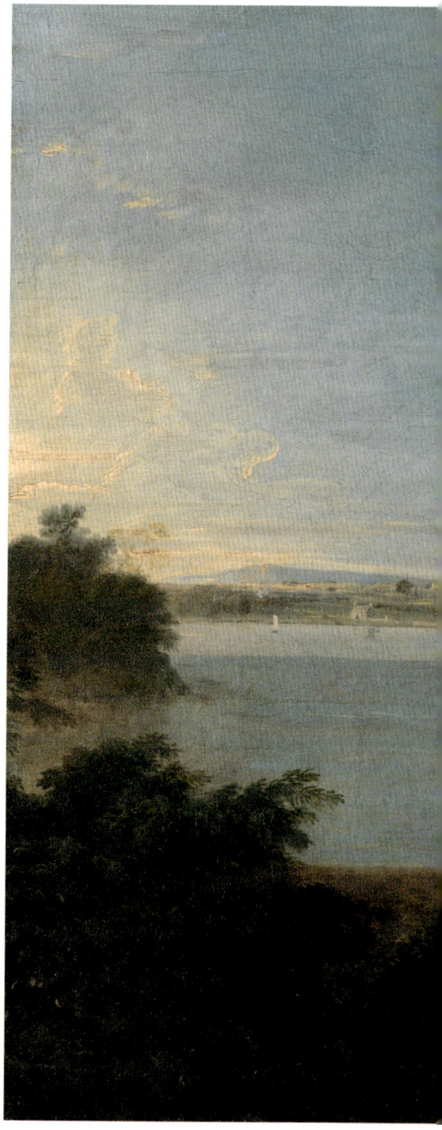

Un o'r ymwelwyr cyntaf â gogledd Cymru a deimlodd effaith y newid hwn mewn canfyddiad oedd George Lyttelton, gwleidydd a bardd aristocrataidd o Loegr ac un o noddwyr Richard Wilson (Ffig. 5). Yn 1756 ysgrifennodd Lyttelton ddau lythyr am un o'i ymweliadau â gogledd Cymru. Dringodd Foel Siabod, a chael 'llawer o brydferthwch gwyllt; roedd y llethrau'n serth â rhimyn o goed isel ... ond gwnaeth mynyddoedd yr Wyddfa, dan orchudd tywyllwch a chymylau trwchus, ddwyn i'm meddwl gwymp Mynydd Sinai, a'r deddfau a ddanfonwyd ohono, a llenwi fy meddwl â pharchedig ofn'.

Yn y 1760au hwyr dechreuai rhagor o ymwelwyr gyrraedd gogledd Cymru, wedi'u denu gan fawredd ac urddas tirwedd y mynyddoedd. Ychydig iawn o hanesion ysgrifenedig sydd o ymweliadau â Chader Idris tan y 1770au. Mae hyn yn awgrymu nad oedd Richard Wilson, yn ei beintiadau olew o'r Wyddfa a Chader Idris, sy'n dyddio o ganol y 1760au, yn dilyn y ffasiwn i brofi tirweddau mynyddig Cymru mewn ffordd newydd – yn hytrach, roedd Wilson yn ei ysbarduno.

Ond gellir dweud â sicrwydd mai Wilson oedd yr artist cyntaf i greu delwedd weledol sy'n rhoi'r sylw cyfan i fynydd unigol. Weithiau mewn peintiadau cynharach gwelir mynyddoedd yn y pellter, fel nodweddion llai yng nghefn y cyfansoddiad. Bu Wilson ei hun yn rhoi Cader Idris yn y pellter pell mewn lluniau olew megis *Valley of the Mawddach, with Cader Idris* (Ffig. 6). Ond portread go iawn yw *Llyn-y-Cau, Cader Idris* – efallai un o'r portreadau cynharaf o fynydd yn hanes celf Ewrop. Fel yn ei bortreadau dynol, hoeliodd ei holl sylw ar ei bwnc, mewn ymgais i ddal

3. Richard Wilson
Caernarfon Castle, c. 1745,
olew ar gynfas, 64.8 x 104.9 cm,
Yale Center for British Art.

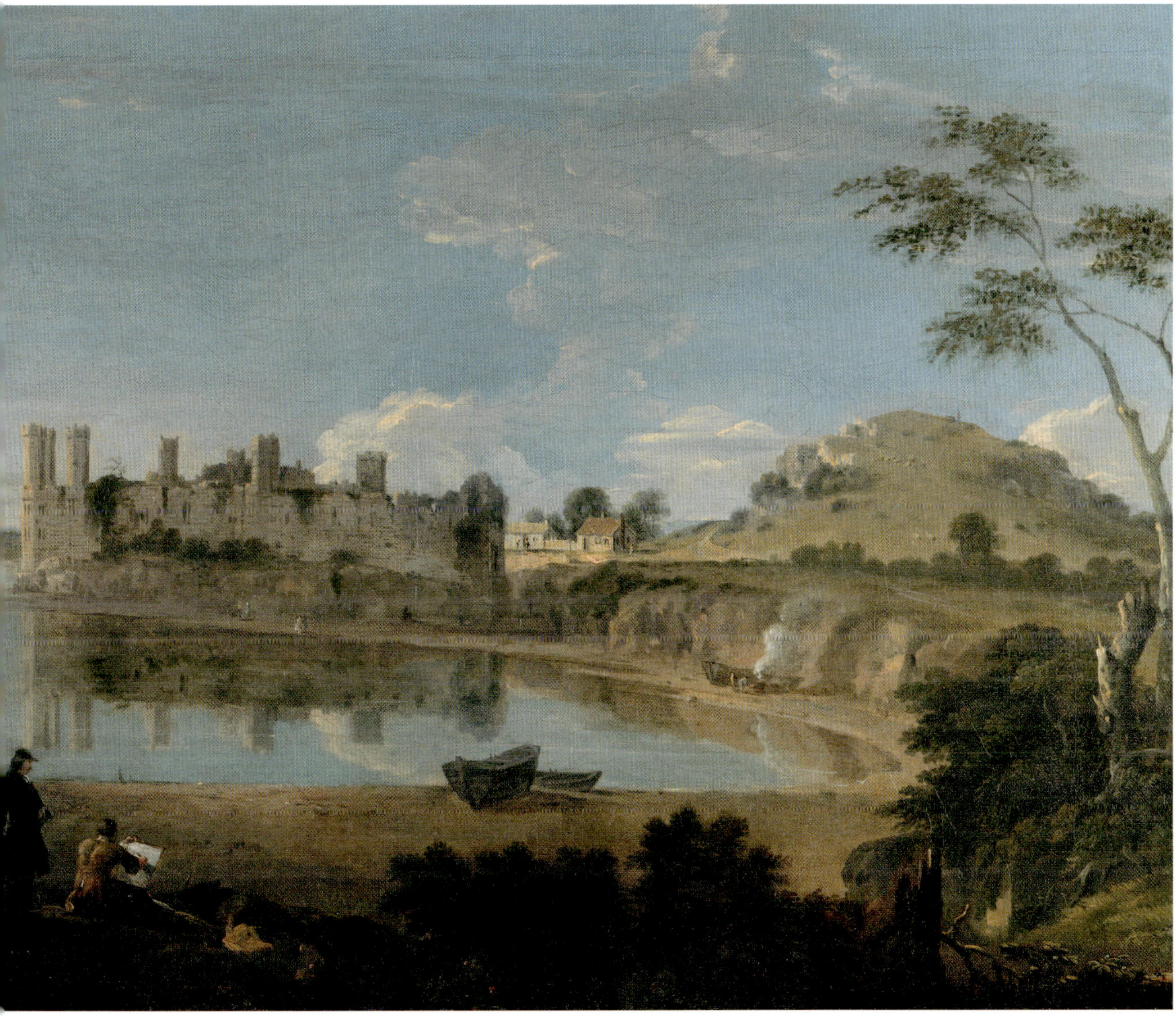

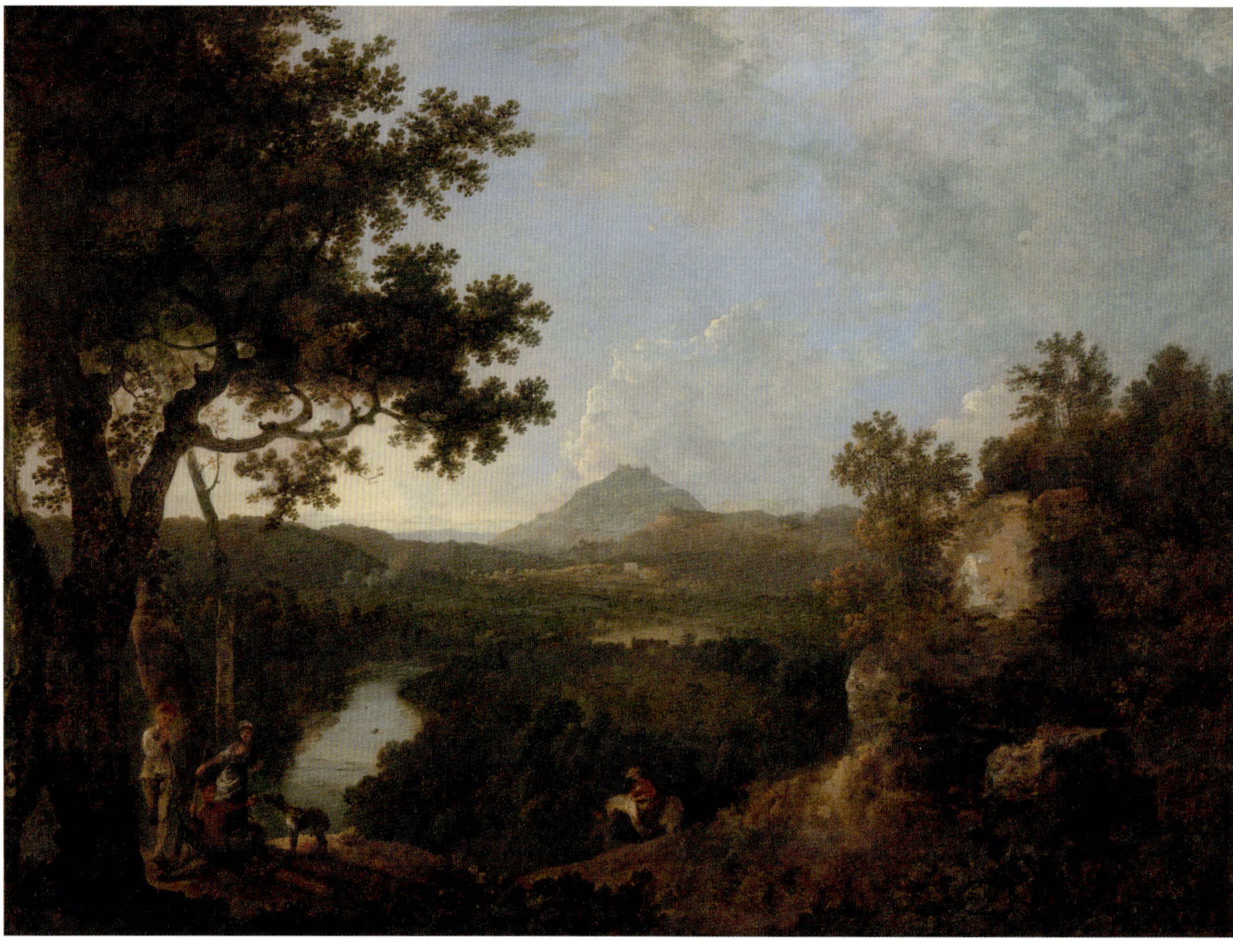

4. Richard Wilson
View near Wynnstay, the Seat of Sir Watkin Williams-Wynn, 1770-1, olew ar gynfas, 180.3 x 244.8 cm, Yale Center for British Art.

ei debygrwydd corfforol a rhywfaint o'i gymeriad hanfodol. Craffodd ar lethrau serth Craig Cau a dyfroedd Llyn Cau, hyd at anwybyddu popeth arall, bron, gan anelu at gyfleu argraff cyn gryfed ag y gallai o'u hurddas a'u gwylltineb. Ni fu unrhyw artist ym Mhrydain yn ddigon beiddgar i gymryd y cam hwn o'r blaen. Yn ei ddelweddau, nid yw ei lun yn dilyn y prif draddodiad o dirluniau, heblaw am Lyn Cau, sy'n adleisio Llyn Nemi a Llyn Albano, llynnoedd yr oedd Wilson wedi'u defnyddio i awgrymu dirgelwch yn ei olygfeydd o'r Eidal.

Mae *Llyn-y-Cau, Cader Idris* yn eithriadol mewn ffordd arall. Byddai'r mwyafrif o artistiaid, ar yr adeg hon ac am flynyddoedd wedyn, yn darlunio mynyddoedd o'u gwaelod. Fel hyn, nid oedd angen iddynt wyro o'r llwybrau arferol, ac yn aml cynigiwyd iddynt y golygfeydd mwyaf dramatig. Ond bu Wilson yn gyfarwydd â Chader Idris ers ei fod yn blentyn – saif y mynydd ond saith milltir o Benegoes – a gwyddai nad o bell nac o'i droed yr oedd un o'r golygfeydd gorau o'r mynydd i'w chael, ond yn uchel ar ei lethrau.

I gyrraedd ei olygfan ddewisol ar gyfer y llun, dringodd Wilson y mynydd, naill ai o'r de ar hyd y llwybr a elwir heddiw yn Llwybr Minffordd, neu ar y ffordd hirach, haws, sef Llwybr Pilin Pwn. Dewisodd safle rywle hanner ffordd ar hyd y llwybr sy'n mynd ar draws ystlys Mynydd Moel. O'r man yma gallai edrych i lawr tuag at ddyfroedd tywyll Llyn Cau ac ar draws at greigiau serth Craig Cau a'r crib sy'n arwain at ei 'gopa ffug' (anwybyddodd y copa go iawn, llai dramatig, Pen-y-gader, sydd o'r golwg ar y dde). Dyma oedd y tro cyntaf i artist ddal yr olygfa ddramatig hon. Mae cyfansoddiad Wilson yn feiddgar. O dan y siâp igam-ogam deinamig o amlinell y mynydd, mae'r llun yn cael eu angori gan y ddwy linell grom o'r llyn a'r bryn yn y blaen.

I gyrraedd ei olygfan ddewisol ar gyfer y llun, dringodd Wilson y mynydd, naill ai o'r de ar hyd y llwybr a elwir heddiw yn Llwybr Minffordd, neu ar y ffordd hirach, haws, sef Llwybr Pilin Pwn.

Er i Wilson gael ei ganmol gan ei gyfoedion am naturiolaeth ei arddull, nid arlunydd realistig mohono, yn trosglwyddo yn union yr hyn a welai i bapur a chynfas. Gwnaeth sawl newid i'r hyn a welodd ei lygaid. Newidiodd amlinell y gefnen, fel ei bod yn codi'n fwy graddol ac yn cyrraedd brig mwy serth yng nghanol y cyfansoddiad. Gwnaeth y clogwyni islaw hyd yn oed yn fwy serth ac unffurf. Gwnaeth Lyn Cau yn fwy o faint, fel ei fod yn llenwi'r cyfan o'r peiran y mae'n gorwedd ynddo. Trawsnewidiodd ddyffryn Tal-y-llyn a Llyn Mwyngil sy'n gorwedd ynddo a'i droi'n geunant dwfn, tywyll. Mewn gwirionedd, nid oes

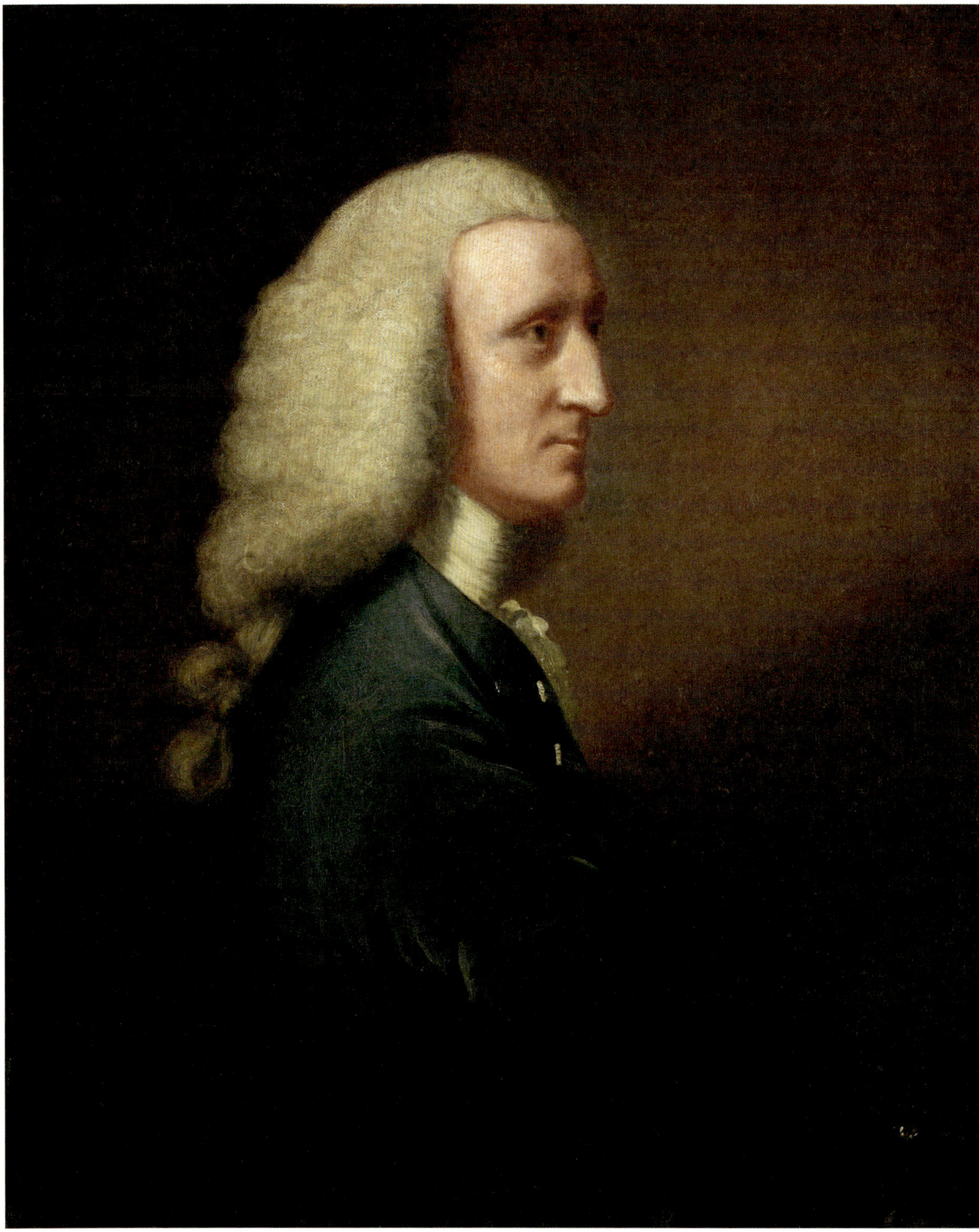

5. Dienw
George Lyttelton, 1st Baron Lyttelton, c. 1756, olew ar gynfas, 74.9 x 62.9 cm, National Portrait Gallery.

bryncyn gwelltog yn y tu blaen yn y lle hwn: mewnforiodd Wilson fryn o'r enw Moelfryn o'i wir leoliad ar ochr ddeheuol y mynydd. Yn olaf, ar y ddwy ochr o'r llun mae'n trefnu'r creigiau'n daclus yn y tu blaen agos; yn y lleoliad llwm hwn cymerant le'r coed fyddai'n gweithredu fel 'repoussoirs' neu fframiau er mwyn arwain y llygad i mewn i dirluniau Eidalaidd Wilson.

Dwy effaith sydd gan yr holl newidiadau hyn. Mae'r olygfa hyd yn oed yn fwy aruchel a mawreddog mewn paent nag mewn realiti, fel y gallem ddychmygu ein bod yn edrych ar olygfa yn yr Alpau yn hytrach nag yng Nghymru. Mae Wilson yn gwneud i Graig Cau edrych fel esgynfa greigiau heriol iawn, yn hytrach na dringfa gymharol syml. Ond ar yr un pryd mae wedi 'rheoleiddio' yr olygfa, fel yr ymddengys yn llai mympwyol a brawychus. Dichon mai mynydd llwm a chreigiog sy'n ymddangos yn y llun, ond awgrymir hefyd ryw Eden cyntefig neu ddelfrydol, lle i freuddwydio a hiraethu, a hynny am ddau reswm. Ar y bryncyn yn y tu blaen mae Wilson wedi gosod ffigyrau – pobl leol o bosib, fel sy'n gyffredin mewn tirluniau o'r cyfnod. Ac mae wedi cludo'r awyr a'r hinsawdd yn uniongyrchol o'r golygfeydd twym, tesog a beintiai yn yr Eidal ar gyfer haul-addolwyr ar y Daith Fawr. Gŵyr unrhyw un sy'n gyfarwydd â Chader Idris pa mor eithriadol brin yw dyddiau twym, digwmwl a di-wynt, hyd yn oed yn yr haf. Fel yr ysgrifennodd Euros Bowen yn ei gerdd 'Richard Wilson' a gyhoeddwyd yn 1982:

> Daw elw'n nwyd o'r Eidal yn ôl
> i lunio ei dirluniau
>
> yn frwd ei ddelfrydedd
> yn troi Eryri hen yn Fediteranea
>
> ***
> … rhoi gwlad dan asur glas
> yn rhaeadrau dros Gadair Idris.

Gall fod Wilson, trwy wneud y newidiadau hyn, yn bwriadu mawrygu presenoldeb dramatig y mynydd, ond ar yr un pryd liniaru'r rhai oedd yn gyfarwydd ag Eidaleiddiwch ei dirluniau arferol. Yn y fersiwn o *Llyn-y-Cau, Cader Idris* yn Oriel y Tate (ceir dau fersiwn arall mewn casgliadau preifat), mae Wilson yn cyflwyno sawl ffigwr. Diben rhain, sy'n fychain iawn, yw cyfleu rhyw syniad o faint y mynydd a'r llyn. Yn y

6. Richard Wilson
Valley of the Mawddach, with Cader Idris, heb ddyddiad, olew ar gynfas, 60 x 75.5 cm, Amgueddfa Cymru.

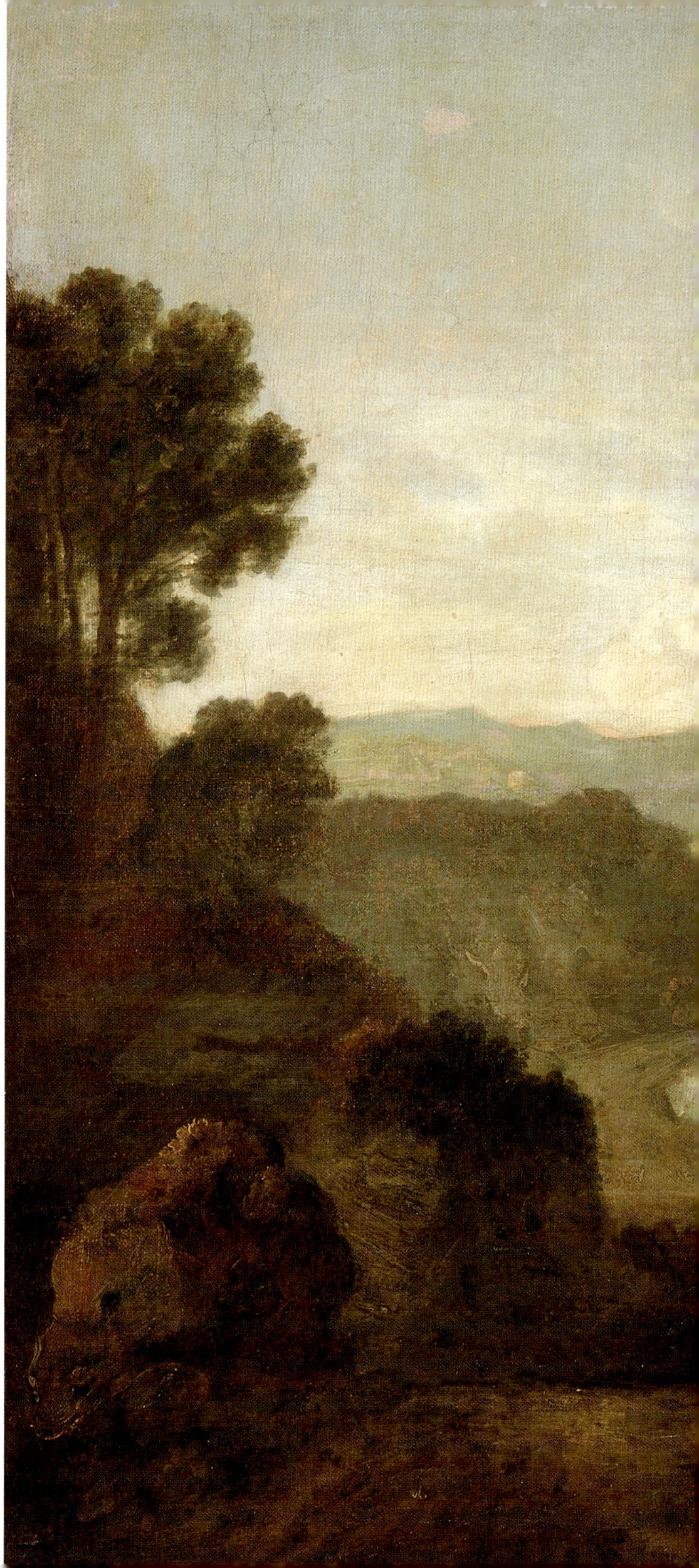

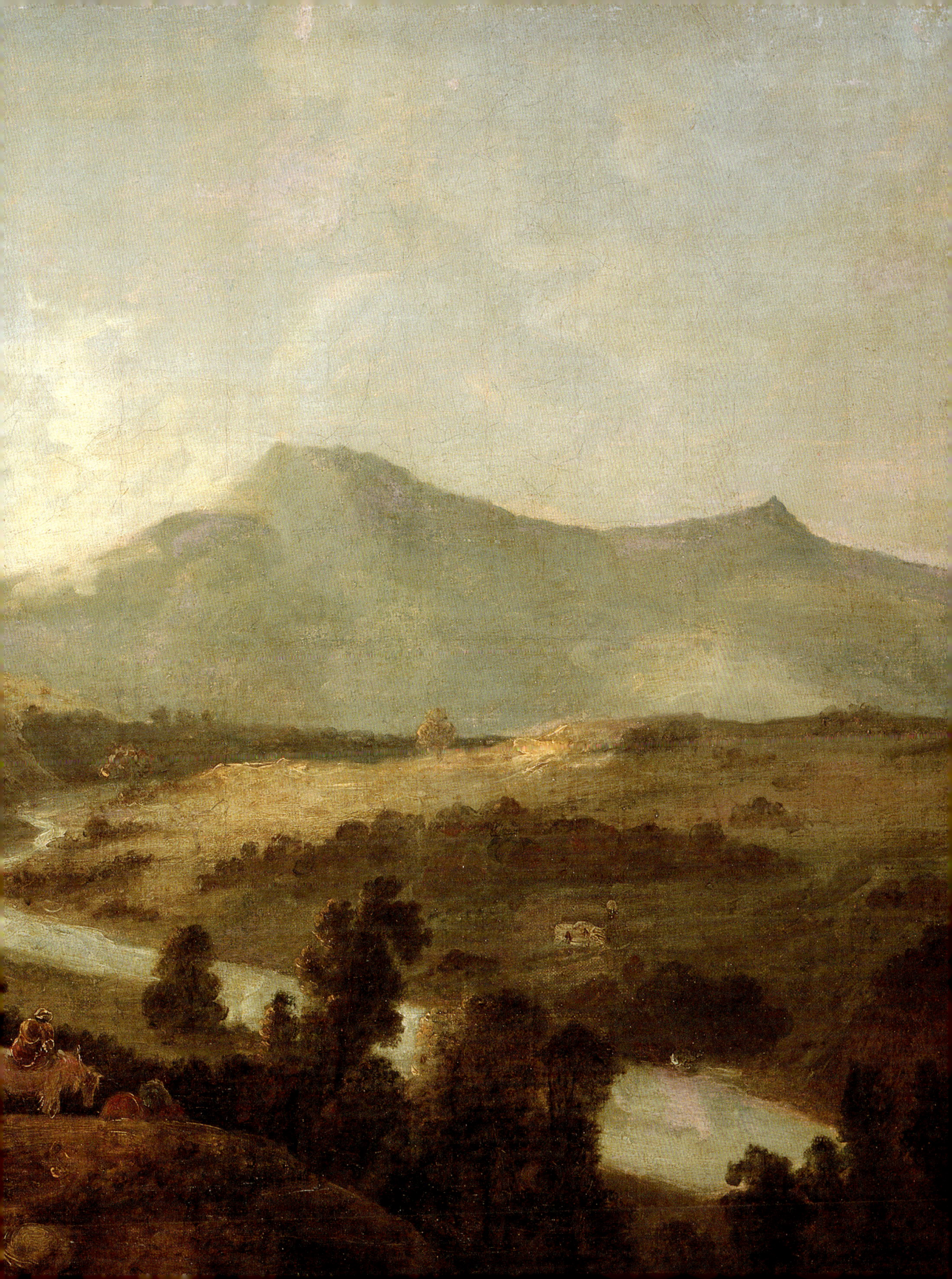

tu blaen y mae dyn gyda buwch, wedi'i weld o'r tu ôl (roedd gwartheg yn fwy cyffredin ar Gader Idris nag ydynt heddiw). Heb fod ymhell, mae artist yn gwyro dros ddalen fawr o bapur wedi'i binio ar fwrdd (Ffig. 7). Ymddangosodd yr un artist – dirprwy, efallai, i Richard Wilson ei hun – mewn peintiad cynharach gan Wilson (Ffig. 8).

Mwy enigmatig yw'r ffigwr ar y chwith, sydd i'w weld mewn dau o'r tri fersiwn. Saif bonheddwr trwsiadus, a'i ysgwyddau a'i bengliniau wedi'u plygu ychydig, yn dal ysbienddrych wrth ei lygad ac yn syllu ar y gorwel. (Ffig. 9) Beth yw ei arwyddocâd? Nid yw'n amhosibl i'r ffigwr ddod i feddwl Wilson ar ôl iddo weld ymwelydd yn defnyddio telesgop cludadwy ar y mynydd. Ond mae'n fwy tebyg mai llenyddiaeth a'i hysbrydolodd. Yn 1703 cyhoeddodd Ellis Wynne ei waith dychanol *Gweledigaethau y Bardd Cwsg*. Ar ddechrau'r llyfr, â'r bardd i gysgu ar frig mynydd a chael breuddwydion rhyfedd am y Byd, Angau ac Uffern (Ffig. 10). Daeth y llyfr yn glasur o ryddiaith Gymraeg ar unwaith, a chafodd ei ailargraffu chwe gwaith cyn 1765. Mae'n dechrau gyda'r frawddeg enwog:

> Ar ryw brynhawngwaith teg o ha' hirfelyn tesog, cymerais hynt i ben un o fynyddoedd Cymru, a chyda mi sbienddrych i helpu 'ngolwg egwan i weled pell yn agos, a phethau bychain yn fawr; trwy'r awyr denau eglur a'r tes ysblennydd tawel, canfyddwn ymhell bell tros Fôr Iwerddon lawer golygiad hyfryd.

Cader Idris, o bosibl, oedd y mynydd dan sylw, sef y copa uchaf yn ardal cartref Wynne, Y Lasynys, ger Harlech. Dichon bod Wilson, a oedd, yn ôl pob tebyg, yn medru'r Gymraeg, yn gyfarwydd â'r llyfr. Byddai Syr Roger Mostyn, a gomisiynodd un fersiwn o leiaf o *Llyn-y-Cau, Cader Idris* yn gyfarwydd â *Gweledigaethau y Bardd Cwsg*; ag yntau'n gefnogwr o'r diwylliant Cymraeg. Ai Mostyn a ofynnodd i Wilson am atgynhyrchu yn ei lun adroddwr stori Ellis Wynne a'i ysbienddrych – a hefyd yr 'awyr denau eglur a'r tes ysblennydd tawel'?

Cafodd llun Wilson fywyd hir ond ysbeidiol wedyn. Gan iddo gynhyrchu tri fersiwn, mae'n amlwg ei fod yn disgwyl y byddai galw am ei ddelwedd. Arddangosodd un o'r fersiynau yn yr Academi Frenhinol yn 1774. Yn gynharach, roedd Edward a Michael Angelo Rooker wedi cyhoeddi engrafiad o'r llun. Yn 1775 cafodd hwn ei ailgyhoeddi gan John Boydell, gyda theitl yn Saesneg ac yn Ffrangeg (Ffig. 11). Helaethodd engrafiadau'r farchnad ar gyfer gweithiau celf yn sylweddol.

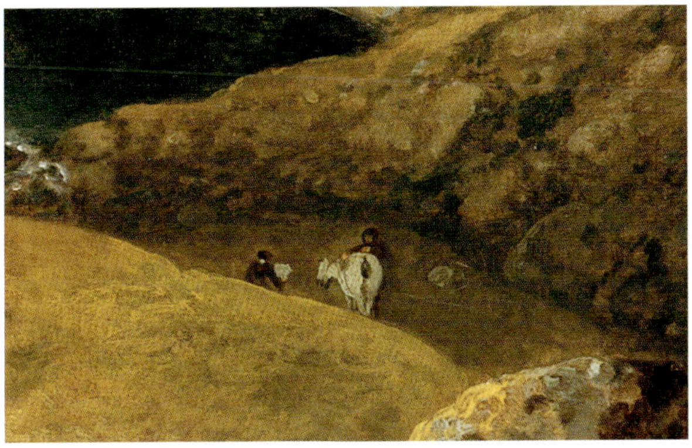

7. Richard Wilson
Llyn-y-Cau, Cader Idris, manylyn o artist yn braslunio.

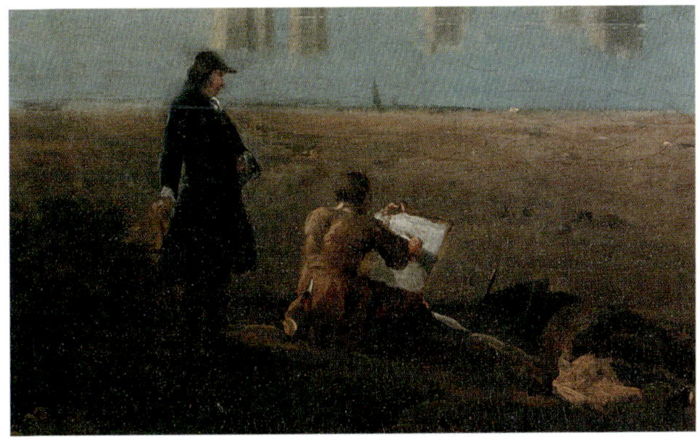

8. Richard Wilson
Caernarfon Castle, manylyn o artist yn braslunio.

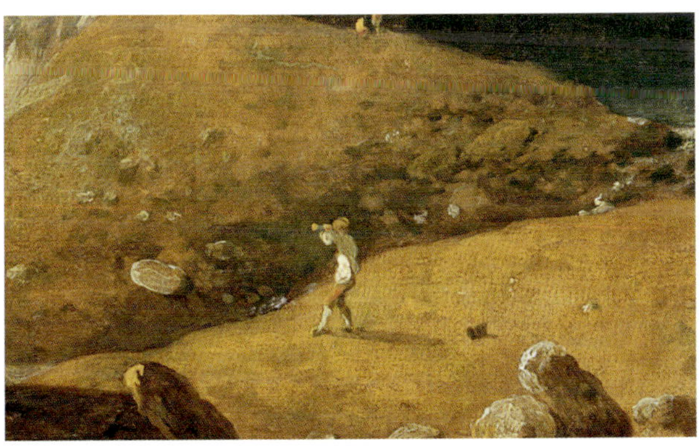

9. Richard Wilson
Llyn-y-Cau, Cader Idris, manylyn o ddyn ag ysbienddrych.

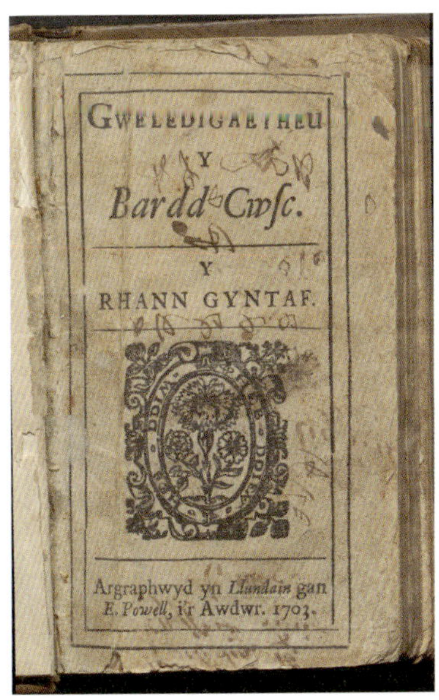

GWELEDIGAETHEU
Y
Bardd Cwsc.
Y
RHANN GYNTAF.

Argraphwyd yn *Llundain* gan
E. Powell, i'r Awdwr. 1703.

10. Ellis Wynne
Gweledigaetheu y Bardd Cwsc, Llundain, 1703, tudalen deitl, 12.5 x 7.5 cm, Llyfrgell Genedlaethol Cymru.

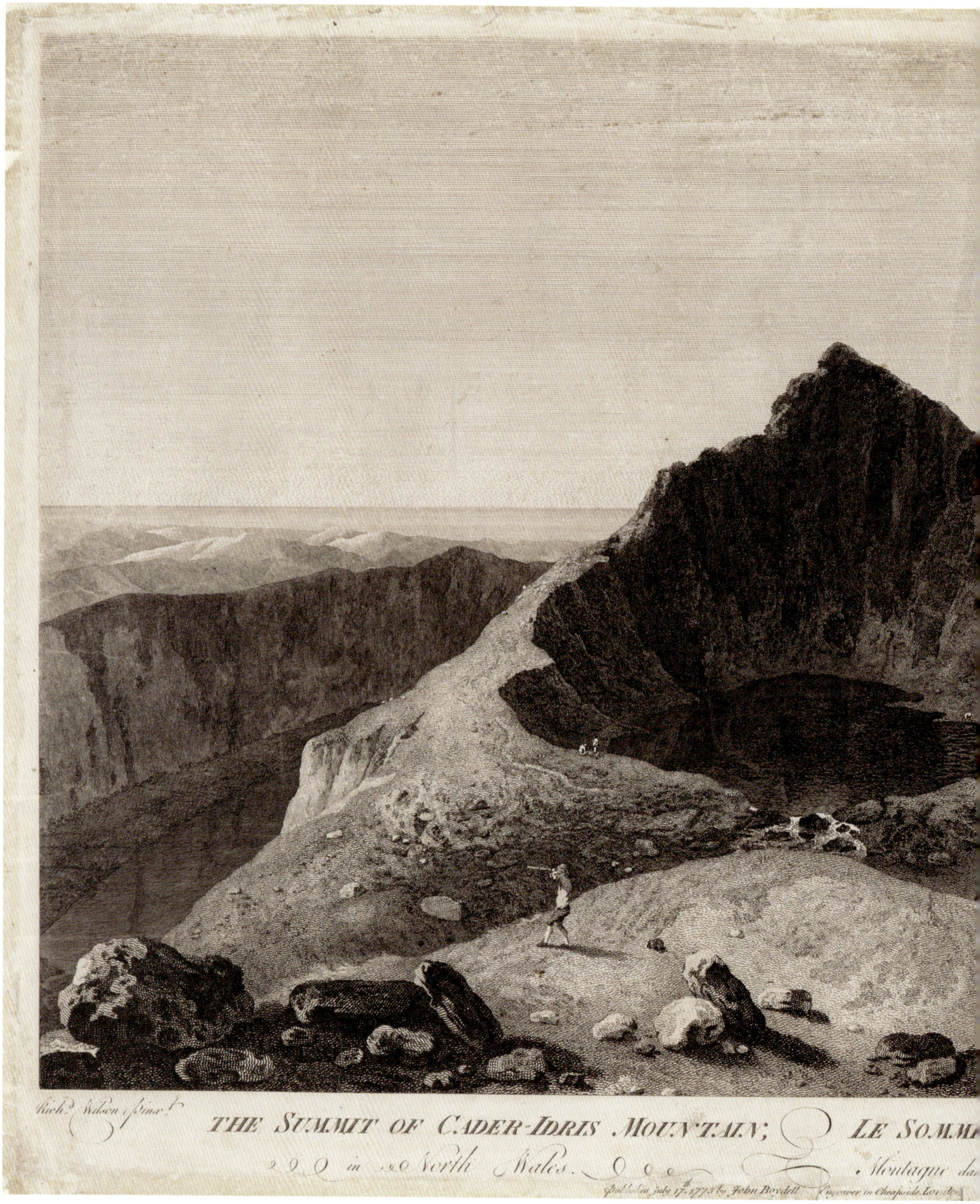
Richd. Wilson pinxt.
THE SUMMIT OF CADER-IDRIS MOUNTAIN;
in North Wales.
LE SOMM
Montagne da
Published July 17th 1775 by John Boydell Engraver in Cheapside London

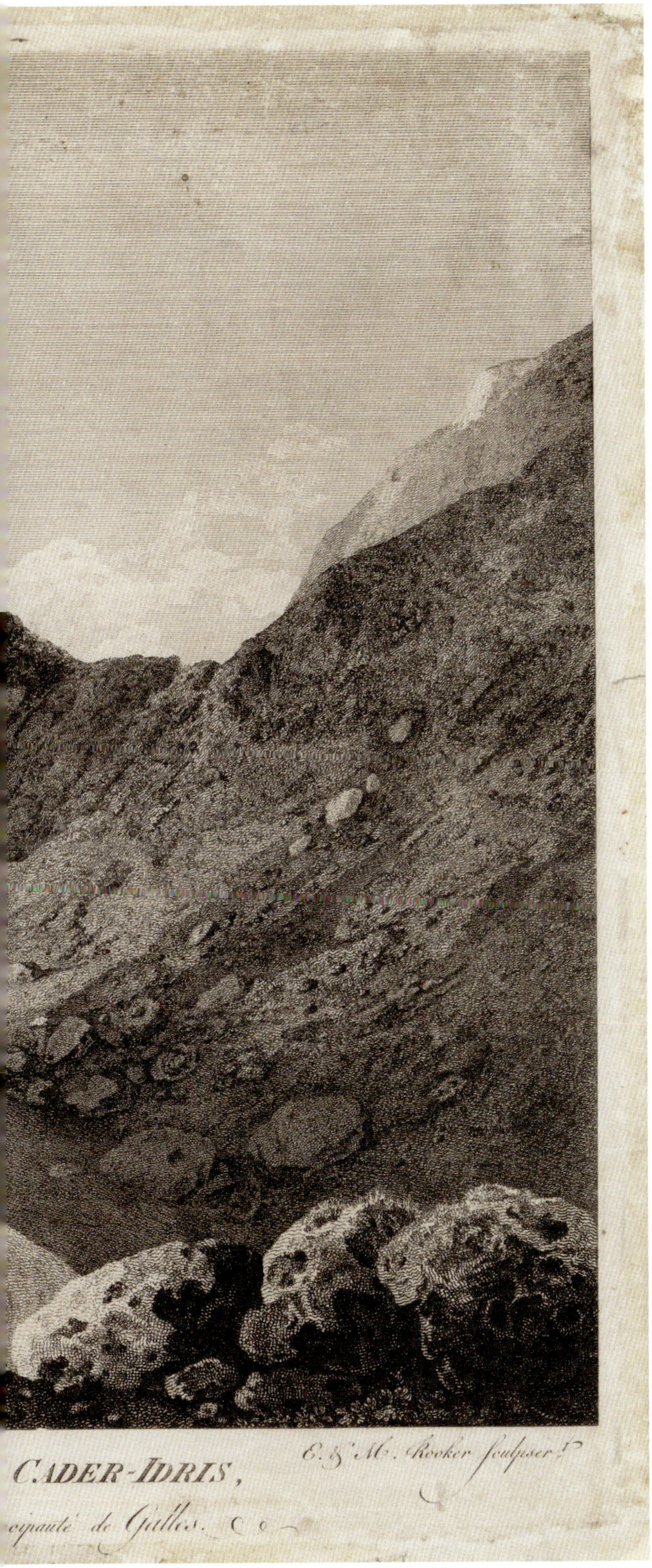

11. Richard Wilson
The summit of Cader Idris mountain in north Wales, engrafiad gan Edward a Michael Angelo Rooker, 1775, llinengrafiad ac ysgrythiad, 35.4 x 50.9 cm, Llyfrgell Genedlaethol Cymru.

Erbyn i Thomas Pennant gyhoeddi'r ail gyfrol o'i waith dylanwadol, *Tours in Wales*, yn 1784, yr oedd delwedd Wilson o Lyn Cau mor adnabyddus fel y gallai ysgrifennu yn ei adroddiad am ddringo Cader Idris, 'yn y pellter agos gwelais Graig Cay, clogwyn mawr, gyda llyn islaw, yn gorwedd mewn pant dwfn; efallai mai ceudwll llosgfynydd hynafol yw ef. Mynegir hwn mewn ffordd mor rhagorol gan bensil ardderchog fy mherthynas, Mr Wilson, fel ni rof cynnig ar y disgrifiad.' Serch hynny, rhoddodd Pennant, yn y fersiwn o'i lyfr oedd â delweddau ychwanegol, lun ddyfrlliw gan ei gynorthwyydd Moses Griffith, a ddeilliodd yn uniongyrchol o'r engrafiad (Ffig. 12). Dangoswyd yr un parch at ragoriaeth golygfa Wilson gan ymwelwyr diweddarach â Chader Idris, yn cynnwys Arthur Aikin yn 1797 a William Bingley yn 1800. Dechreuwyd galw Llyn Cau yn 'Bwll Wilson'.

Ond wedi hyn mae'n ymddangos i lun Wilson fynd yn angof. Yr oedd dau brint ychwanegol wedi'u seilio ar ei baentiad, sef engrafiad syml ac amrwd gan George Cooke yn 1808 (Ffig. 13), a lithograff dienw yn 1822, ond dim byd wedi hynny. Cwynodd Edward Pugh, yn ei lyfr *Cambria Depicta* (1816), fod copïau o engrafiadau o olygfa Wilson o'r Wyddfa yn anodd i'w cael, a bod Wilson wedi mynd yn angof. Byddai blynyddoedd yn mynd heibio cyn bod golygfa Wilson o Lyn Cau yn cael ei hailddarganfod a'i hailddarlunio.

Ar ôl i arddull mwy Rhamantaidd o ddarlunio Cader Idris ddod yn gyffredin yn y bedwaredd ganrif ar bymtheg, meddyliai rhai artistiaid fod cymedroldeb Wilson a'i ddyled i arferion peintwyr cynharach yn llethol ac annymunol. Dyma Samuel Maurice Jones, peintiwr llai adnabyddus o Sir Ddinbych, yn ysgrifennu yn 1891:

> The influence of the magnificence of the old painters and the cloudless skies of Italy had paralysed Richard Wilson to such an extent that he did not possess the appropriate forms and shapes to portray the wildness of his native country. Here he is, putting stillness to reign in the house of the storm, and drawing the etched slopes of Eryri without a single cloud to cast a shadow over its nakedness.

12. Moses Griffith
Llyn-y-Cau, dyfrlliw ar bapur,
heb ddyddiad, 8.5 x 13 cm, Llyfrgell
Genedlaethol Cymru.

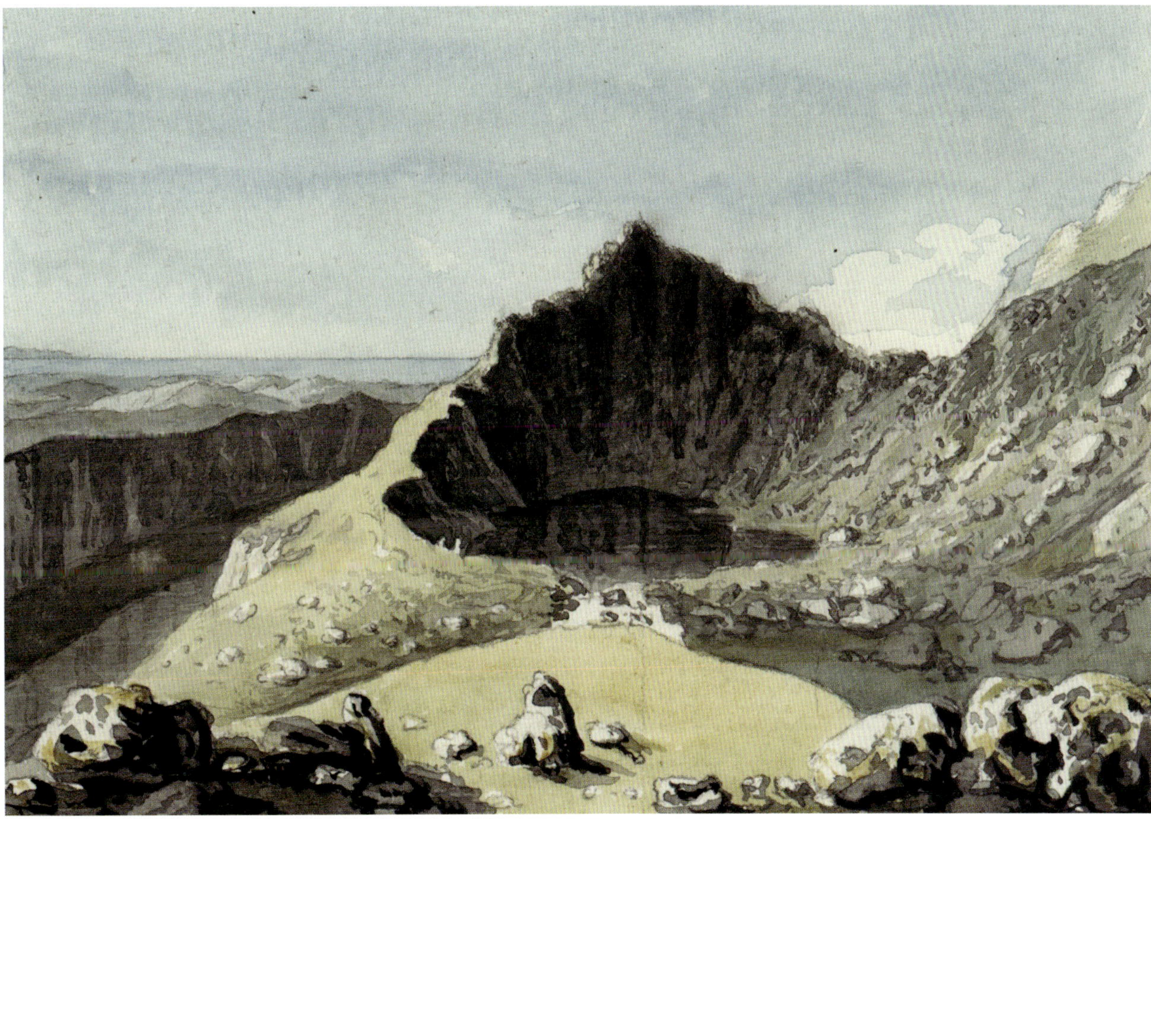

Ni wnaeth Wilson arbrawf fel *Llyn-y-Cau, Cader Idris* fyth wedyn. Bwriodd methiant ac anffawd gysgod drosto'n ddiweddarach yn ei oes, a newidiodd chwaeth artistig. Wrth i'w arddull ddod yn llai ffasiynol, collodd noddwyr. Mae'n bosibl ei fod yn dioddef o alcoholiaeth, iselder ysbryd neu efallai dementia. Yn y diwedd gadawodd Lundain i fyw gyda'i gyfnither Catherine yng Ngolomendy, ger yr Wyddgrug, lle bu farw yn 1782.

Yn y pymtheg ar hugain neu fwy o'r peintiadau o'i wlad enedigol, parhau a wnaeth gweledigaeth Wilson o dirweddau Cymru, a pharhaodd y gweithiau i gael eu hedmygu gan artistiaid a beirniaid. Ychydig o'r rhain, fodd bynnag, sydd cystal â *Llyn-y-Cau, Cader Idris* o ran ei wreiddioldeb a'i gydbwysedd tyn rhwng gwylltineb aruchel a chytgord bugeiliol. Ysgrifennodd Thomas Wright, bywgraffydd cyntaf Wilson, 'yn ei dyb e, diwallodd golygfeydd Cymru bob angen y tirluniwr, boed yn llunio natur yn y dull aruchel neu'n y dull bugeiliol.' Gyda'i wybodaeth fanwl o'i thirwedd fynyddig a'i hoffter o'i wlad enedigol, gallai Wilson greu delwedd nerthol o Gader Idris, a gosod y mynydd yn fagnet gweledol i'r artistiaid a'i dilynodd.

13. George Cooke
Cader Idris, 1809, engrafiad *intaglio*, 12.7 x 18 cm, Llyfrgell Genedlaethol Cymru.

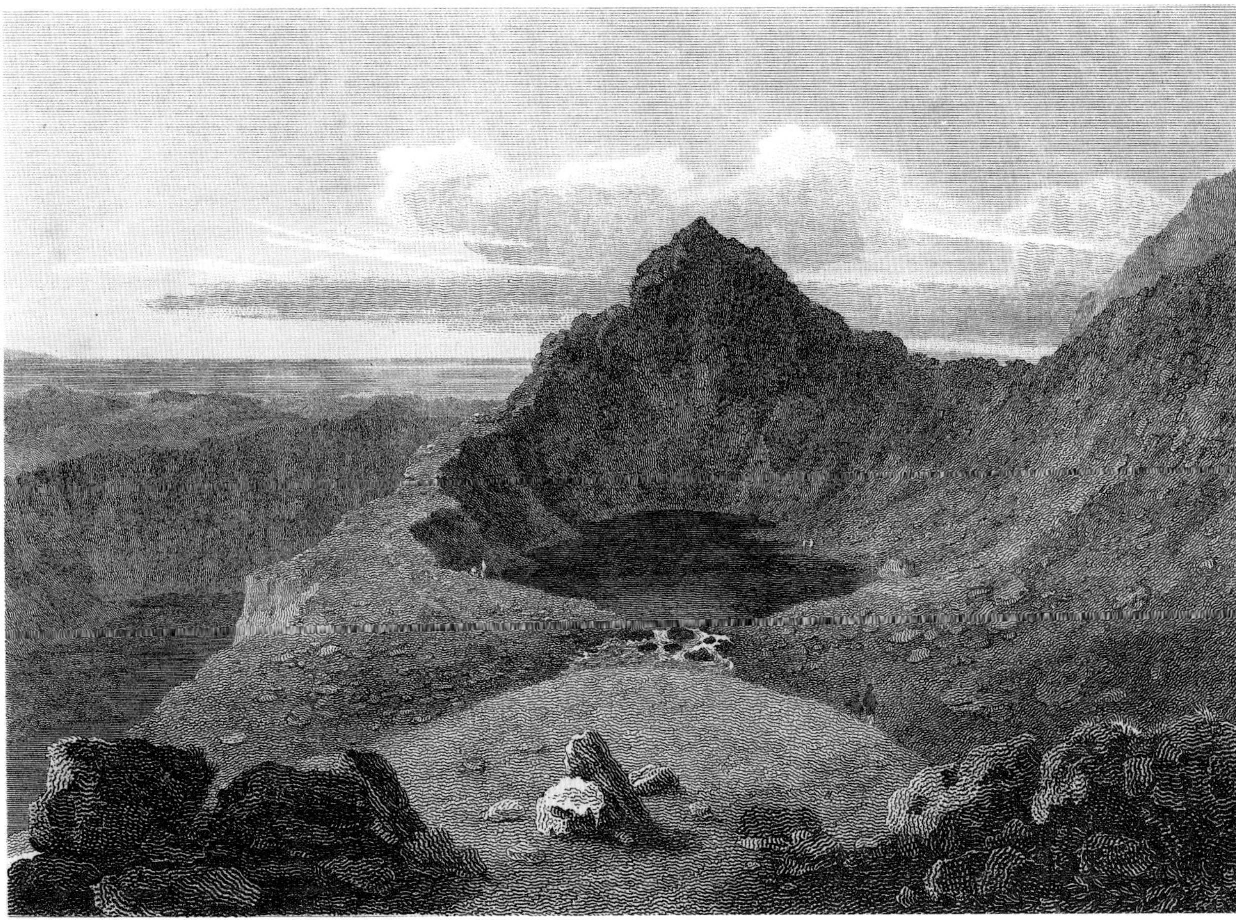

PENNOD 2

'This bright vision & the sun': Cornelius Varley

Wrth yrru i'r de ar noson heulog o haf ar hyd yr A470 o Drawsfynydd, sylwa'r teithiwr yn fuan ar wal uchel, dywyll yn y pellter sydd, yn ôl pob golwg, yn rhwystro'r ffordd. O'i flaen mae'r copaon o gadwyn Cader Idris – Gau Graig, Mynydd Moel, Pen-y-gader, y Cyfrwy a Thyrau Mawr – yn ymestyn. Esgyn a disgyn y mae llinell y gorwel sy'n eu cysylltu, ond mae'n ffurfio llinyn di-dor yn erbyn yr awyr. Islaw'r crib, cwympa clogwyni syth a llethrau serth o sgri tuag at lwybr yr hen Ffordd Ddu, sy'n mynd ar hyd godre wyneb gogleddol y mynydd.

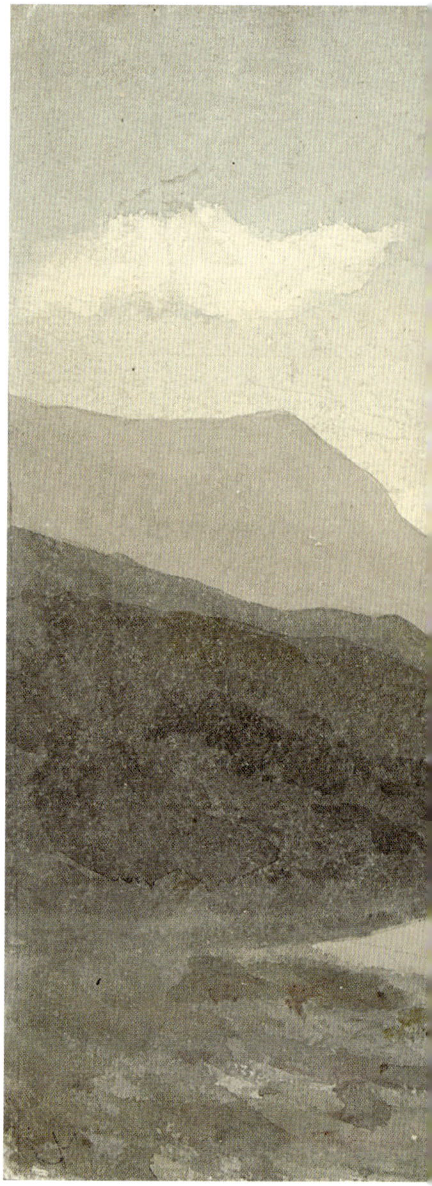

Dyma oedd yr olygfa anferth, ysgubol a ddaliodd lygad Cornelius Varley, artist ifanc o Lundain, yn haf 1802. Cyfareddwyd ef gan Gader Idris. Dro ar ôl tro yn ystod ei ail ymweliad yn 1803 deuai yn ôl i wyneb gogleddol y mynydd, gan drawsnewid yr hyn a welai i rai o'r darluniau mwyaf ffres a goleuol a wnaed o fynyddoedd gan unrhyw un ym Mhrydain yn y bedwaredd ganrif ar bymtheg.

Ganwyd Varley yn Hackney yn 1781. Pan fu farw ei dad ddeng mlynedd yn ddiweddarach, dechreuodd weithio yng ngweithdy ei ewythr Samuel, gemydd a gwneuthurwr watshys ac offerynnau optegol. 'Yn y man yna,' meddai'n hwyrach mewn darn hunangofiannol, 'gwelais am y tro cyntaf ryfeddodau gwyddoniaeth, a dod yn awyddus i wneud lensys.' Yn nes ymlaen dyfeisiodd sawl teclyn, yn cynnwys deialau haul a microsgopau, ac yn 1811 rhoes batent ar 'delesgop graffeg', math o *gamera obscura* a ddefnyddiai artistiaid i daflu delwedd o olygfa ar bapur. Disgrifiwyd ef fel 'bach, destlus, ac mor fain â nodwydd', oedd â 'wyneb disglair, dymunol, gyda llygaid pefriol a phryd a gwedd amlwg'.

Roedd ei frawd hŷn John eisoes wedi dod yn artist, gan ddylanwadu efallai ar Cornelius i newid ei alwedigaeth. 'Yn 1801,' cofnododd, 'dechreuais ddarlunio a braslunio yr hyn a welais o'm cwmpas, dysgu fy hunan, ac yn y man cael fy nghyflogi i addysgu eraill.' Wedi dianc o'r labordy i gefn gwlad East Anglia, cafodd flas ar 'yr aer pur, y teimlad o ryddhad i grwydro i unrhyw le ym myd Duw.' Yn 1802 gwnaeth y gyntaf o dair taith i dirwedd dra gwahanol gogledd Cymru. Yng nghwmni ei frawd John ac artist arall, Thomas Webster, ymwelodd Cornelius â

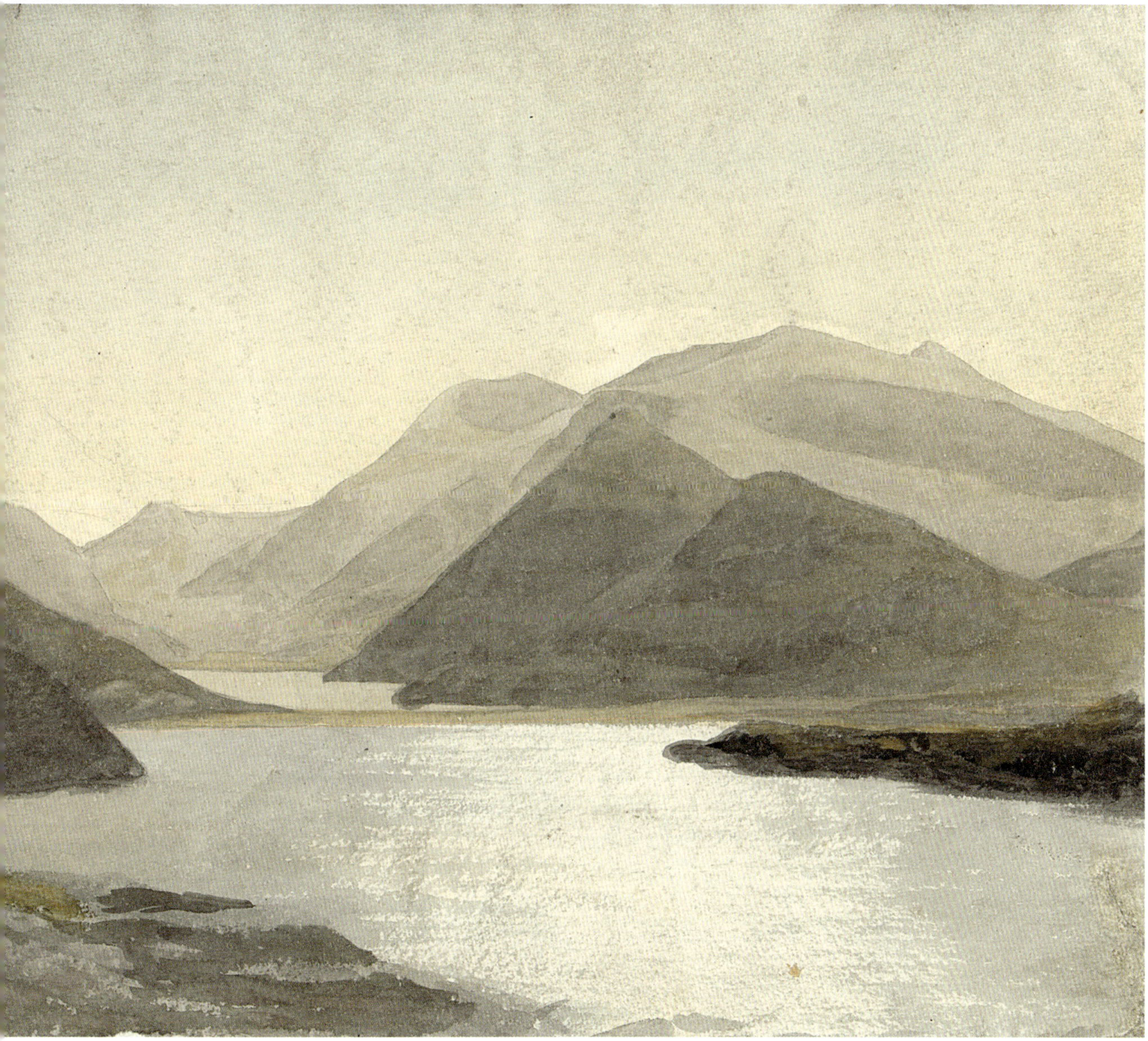

14. Cornelius Varley
Sunlight over a Lake near Snowdon, Llanberis, North Wales, 1802, dyfrlliw ar bapur, 22.6 x 36.8 cm, Rijksmuseum, Amsterdam.

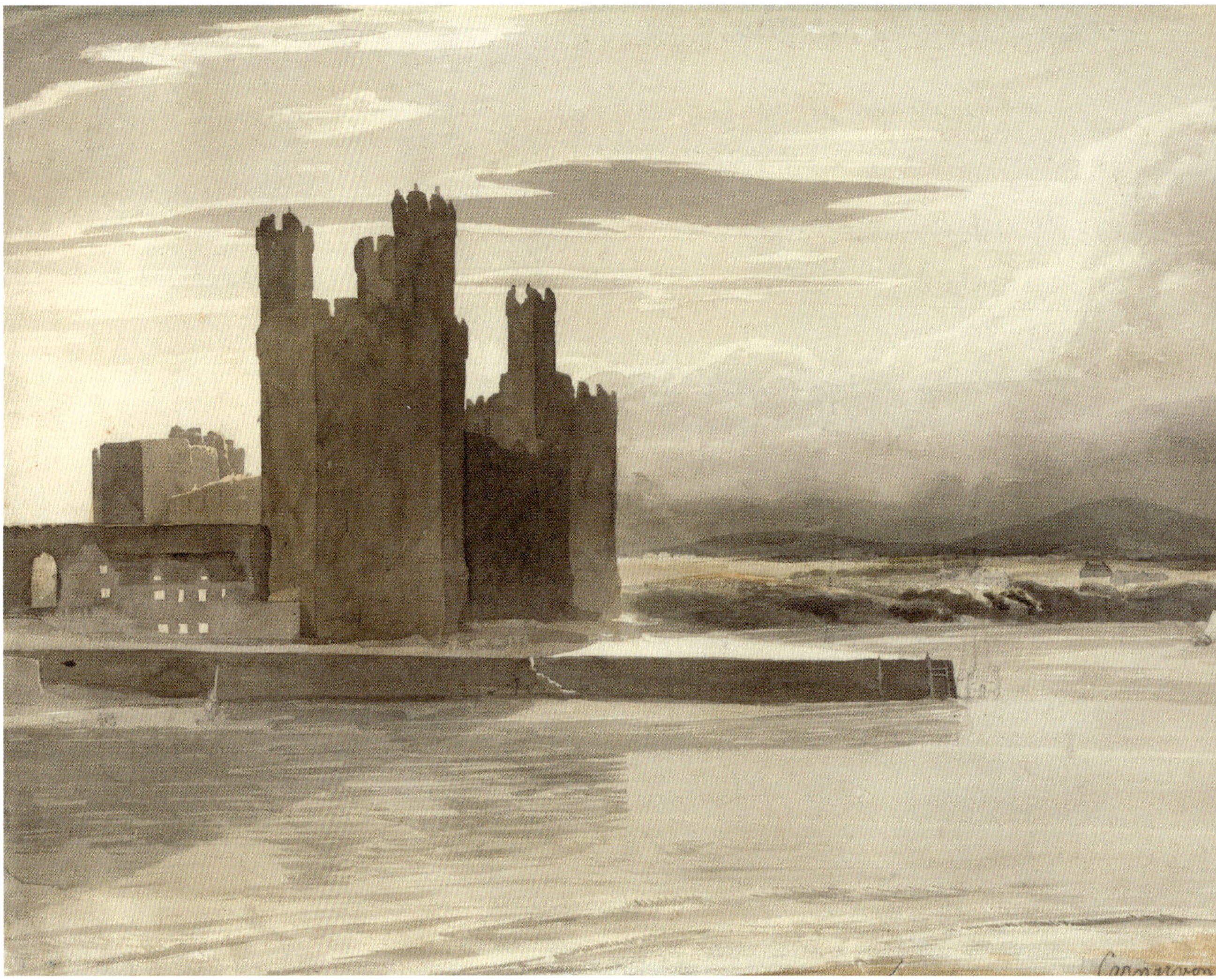

15. Cornelius Varley
Caernarfon Castle, 1802, dyfrlliw a graffit ar bapur, 25.7 x 48.9 cm, Yale Center for British Art.

Chaernarfon, Conwy, Harlech, Abermaw a Dolgellau. O'r ddwy dref olaf byddai wedi cael cipolwg ar Gader Idris.

Mae'n amlwg o'r brasluniau dyfrlliw o'i daith yn 1801 fod Cornelius yn artist talentog, ac yn un â diddordebau anarferol eang, yn arbennig ym maes gwyddoniaeth opteg. Mewn dau lun, o Foel Hebog ac o'r Wyddfa o Lanberis (Ffig. 14), mae'n symleiddio ffurfiau'r mynyddoedd a'r dŵr i gyfres o blanau gwastad o olchiadau'n gorgyffwrdd, techneg sy'n rhagddangos yr arddull dyfrlliw a ddefnyddiodd ei gyfaill John Sell Cotman yn ei peintiadau adnabyddus yn Swydd Efrog yn 1803-5. Llun gwahanol yw Castell Caernarfon a welir o lan arall afon Seiont. Uwchben y castell mae talp o gymylau tywyll yn codi o'r de ac yn bygwth dileu'r haul (Ffig. 15). Eisoes yr oedd Cornelius yn rhoi sylw i sut mae cymylau'n ffurfio a symud.

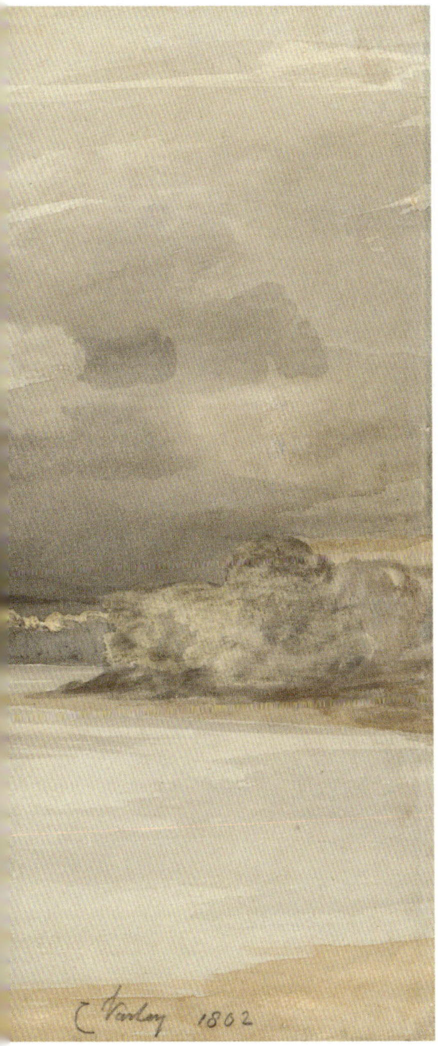

Yn yr haf dilynol yn 1803, ac yntau'n ddwy ar hugain oed, daeth Varley yn ôl i ogledd Cymru gyda Joshua Cristall a William Havell, dau artist dyfrlliw arall ar ddechrau eu gyrfaoedd. Y tro yma mae'n ymddangos iddo droi ei sylw'n arbennig at Gader Idris, lle datblygodd ffyrdd newydd o gyfleu'r dirwedd fynyddig ar un eiliad arbennig o amser. Teithiai o'i fan cychwyn yn Nolgellau er mwyn darlunio wyneb gogleddol Cader Idris mewn cyfres hir o frasluniau. Maent yn amrywio o ran golygfan, triniaeth a manylder, fel pe bai'r artist yn creu'r delweddau ar fyrfyfyr, ac yn arbrofi gyda sawl ffordd o weld y mynydd, o wahanol onglau ac mewn amryw olau a thywydd.

Yn *Cader Idris from Llanelltyd*, y darlun manylaf a mwyaf confensiynol o'r rhai sydd wedi goroesi, mae Varley yn defnyddio dwy ddalen o bapur i gwmpasu'r mynydd cyfan fel mewn 'fris' (Ffig. 16-17). Ar gyfer ei olygfan dewisa lecyn uwchben pentref Llanelltyd, ar dir sy'n codi i'r gogledd o afon Mawddach. Mae'n lleoli'r mynydd yn uchel yn y llun, a thrwy wneud hyn, gall ddangos y tir sy'n ymestyn oddi tano: yr afon yn ymdroelli trwy'r dyffryn, y pentref uwchben Pont Llanelltyd â'i phum bwa, Hengwrt, y plasty hynafol ar draws yr afon, tai eraill ar wasgar dros yr olygfa, cychod ar yr afon, a rhes o fuchod ar y llethr oddi tano. Mae'r haul isel o'r gorllewin yn taflu goleuni a chysgod ar ystlys y mynydd a'r bryniau gerllaw. Rhydd Varley fwy o swmp iddynt trwy nodi holltau ac agennau yn y clogwyni. Sawl milltir tuag at ben arall cadwyn Cader Idris, gwnaeth fraslun cain tra gwahanol o Gwm Nant-y-

Gwyrddail, gyda Thyrau Mawr ar y chwith ('highest point in the clouds') a fferm Nant-y-Gwyrddail yn y tu blaen.

Mewn llyfr brasluniau yn Llyfrgell ac Amgueddfa Morgan, Efrog Newydd, ceir rhagor o amrywiadau ar wyneb gogleddol Cader Idris. Ymestyn tri o'r darluniau ar draws dwy dudalen i roi golwg banoramig o'r gadwyn gyfan. Ar gyfer yr un cyntaf (f.10v-11r), saif Varley yn bellach i'r dwyrain, yn uchel uwchben afon Wnion, er mwyn gosod y cefn ar osgo yn hytrach nag wyneb-ar-wyneb, gan ddangos tref Dolgellau islaw (Ffig. 18). Ac eithrio tai'r dref, mae'r manylion yn brinnach o lawer, a'r copaon yn llai pendant. Uwchben tir garw, anwastad, mae Gau Graig yn tra-arglwyddiaethu, ac yn arwain y llygad tuag at gopa Tyrau Mawr yn y pellter. Yn yr ail lun (f.12v-13r) mae'r mynydd yn dominyddu eto, er gwaethaf y llinellau lleiaf a'r strôcs brwsh mwyaf cynnil (Ffig. 19).

16. Cornelius Varley
Cader Idris from Llanelltyd, 1803, graffit ar bapur, 26.9 x 44.1 cm, Courtauld Gallery.

17. Cornelius Varley
Cader Idris from Llanelltyd, 1803, graffit ar bapur, 26.7 x 42.2 cm, Amgueddfa Cymru.

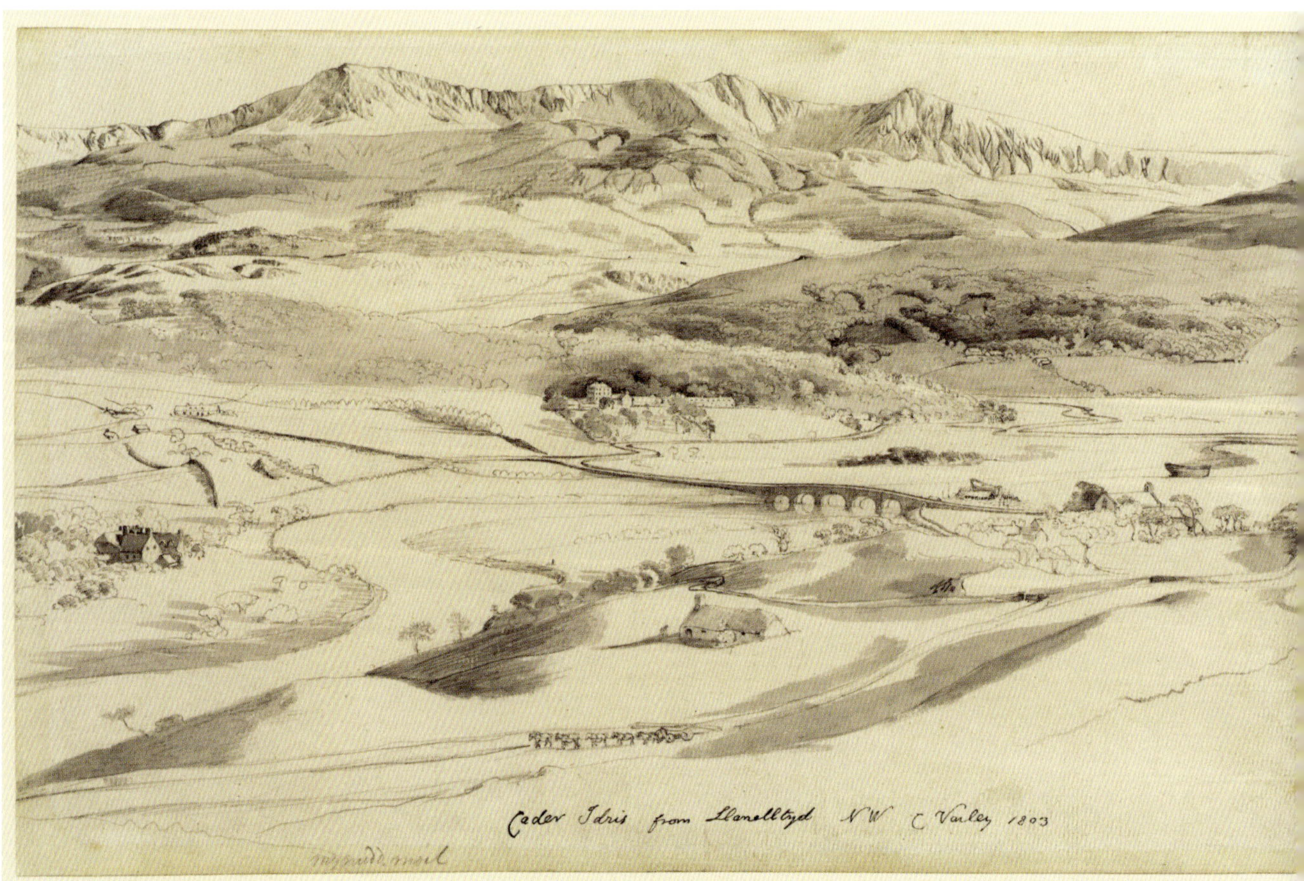

Mae Varley yn lleihau'r tir canol hyd yn oed yn fwy. Yn y trydydd (f.15v-16r), a ddisgrifir fel 'Cader Idris from the great bank which nearly hides it from Dolgelly', mae'n braslunio llethrau Pen-y-gader a'r Cyfrwy gyda phensel dra gwahanol, sef un fwy llac a bras, gan bylu'r strôcs ambell waith (Ffig. 20). Mae'n labelu Llyn Gafr a Llyn Gader â'r gair 'pool', a thu hwnt i Dyrau Mawr mae'n nodi 'sea'.

Gwelwn amrywiad arall eto mewn braslun mewn pensel a sialc sydd heddiw yn yr Yale Center for British Art (Ffig. 21). Y tro hwn mae copaon y mynydd yn cael eu gosod yn bellach i ffwrdd, i'w gweld mewn silwét tywyll, sy'n troi'n llwyd yn raddol er mwyn pwysleisio'r llethrau isaf. Yn y rhan fwyaf o'r darluniau mae Varley yn gadael yr awyr yn wag, ond yma mae'n ychwanegu wal arall uwchben y llinell o grib y mynydd – rhes o gymylau cwmwlws, tywyllach wrth y gwaelod ond

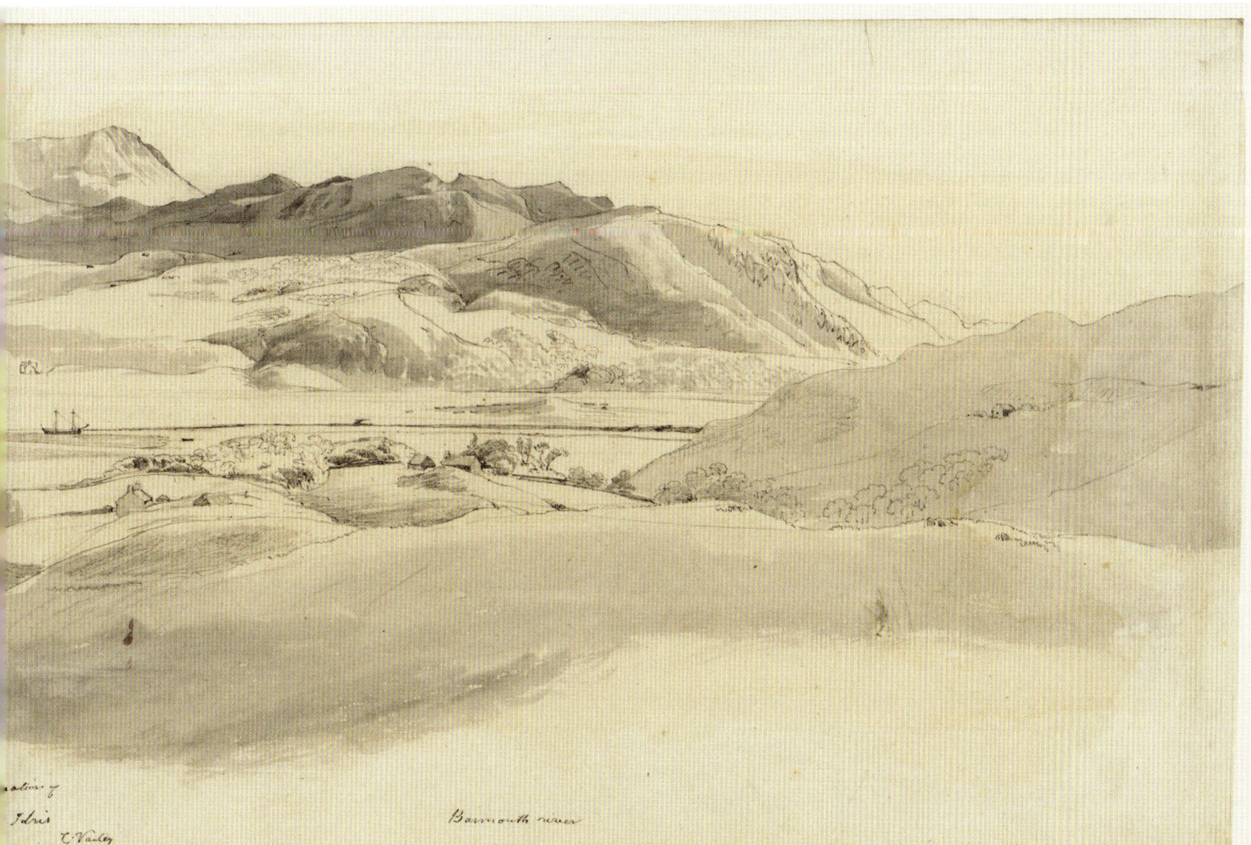

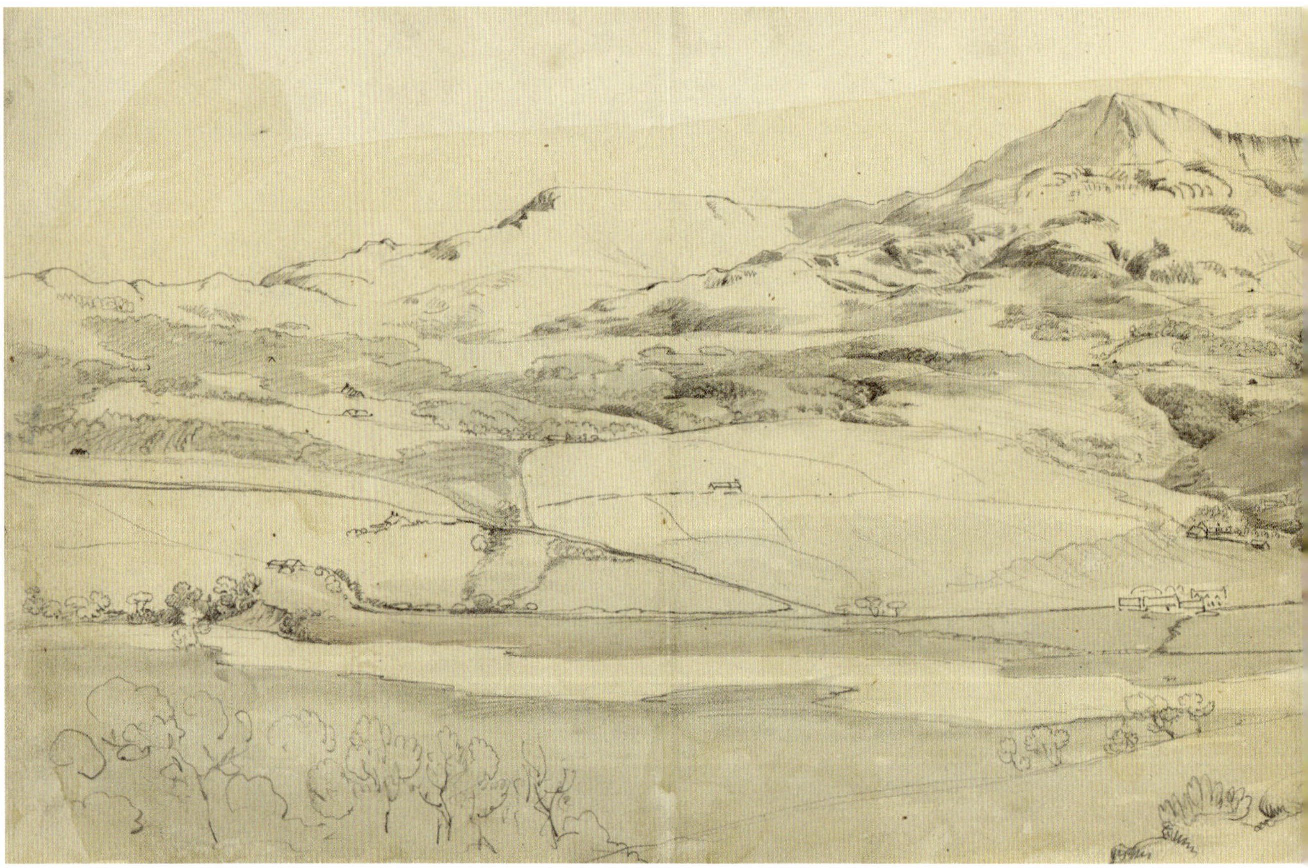

18. Cornelius Varley
Panorama of Cader Idris and Dolgellau, 1803, graffit ar bapur, 23 x 36.9 cm, Morgan Library and Museum.

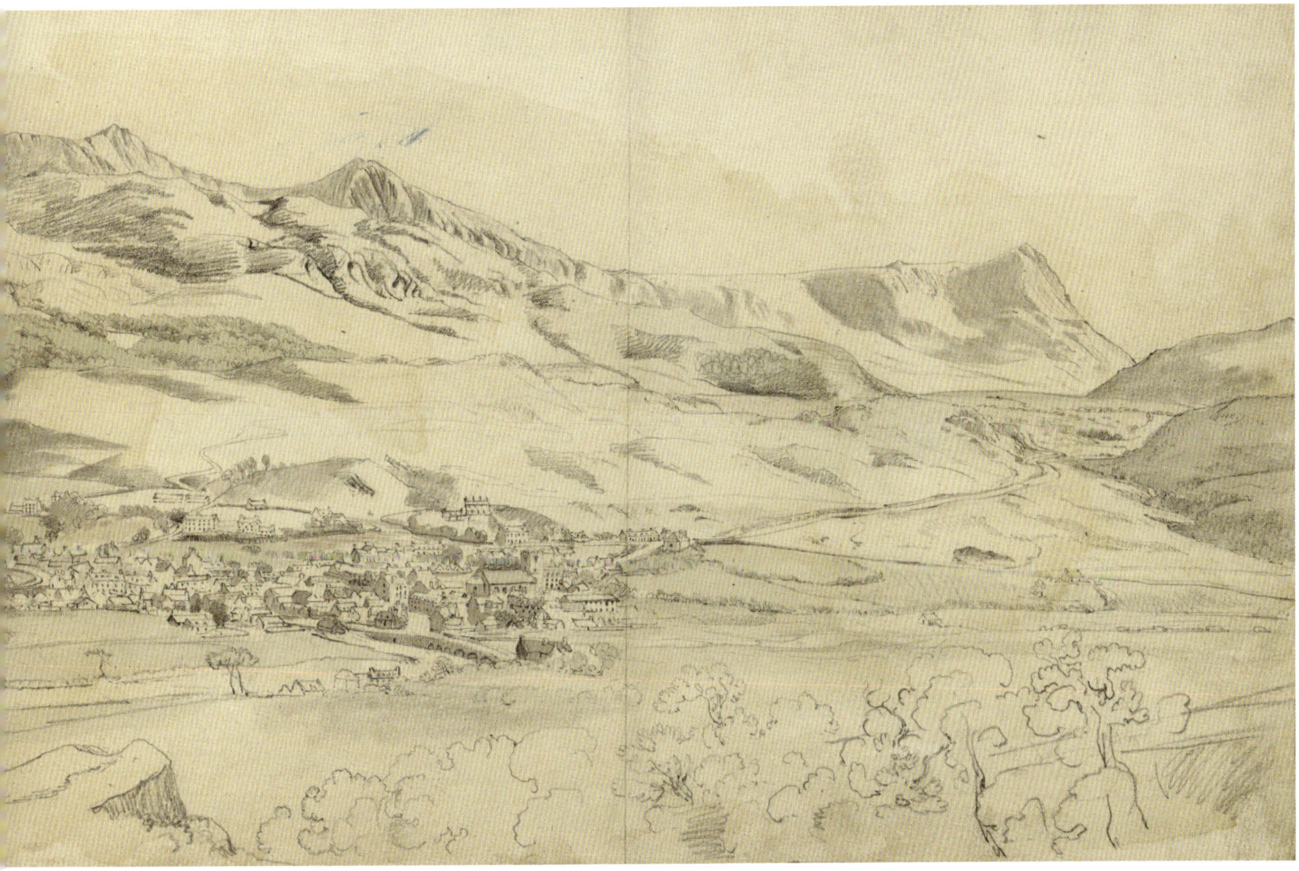

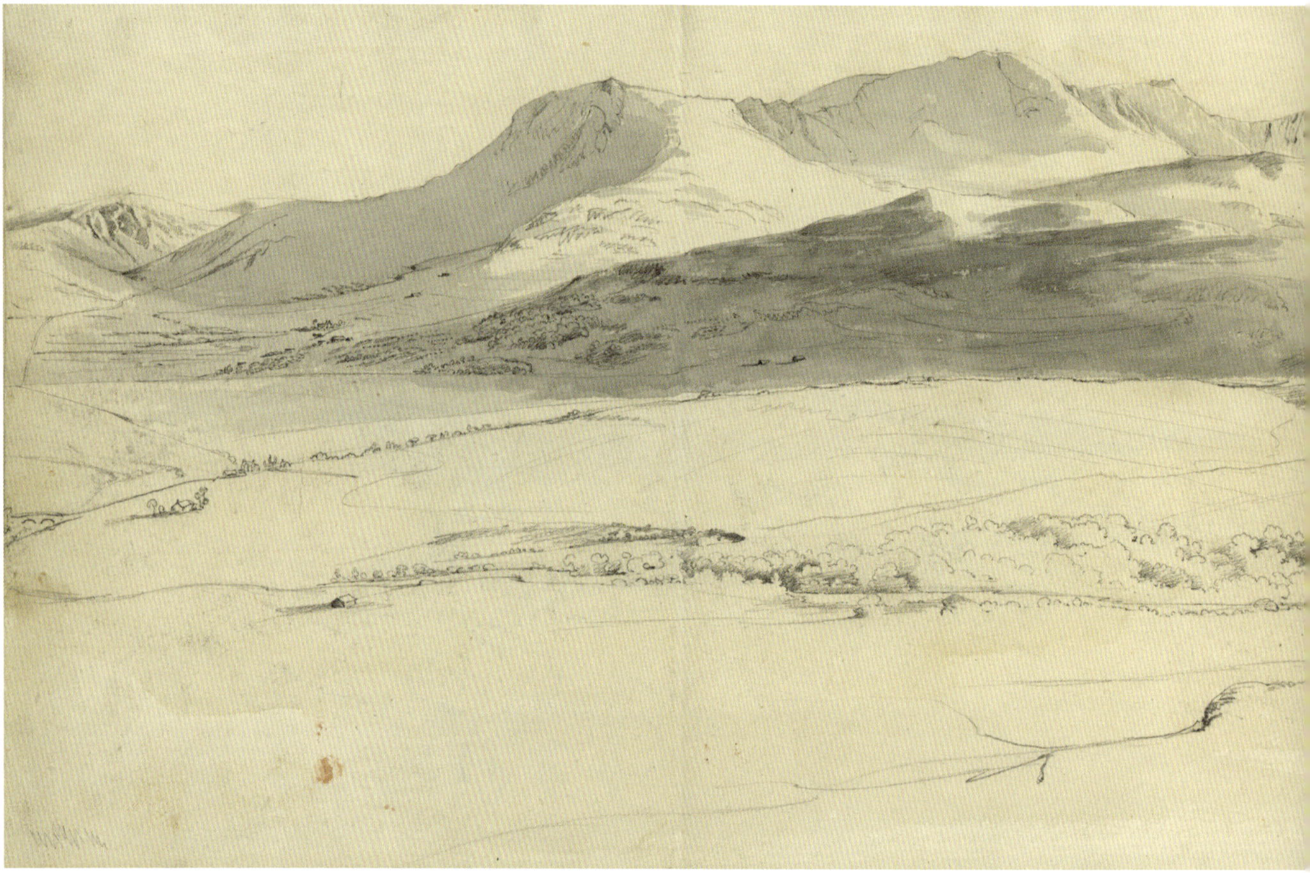

sy'n ffrwydro i donnau gwyn uwchlaw. Ychwanega ddau nodyn: 'tywydd teg, gwynt o'r de-ddwyrain, cymylau'n dod tuag ataf trwy'r bore, ond wedi'u toddi i awyr dryloyw mor gyflym ag y daethant, fel roedd gen i awyr las uwch fy mhen trwy'r amser', a, 'heulwen, ond daw'r bryniau [ymlaen?] yn dywyllach'. Roedd gan Varley ddiddordeb gwyddonol mawr mewn meteoroleg. Datblygodd ei theori ei hun, yn seiliedig ar drydan, am sut mae cymylau'n ymffurfio a symud, ac ynghlwm wrth ei fywgraffiad ychwanegodd draethawd bach, a gyhoeddwyd mewn fersiwn diwygiedig yn hwyrach, o'r enw 'A theory of the atmosphere shewing the formation of clouds, their permanent existence, & their precipitation in rain or snow.' Mae cwmwl-luniau Varley yn rhoi rhag-flas i ni o'r brasluniau adnabyddus o gymylau a wnaeth John Constable yn Llundain yn 1821 a 1822.

Esblygodd brasluniau Cornelius Varley o wyneb gogleddol Cader Idris o gyfnod o astudiaeth a myfyrdod dwys am sut mae trosglwyddo i bapur,

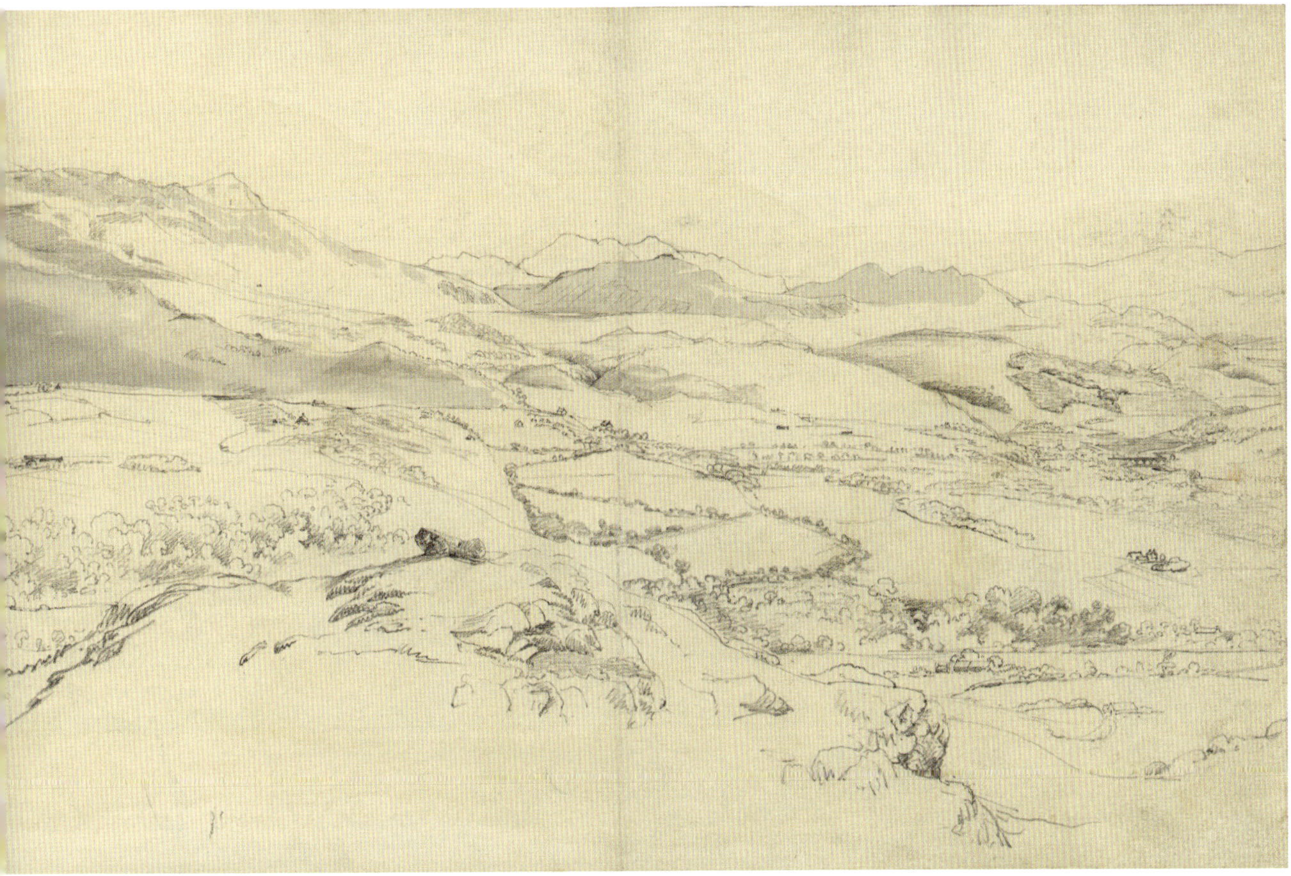

19. Cornelius Varley
Panorama of Cader Idris, 1803, graffit ar bapur, 23 x 36.9 cm, Morgan Library and Museum.

gyda'r marciau mwyaf cynnil posibl, eangderau mawr y mynydd a'i gadwyn uchel, ysgubol. Gyda dim ond pensel ac weithiau dyfrlliw unlliw, ailadrodda Varley yr un olygfa, ond gan amrywio ei olygfan, arddull a manylder yn gyson. Weithiau mae'n atgynhyrchu data topograffig, yn ôl y traddodiad sefydlog o dirlunio, ond yn amlach anwybydda'r traddodiad hwnnw a chanolbwyntio'n llwyr ar hanfod y mynydd. Fel drafftsmon peirianyddol gall fod yn fanwl gywir a chywrain wrth lunio llinellau, ond nid yw ei waith byth yn llythrennol neu'n gonfensiynol. Mae'n cyfleu mawredd symffonig y crib trwy ddefnyddio dim ond graffit a phapur. Ymddengys fod goleuni a chlaerder, a olygai gymaint iddo gydol ei oes, bob tro'n drech na thywyllwch a chysgod. Efallai ei fod yn defnyddio *camera obscura* i arwain ei law, ond, os felly, roedd hwnnw'n llai pwysig na rhyddid a naturioldeb ei lygad. Yn fyr, dyfeisiodd ei ffordd ei hun – un wreiddiol ond cynnil – o edrych ar natur.

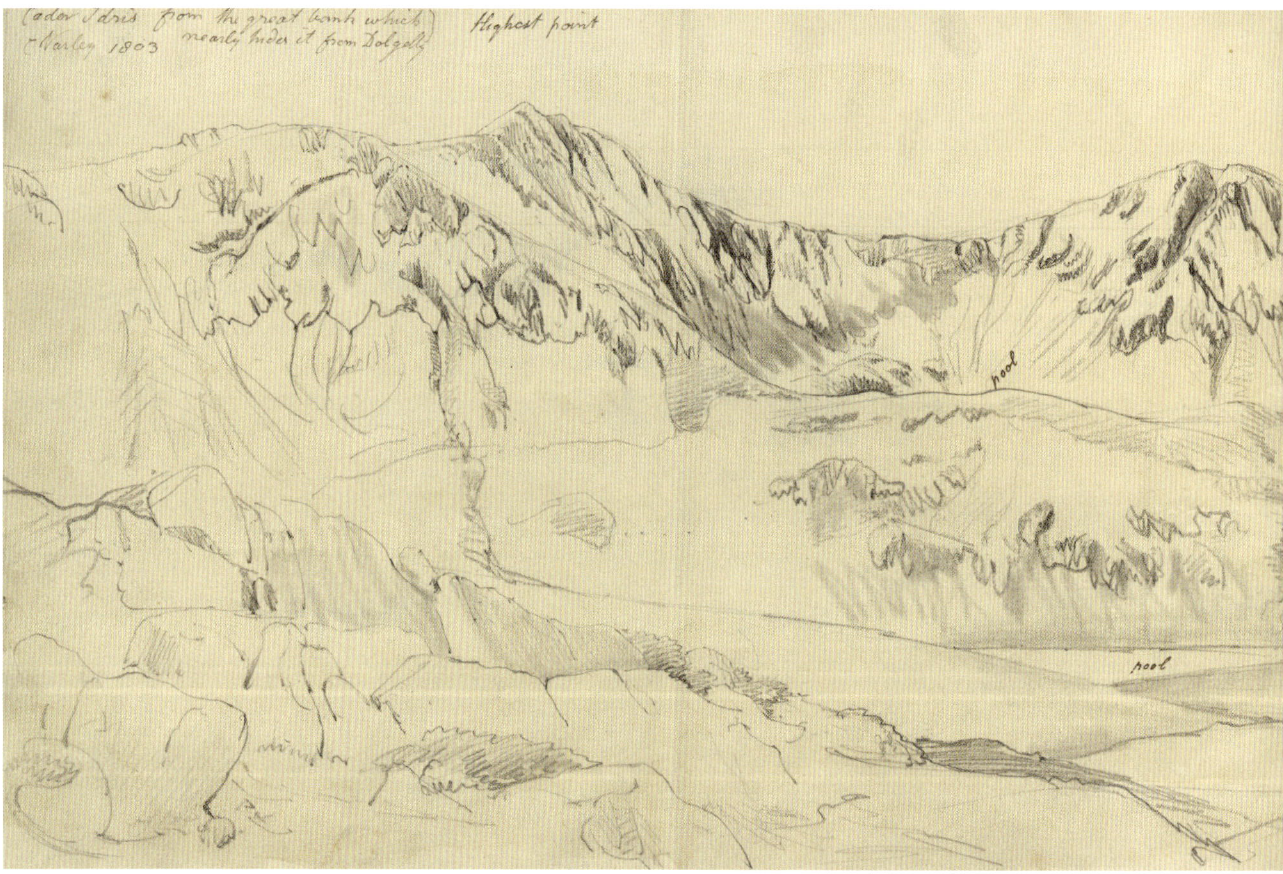
Cader Idris from the great bank which nearly hides it from Dolgelly
Varley 1803
Highest point
pool
pool

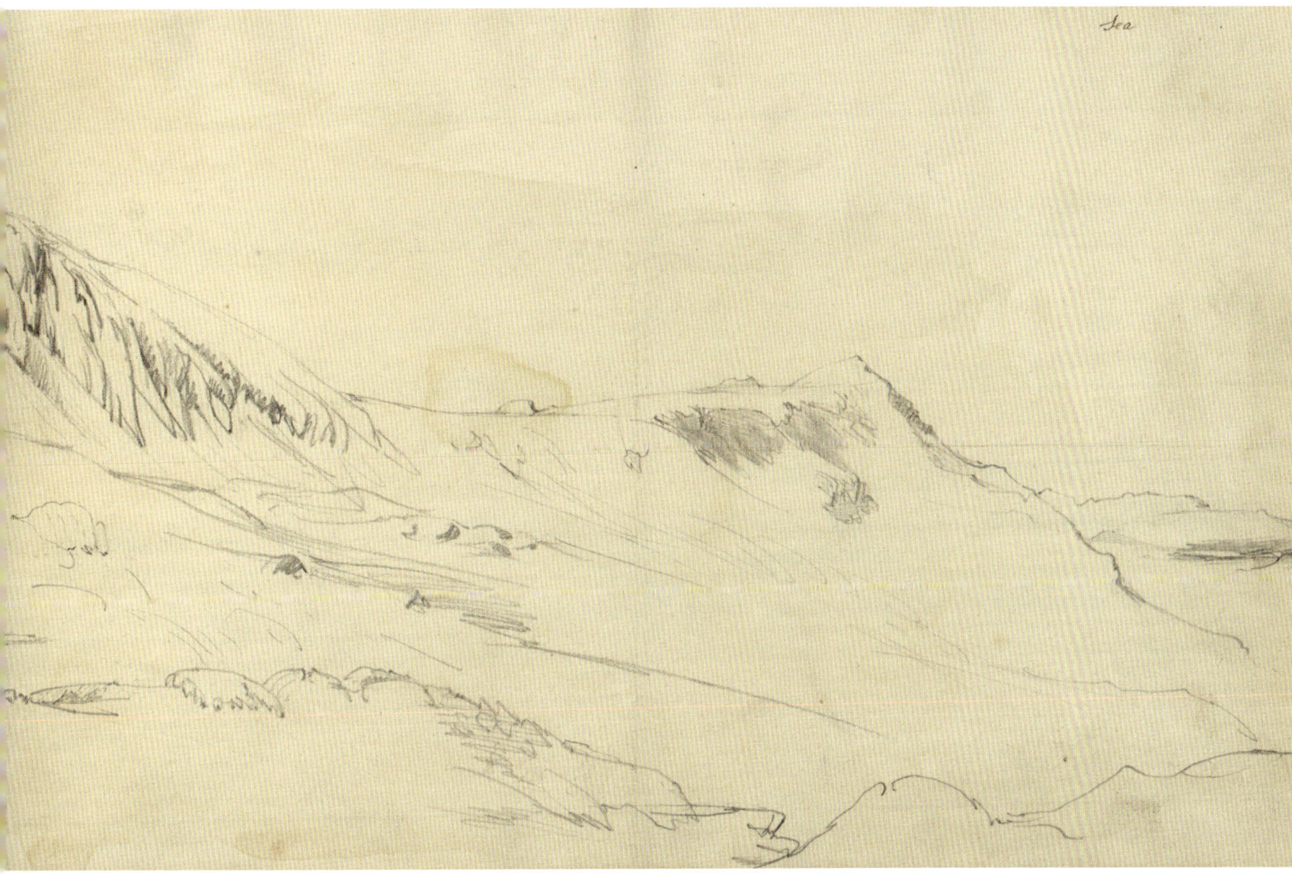

20. Cornelius Varley
Cader Idris, 1803, graffit ar bapur, 23 x 36.9 cm, Morgan Library and Museum.

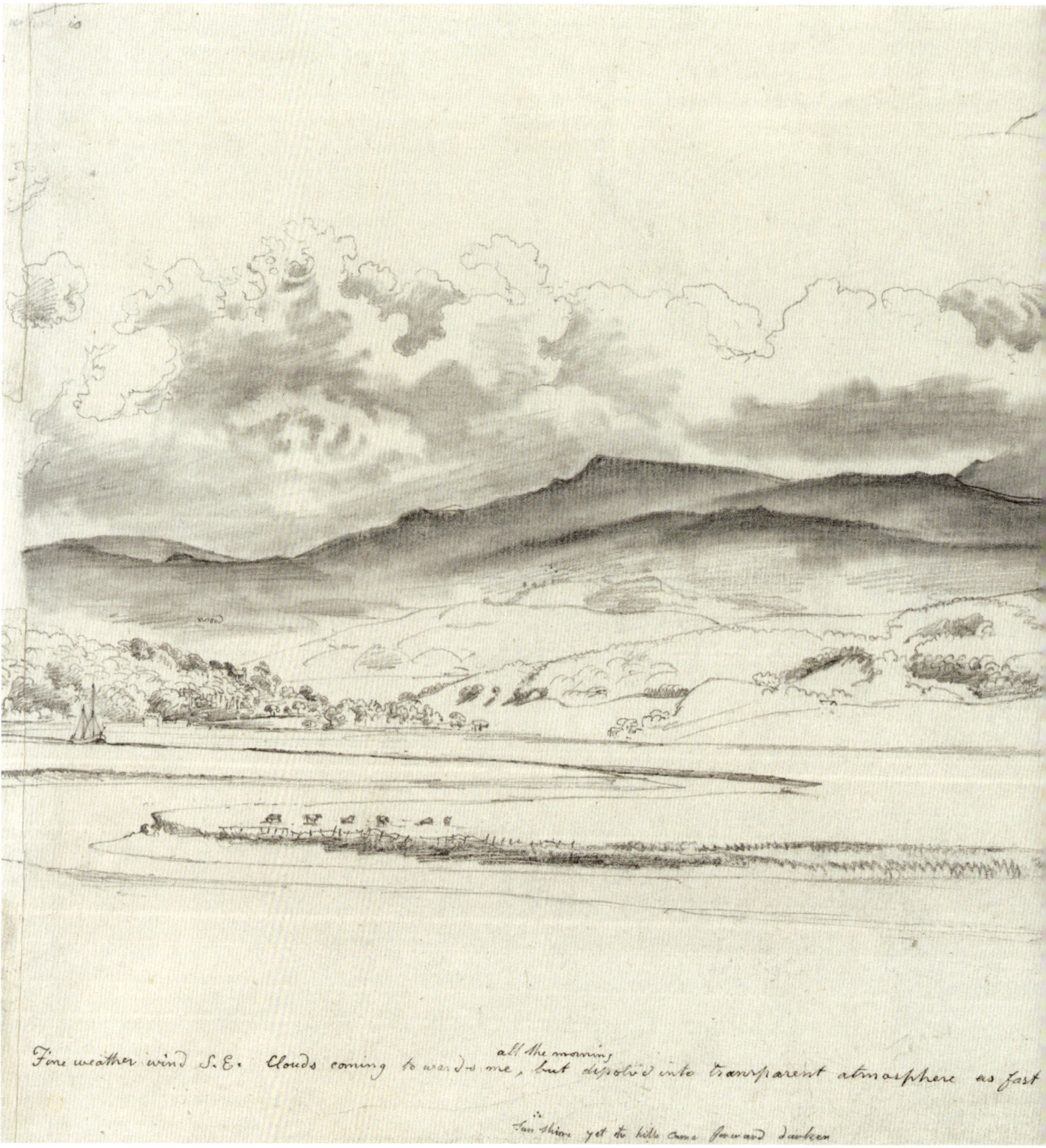
all the morning
Fine weather wind S.E. Clouds coming towards me, but dissolv'd into transparent atmosphere as fast
Sun shine yet the hills came forward darken

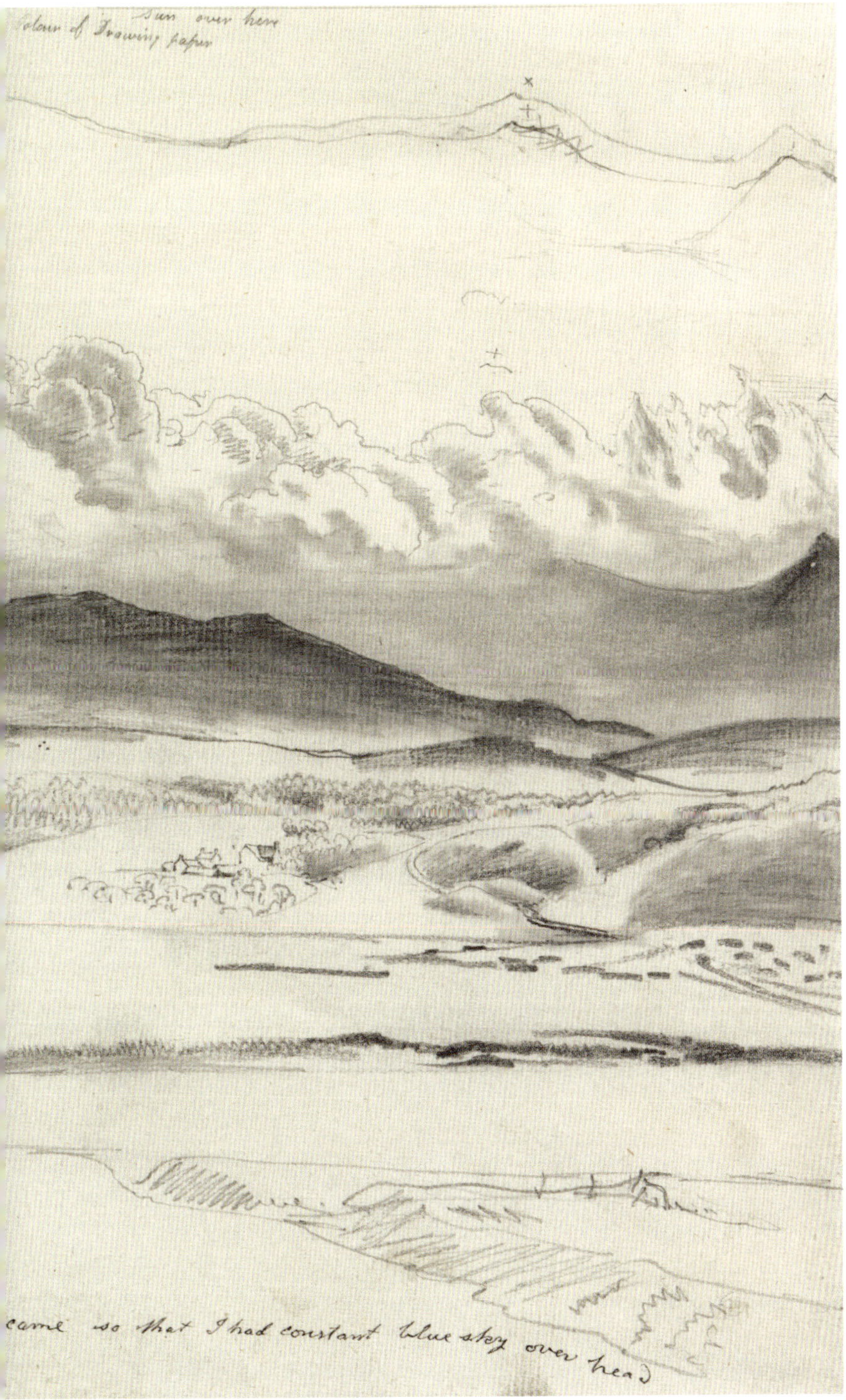

21. Cornelius Varley
Mountain Panorama in Wales, Cader Idris, 1803, graffit gyda sialc gwyn ar bapur, 26.5 x 43.3 cm, Yale Center for British Art.

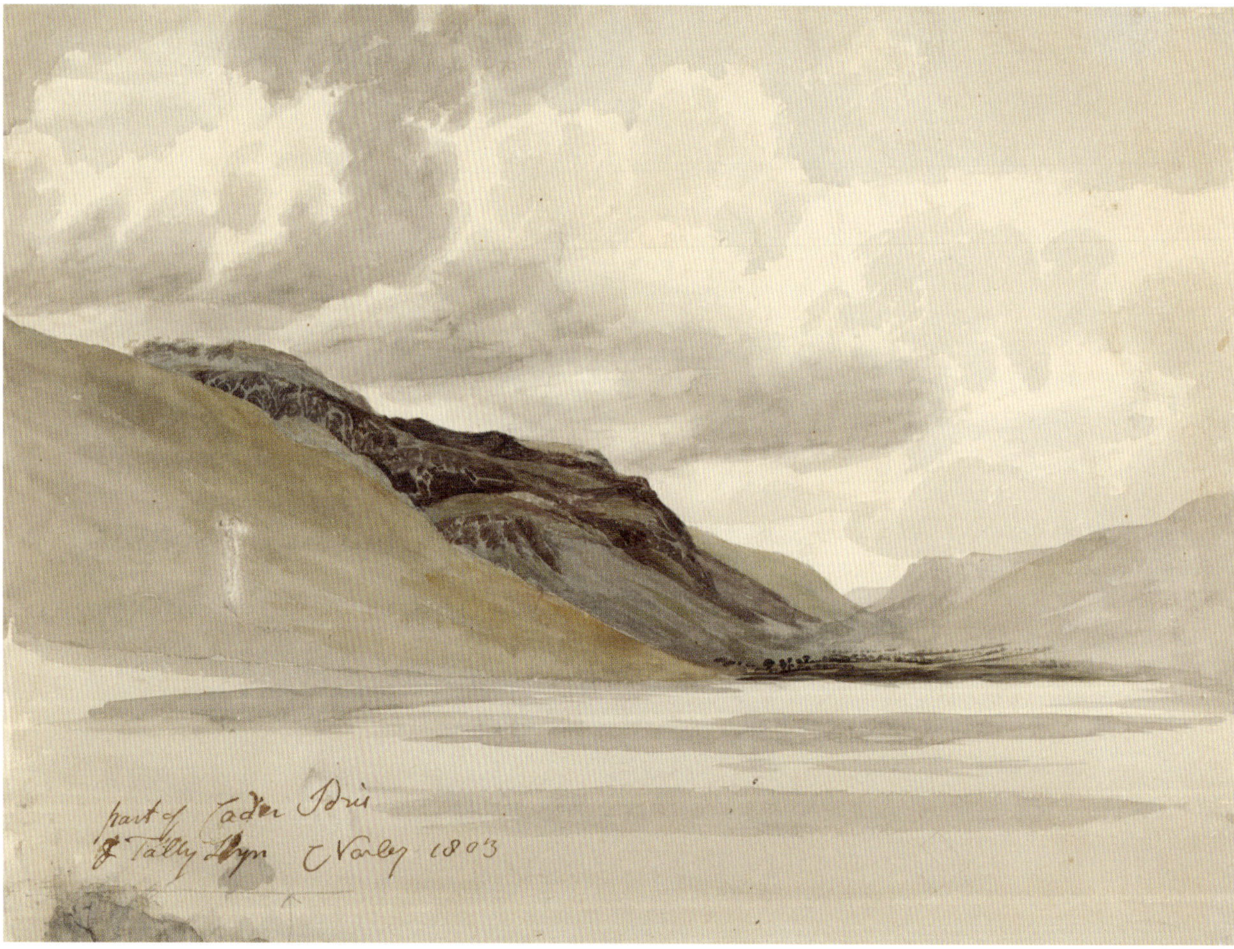

22. Cornelius Varley
Part of Cader Idris and Tal-y-llyn, 1803, dyfrlliw ar bapur, 25.4 x 36.8 cm, Victoria and Albert Museum.

Nid oedd bwriad gan Varley ddefnyddio ei frasluniau'n baratoadau ar gyfer peintiadau mwy a manylach. Er ei fod yn dangos lluniau'n rheolaidd mewn arddangosfeydd yn yr Academi Frenhinol a'r Gymdeithas Arlunwyr Dyfrlliw (yr oedd yn gyd-sylfaenydd o'r Gymdeithas) rhwng 1803 a 1859, dim ond unwaith yr oedd sôn am olygfa o Gader Idris. Nid oedd gan Varley uchelgais chwaith i ddefnyddio ei frasluniau ar gyfer creu engrafiadau, a oedd yn arfer cyffredin. Yn hytrach, gwelai ei frasluniau, hyd yn oed y lleiaf ohonynt, fel astudiaethau cyflawn yn eu rhinwedd eu hunain, nid fel ymarferiadau. Fel arfer byddai'n eu llofnodi ac yn dodi teitlau arnynt.

Ni chyfyngodd Varley a'i gyfeillion eu hunain i wyneb gogleddol Cader Idris yn ystod eu taith yn 1803. Ymwelon nhw â Thal-y-llyn, a gwnaeth Cornelius astudiaeth ddyfrlliw o ystlys ddeheuol isaf y mynydd, wedi'i lliwio â golchiad gwyrdd (Ffig. 22). Hefyd, dringodd y mynydd gyda phobl eraill, taith y mae'n ei disgrifio'n fanwl yn ei gofiant. Wedi cychwyn o Ddolgellau, yn uchel ar yr esgynfa, arhosodd Cornelius a Joshua Cristall i fraslunio'r olygfa yn ôl ar draws afon Mawddach (Ffig. 23). Yn y dyfrlliwiau a luniodd ill dau wedi hynny, gwelir cymylau isel yn cuddio'r rhan fwyaf o'r dyffryn, a chopa nodedig Rhinog Fawr yn y pellter. Ar Fynydd Moel, yn ddiweddarach yn y dydd, gwnaeth Cristall, a oedd yn ôl pob tebyg yn ymwybodol o baentiad Wilson, ddarlun o Lyn Cau, gan ddefnyddio golchiadau amryliw er mwyn rhoi swmp i'r creigiau, uwchben y llyn ac yn y tu blaen, ac i awgrymu'r goleuni a'r cysgod a fwriwyd gan haul y prynhawn (Ffig. 24).

Pan ddechreuodd hi nosi, daeth y cerddwyr eraill i lawr o'r mynydd, ond cafodd Varley a Cristall eu perswadio gan 'fawredd a disgleirdeb cynyddol yr olygfa uwchben' i aros ar y mynydd.

> The sun surrounded by small bright & lofty clouds illum'd the whole heavens & was spreading his beams over a bright ocean of lower clouds which in one great sheet spread over all the lower mountains causing a gloomy dark & early night in all the valleys, & distant cottage light cou'd be seen feebly glimmering. Thus night below & glorious sun shine above, then golden vapour began to play on our mountain, but on looking eastward that end of the mountain was coverd by a luminous fog or cloud on which we saw

> in perfection (what has been mysteriously described as the Spectre of the Brocken) a bright halo or ring of light with our distinct shaddows within. We were on the highest brow of the mountain the shadow of which intercepted the lower part of the ring & on it stood our whole shadows. The head of my shadow was in the center of his ring & my shadow beside his. We threw up our hats & moved about. The shadow did the same & when we moved rather far apart each others shaddow quickly lost distinctness & faded away but not our own for each of us had a perfect shadow & concentric ring around it ... this bright vision & the sun gradually disappeared leaving us in grey twilight.

Daliodd Cornelius effaith 'yr haul uwchben a'r nos oddi tano' ar ddechrau'r darn hwn yn weledol yn ogystal ag mewn geiriau, mewn braslun sydyn (Ffig. 25). Defnyddia strôcs llydan, cyfochrog mewn pensel i gynrychioli'r tywyllwch oddi tano, gan awgrymu'r copaon heulog trwy adael y papur yn wyn. O dan y llun mae'n nodi, 'O ben Cader Idris, machlud yr haul, y mynyddoedd llai i gyd wedi'u gorchuddio â chymylau, gan achosi nos oddi tano.'

Ni adawodd Varley drosiad darluniadol o'i adroddiad, y cyntaf a gofnodir ar Gader Idris, o rith y Brocken, y cysgod mawr coronog wedi'i daflu ar wal o gymylau neu niwl gan wyliwr yn sefyll ar fan uchel. Ond bron i ddeugain mlynedd yn ddiweddarach cofnododd artist arall yr un ffenomen. Treuliodd John Parker, clerigwr Anglicanaidd, flynyddoedd o'i amser hamdden helaeth, rhwng 1819 a 1851, yn teithio o amgylch Cymru ac yn peintio tirluniau ac adeiladau. Dringodd Gader Idris, yn ôl pob tebyg yn 1840, a dal, mewn dyfrlliw wedi'i baentio toc wedyn, y profiad o weld ei gysgod ei hun ar y mynydd (Ffig. 26). Saif ffigwr arwrol yn gwisgo mantell amdano – efallai'r artist ei hun – gyda'i gefn atom, ar graig uchel, yn dal ei het silc yn yr awyr ac yn syllu ar ei gysgod wedi'i daflu ar wal o gymylau yn y pellter.

Ar ben Cader Idris cafodd Cristall a Varley eu hunain dan orchudd sydyn o gymylau, ac ar goll (profiad cyffredin ar Ben-y-gader). Ceisiodd y ddau ailddarganfod Llwybr Pilin Pwn, ond yn ofer. Wedi dychwelyd i'r copa, brysion nhw i lawr llethr sgri serth, yn llawn creigiau syrthiedig:

> sometimes sliding midst a number & having to jump aside to avoid the loosen'd ones which rolld after us. I had stiff boots on so cou'd

23. Joshua Cristall
Mountainous Landscape with Clouds, 1803, dyfrlliw a graffit ar bapur, 25.7 x 38.1 cm, Yale Center for British Art.

24. Joshua Cristall
Llyn-y-Cau, Cader Idris, 1803, dyfrlliw a graffit ar bapur, 22.8 x 32.6 cm, Morgan Library and Museum.

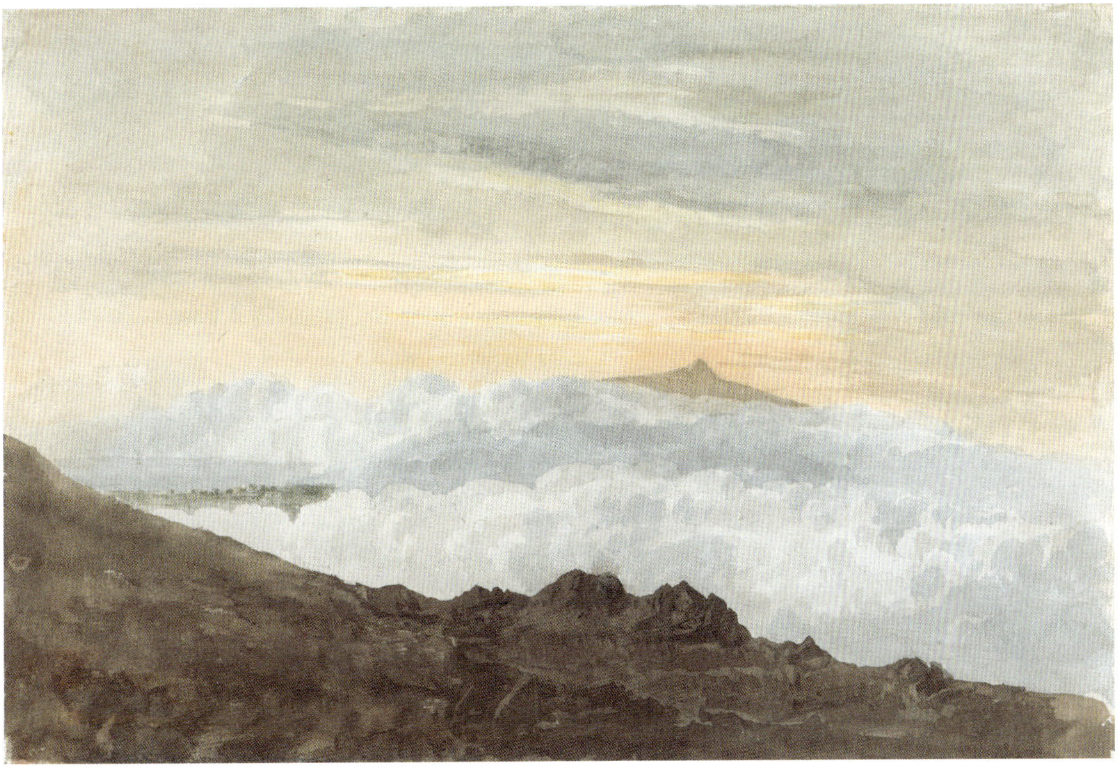

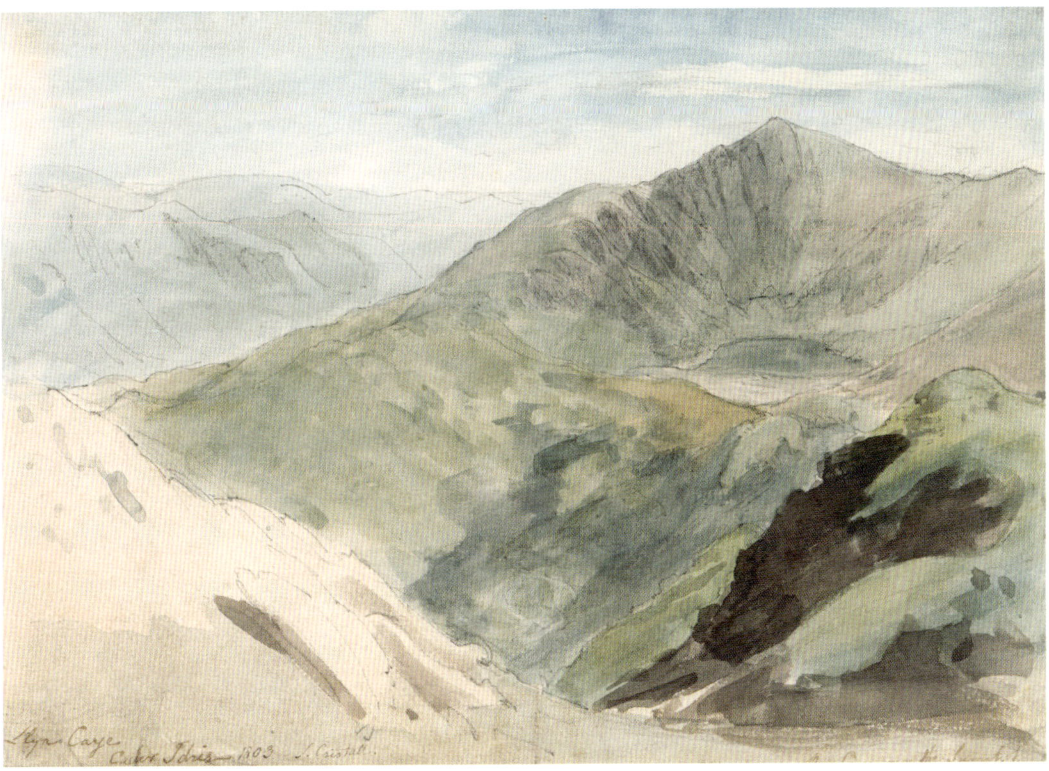
Llyn Caye
Cader Idris 1803
J. Cristall

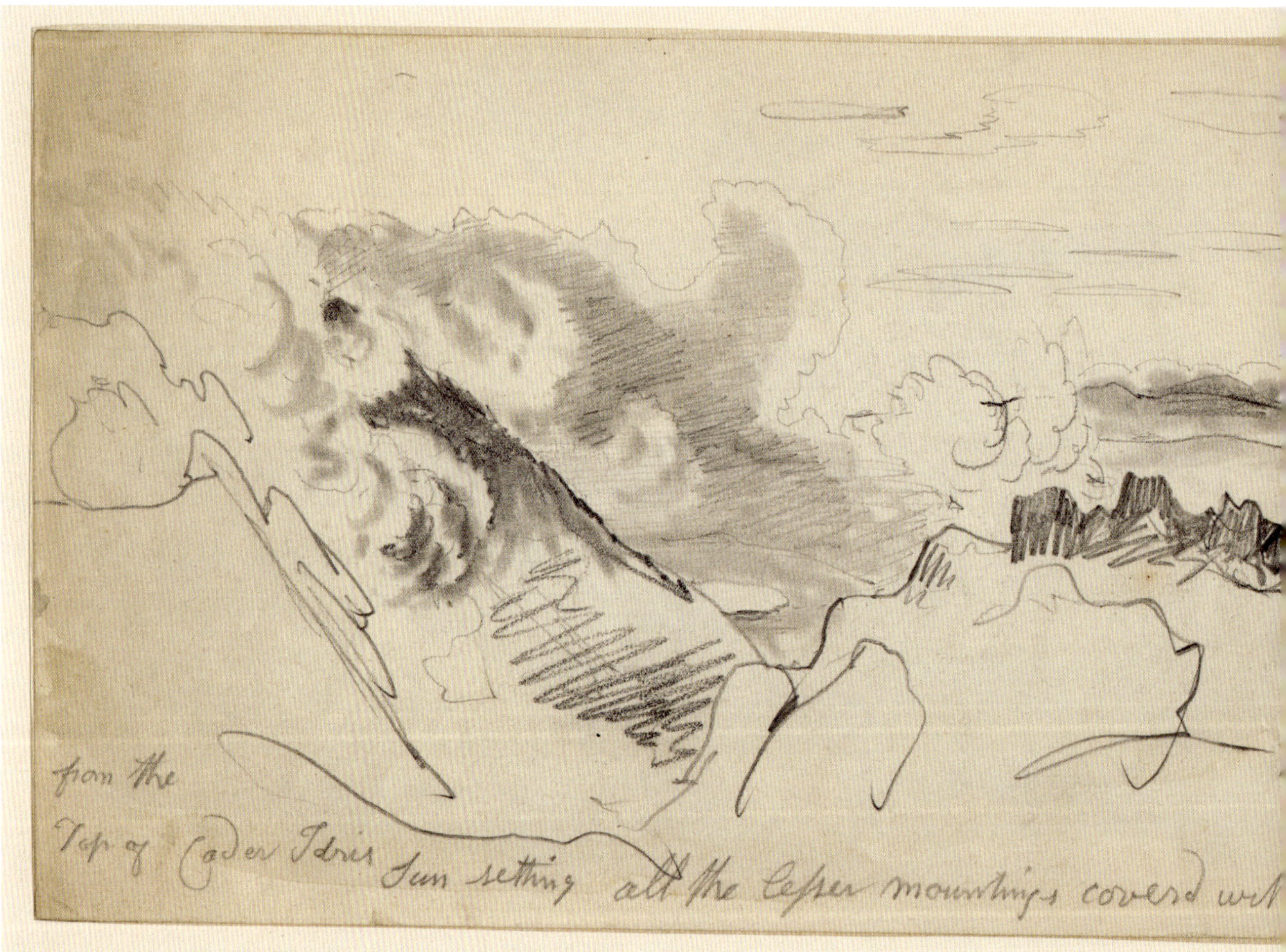
from the
Top of Cader Idris
Sun setting all the lesser mountings covered wit

25. **Cornelius Varley**
View from Cader Idris, 1803,
graffit ar bapur, 17.2 x 52.3 cm,
Amgueddfa Cymru.

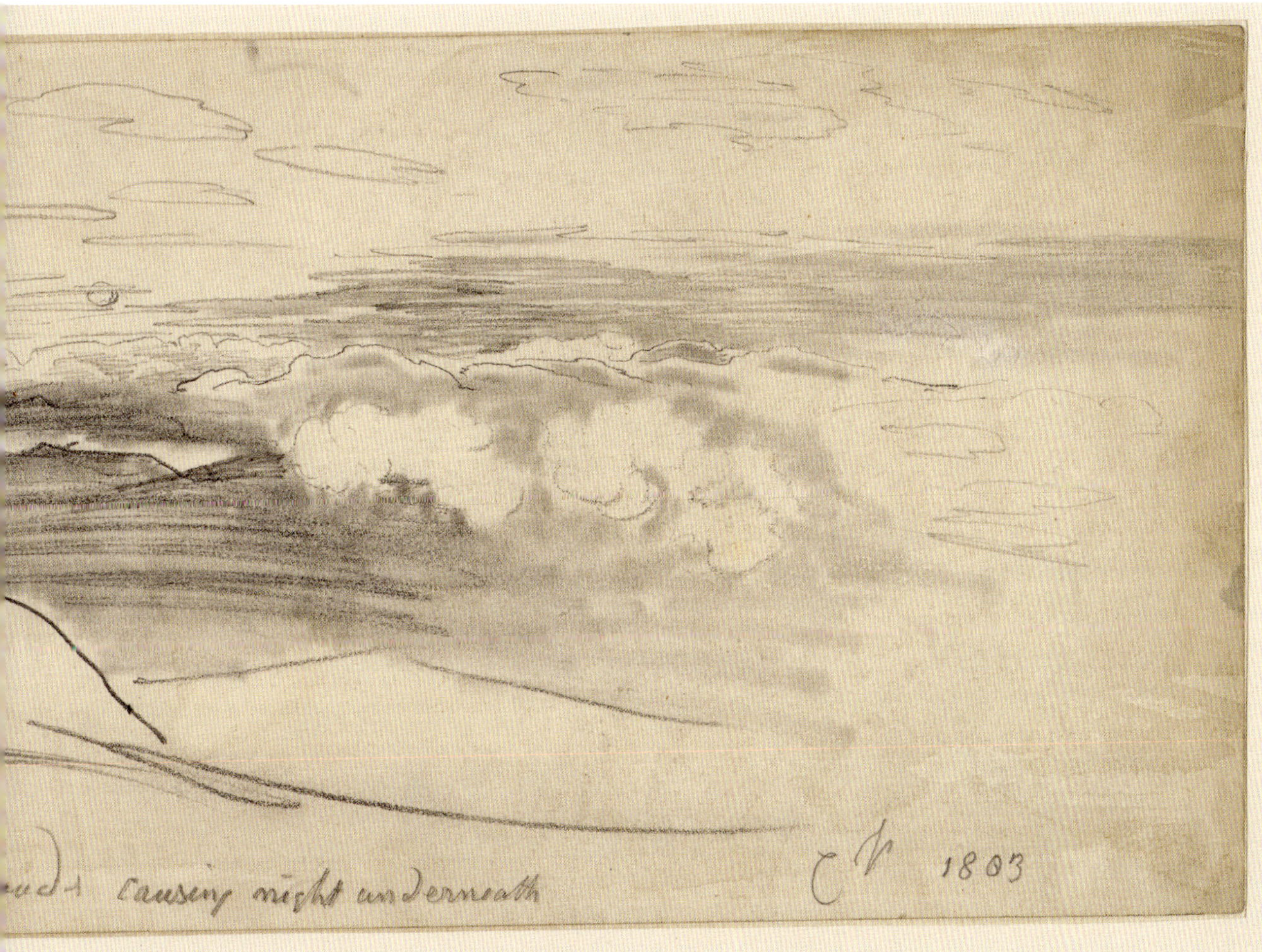

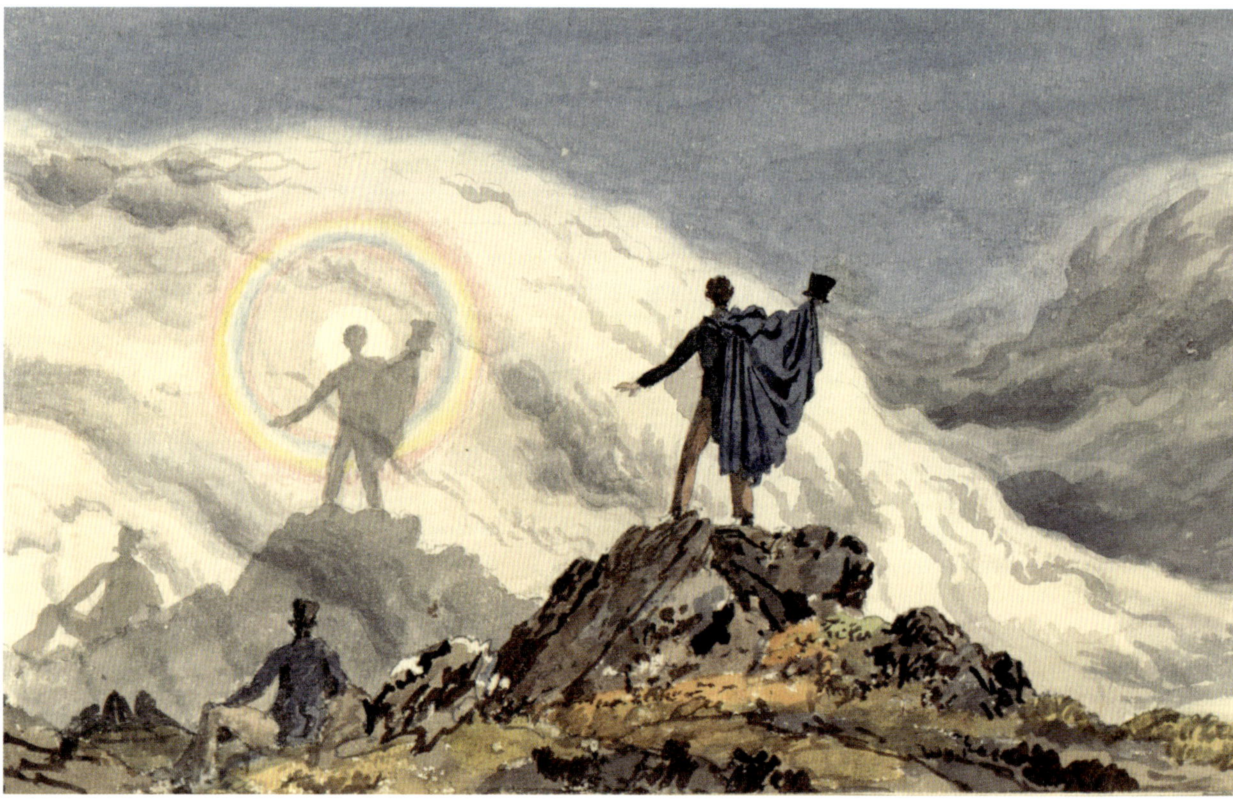

26. John Parker
Sunrise: the Summit of Cader Idris, c. 1840, dyfrlliw ar bapur, 11 x 17.5 cm, Llyfrgell Genedlaethol Cymru.

> risk more & being in advance of Cristal had to avoid the stones which he loosen'd some of which we heard splashing into the pool below, the light from it being our only guide.

Roedd y ddau gyfaill ar Lwybr Madyn, llwybr a all fod yn beryglus hyd yn oed mewn tywydd teg (yn 1871 galwodd y dyddiadurwr Francis Kilvert ef yn 'llwybr addas i lwynogod yn unig'). Ond llwyddon nhw i gyrraedd gwaelod y llethr yn ddiogel, mynd heibio i Lyn y Gader a Llyn Gafr wrth iddi nosi, a chyrraedd Dolgellau ganol nos, ar ôl deunaw awr ar y mynydd. Roedden nhw 'bron wedi'u llethu gan bryder a blinder', ond roedd ganddynt ddigon o egni ar ôl i fwynhau'r 'swper poeth sylweddol' oedd yn dal i aros amdanynt.

Daeth Cornelius Varley yn ôl i ogledd Cymru ddwy flynedd yn ddiweddarach, yn 1805, y tro yma ar ei ben ei hun ('roedd y tymor cyfan mor lawiog fel mai fi oedd yr unig deithiwr'). Ymwelodd eto â sawl lle, gan gynnwys Harlech, Llanberis, Llangollen a Llanllyfni yn Nyffryn Nantlle, lle peintiodd y dyfrlliw manwl gywir ond anorffenedig *Cottages at Llanllyfni*. Nid oes unrhyw luniau pendant o Gader Idris wedi goroesi o'r daith hon, nac o ymweliad diweddarach â gogledd Cymru yn 1820, o bosibl yng nghwmni Joshua Cristall. Fodd bynnag, peintiodd Cristall ar yr achlysur hwnnw olygfa eang o Ddolgellau ac afon Mawddach, ynghyd â darlun sensitif mewn pensel o Ben y gader o'r Cyfrwy o'i gwaelod, a braslun enigmatig o ferch ifanc yn eistedd, sy'n dwyn y teitl 'Cader Idris' (Ffig. 27).

Ar ôl 1805 parhaodd Cornelius i fod yn artist, ambell waith gyda chymorth y 'telesgop graffig' y rhoddwyd patent arno yn 1811 (Ffig. 28). Ond yn gynyddol trodd ei sylw at ei ddiddordebau mewn peirianneg optegol, gan gyhoeddi ei *Treatise on optical drawing instruments* yn 1845 ac ennill sawl medal Cymdeithas y Celfyddydau am ei ddyfeisgarwch technegol. Bu farw yn Llundain yn 1873, yn 92 mlwydd oed. Yn ddiweddarach cafodd Joshua Cristall a William Havell lwyddiant o bryd i'w gilydd fel tirlunwyr. Ailymwelodd Cristall â Chymru ar sawl achlysur er mwyn braslunio. Nid oes tysytiolaeth fod Havell wedi darlunio Cader Idris ar ei daith yn 1803, er iddo beintio llun olew trawiadol o Fynydd Parys, chwarel anferth Thomas Williams ger Amlwch. Yn ddiweddarach ailymwelodd yntau â Chymru, treuliodd amser yn India, a bu farw yn ddinod.

Ychydig o olynwyr oedd gan Cornelius Varley yn ei weledigaeth i ddod â chywirdeb optegol a goleuni ysbrydol i Gader Idris mewn dau ddimensiwn. Roedd gan y rhan fwyaf o'i gyfoedion, a llawer o arlunwyr diweddarach y bedwaredd ganrif ar bymtheg, nod gwahanol, mwy Rhamantaidd, sef priodoli i'r mynydd rywfaint o'r nwydau a hwyliau a deimlent oddi mewn iddynt. Symudodd rhai ohonynt y tu hwnt i olygfan banoramig, bell Varley, yn awyddus i glosio at y creigiau toredig, y rhostir garw a'r llynnoedd tywyll y tu mewn i galon y mynydd.

27. Joshua Cristall
Seated Girl Holding a Stick, 1820, graffit ar bapur, 14.9 x 9.2 cm, Yale Center for British Art.

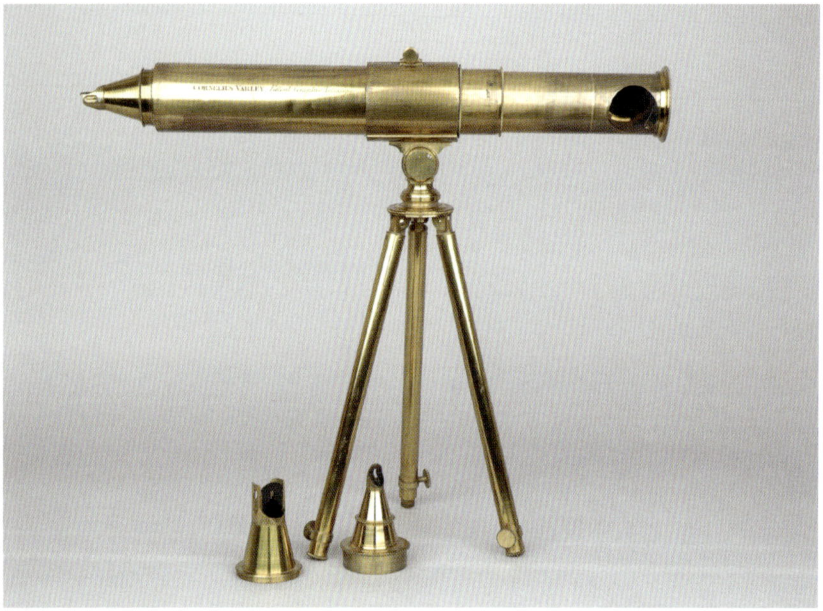

28. Cornelius Varley
Telesgop graffig, 1811, Whipple Museum, University of Cambridge.

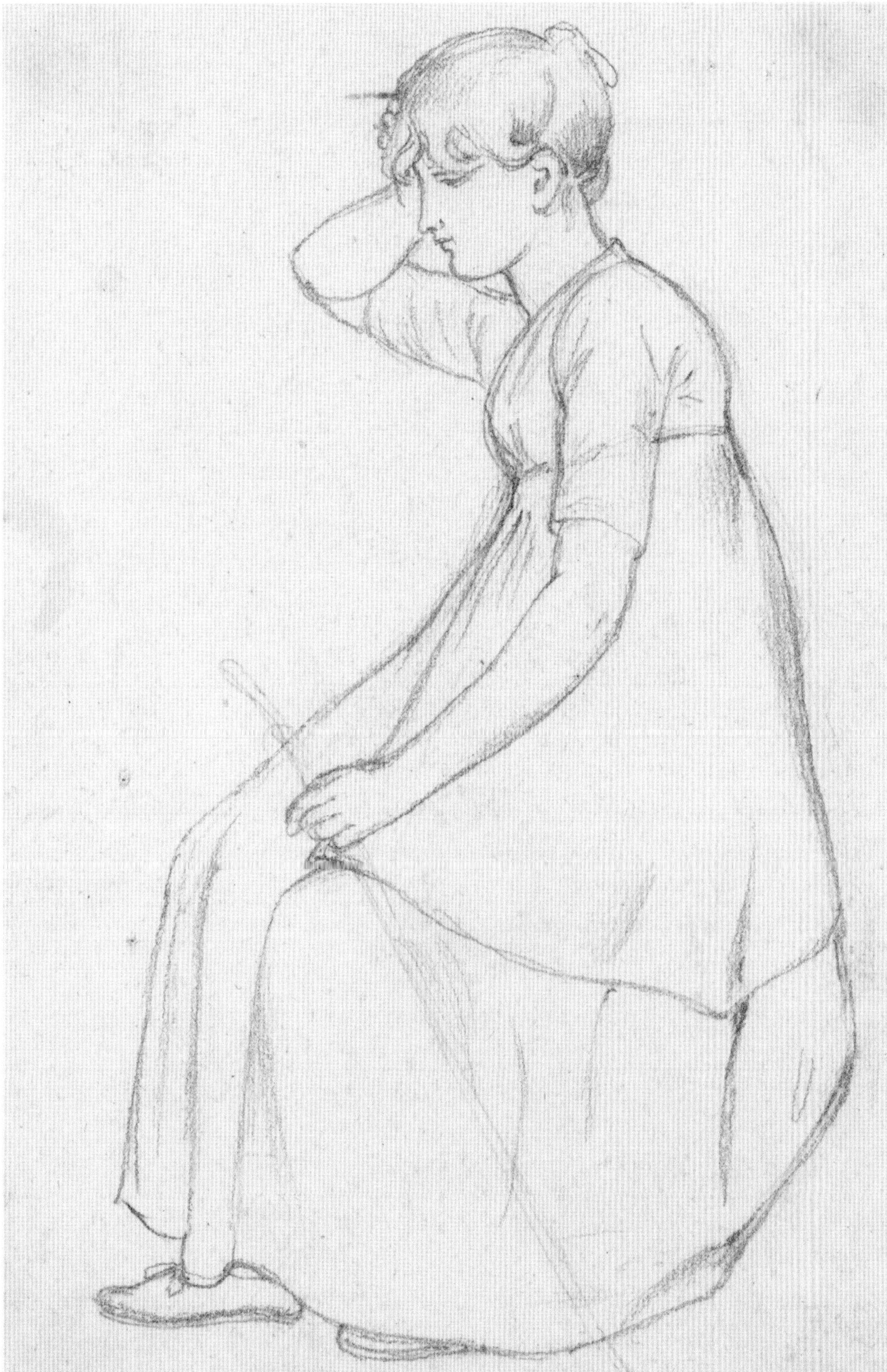
J. Cristall 1820 -
Cader Idris -

PENNOD 3

'Much rain, but better for effects': J.M.W. Turner a John Sell Cotman

Bum mlynedd cyn Cornelius Varley, roedd artist iau o Lundain wedi dringo Cader Idris. Ar ei ffordd i fyny, oedodd am ychydig, cymerodd ei lyfr braslunio allan, a chreu pâr o luniau sydd ymhlith y delweddau mwyaf cignoeth a bywiog a wnaed o'r mynydd erioed.

Enw'r artist oedd J.M.W. Turner. Roedd ei gefndir cymdeithasol yn debyg i gefndir Varley. Roedd ei dad yn farbwr a gwneuthurwr wigiau yn Covent Garden, a'i fam, Mary Marshall, yn ferch i gigydd. Dioddefai hi o salwch meddwl, ac anfonodd ei dad ef i fyw gyda'i ewythr yn Brentford. Roedd yn ddeng mlwydd oed.

Er bod ei addysg gyffredinol yn fyr ac elfennol, cydnabu teulu Turner yn gynnar allu rhyfeddol y bachgen ifanc i ddarlunio, a chyn hir roedd yn gweithio i benseiri ac yn gwneud brasluniau topograffig, gyda chymorth artist cefnogol, Thomas Malton. Yn bedair ar ddeg oed daeth yn fyfyriwr yn yr Academi Frenhinol. Gyda Thomas Girtin ac eraill (a Varley yn llawer diweddarach), ymunodd hefyd ag academi gelf breifat Thomas Monro, oedd yn adnabyddus am hybu arddulliau newydd o dirlunio – sef prif ddiddordeb Turner.

Roedd teithio'n rhan allweddol o swydd y tirluniwr. Yn 1791 gwahoddwyd Turner, oedd bellach yn un ar bymtheg oed, i aros gyda ffrindiau teuluol, y teulu Narraway, ym Mryste. O'r fan honno, rhaid bod Cymru yn ymddangos iddo yn ffynhonnell gyfoethog o dirluniau ucheldir newydd, a thoreth o nodweddion hanesyddol a phensaernïol, megis adfeilion cestyll ac abatai, melinau a phontydd. Rhoddodd y wlad gymaint o hwb i'w ddychymyg nes iddo deithio drwyddi bum gwaith rhwng 1792 a 1799.

Roedd Turner yn ymwybodol o ymweliadau gan artistiaid cynharach â Chymru. Teithiodd Paul Sandby yn ne Cymru yn 1775 a gogledd Cymru yn 1776 (a dwywaith wedyn), gan ddod o hyd i gynulleidfa frwd ar gyfer engrafiadau acwatint o'i olygfeydd topograffig. Yn 1777 cynhyrchodd Samuel Hieronymous Grimm lawer o olygfeydd o Gymru i'w hengrafio, gan gynnwys golygfa o Lyn y Tri Graenyn, y llyn ym Mwlch Llyn Bach, Cwmrhwyddfor. O 1784 crwydrodd John 'Warwick' Smith trwy'r wlad yn helaeth, gan gynhyrchu brasluniau a dyfrlliwiau, yn cynnwys golygfa o'r ffordd rhwng Abermaw a Dolgellau, yn edrych ar draws afon Mawddach tuag at Gader Idris (Ffig. 29). Mae'n debyg bod Turner yn gwybod hefyd am y golygfeydd cynharach o Gymru gan Richard Wilson.

Ar y dechrau, yn y brasluniau pensel a dyfrlliw a wnaeth yng Nghymru, tueddai Turner i ddilyn esiampl ei ragflaenwyr. Mae llawer ohonynt yn dangos cestyll ac adeiladau eraill, wedi'u gosod mewn tirluniau sy'n glynu wrth batrymau sefydlog y 'Pictiwrésg'. Ond mae dau wahaniaeth, a daeth ill dau'n fwy amlwg yn ystod y teithiau diweddarach.

Yn gyntaf, mae mynyddoedd yn dechrau dod yn ganolbwynt y lluniau. Doedd gan Sandby ac eraill fawr o ddiddordeb mewn mynyddoedd, ac eithrio weithiau fel cefnlen yn y pellter. I Turner maent yn actorion dramatig, mor ganolog i'w gyfansoddiad â chestyll a nodweddion eraill o waith dyn. Ac yn ail, mae'r ysbryd teimladwy, Rhamantaidd newydd o oes Turner yn ymdreiddio fwyfwy trwy ei luniau. Yn hytrach na bod yn weision ffyddlon i'w pynciau a'u noddwyr, dechreuai artistiaid fentro i le bynnag roedd eu dychymyg a'u teimladau eu hunain yn eu harwain, yn aml tuag at fyd natur ar ei olwg mwyaf cignoeth. Yn lle dogfennu natur, roeddent yn unioni â hi, er mwyn deffro ei dirgelion ac archwilio ei chysylltiadau ag emosiynau dynol. 'Fy musnes,' meddai Turner, 'yw peintio'r hyn a welaf, nid yr hyn a wn sydd yno.' Roedd pwyslais newydd ar greu celf. Daeth y braslun, fel y cynnyrch cyntaf, greddfol o ddychymyg yr artist, yn gynyddol bwysig.

Ar ei daith gyntaf i Gymru, yn 1792, cychwynnodd Turner yn ne Cymru, a theithio hyd at Bontarfynach. Ddwy flynedd wedyn aeth o amgylch gogledd-ddwyrain Cymru, ac yn 1795 teithiodd yn helaeth trwy dde Cymru. Erbyn hyn ei fwriad oedd dethol rhai o'i frasluniau fel y deunydd crai ar gyfer peintiadau, mewn dyfrlliw ac olew, i'w harddangos yn yr Academi Frenhinol.

Yn 1798 cychwynnodd Turner ar daith lawer hirach ledled Cymru, gan ddechrau yn nyffryn Gwy a diweddu yn Llangollen. Gwyliodd Ann Dart ef yn ymadael: 'rhoddodd fy ewythr ferlen iddo, a benthyg cyfrwy, ffrwyn a chlogyn, ond wnaeth e erioed ddychwelyd y rhain.' Disgrifiodd ef fel 'llanc plaen, anniddorol ... diofal iawn a blêr yn ei wisg', fyddai'n siarad am ddim byd ond ei ddarluniau.

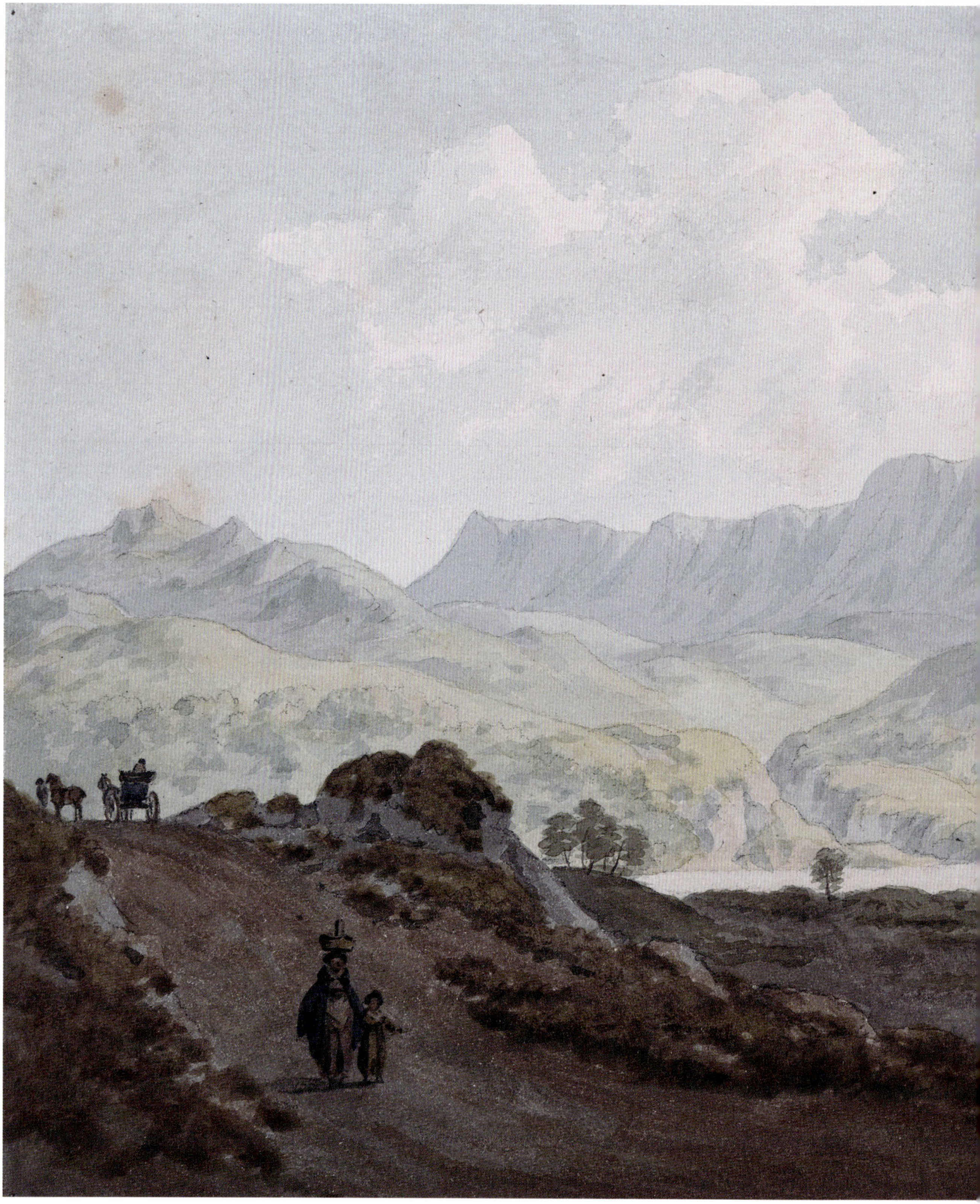

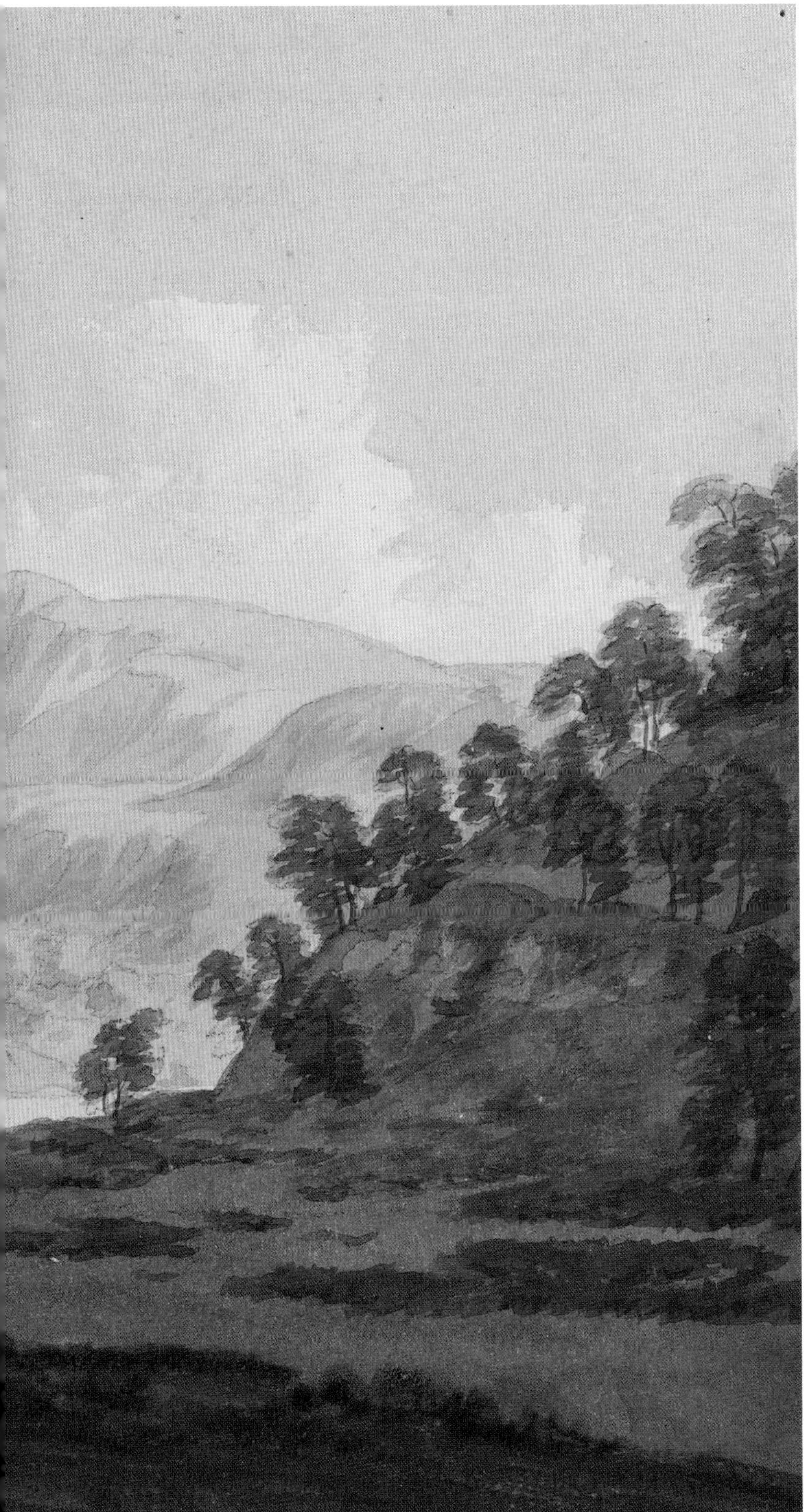

29. John 'Warwick' Smith
View from the road between Barmouth & Dolgelley looking across the River Maw to Cader Idris, 1792, dyfrlliw ar bapur, 16 x 23 cm, Llyfrgell Genedlaethol Cymru.

Wrth ddod i ogledd Cymru, ymddengys i Turner wneud pererindod yn gyntaf i Benegoes, man geni'r artist a alwodd yn ddiweddarach 'yr anfarwol Wilson'. Wedyn aeth i Gader Idris. Gwnaeth y mynydd argraff gref arno – ceir pump neu chwe llun ohono yn llyfr braslunio 'Hereford Court' – ac mae'n debyg iddo wneud cylchdaith gyfan ohono, yn ogystal â'i ddringo. Gwnaeth ddau lun o Gader Idris o'r gogledd-ddwyrain, un gyda Dolgellau yn y pellter canol, un arall wedi'i dynnu o ben dyffryn Dysynni. Mae tri braslun pellach o lannau afon Mawddach.

Gwnaed y brasluniau hyn i gyd mewn pensel yn unig. Ond mae dwy dudalen arall yn llyfr Hereford Court yn darlunio Cader Idris sydd â golchiadau lliw ychwanegol. Nid oes eu tebyg ym mrasluniau Turner yng Nghymru hyd yma, ac maent yn mynd â'i ddatblygiad artistig i gyfeiriad newydd. Gwnaeth ill dau wrth ddringo'r mynydd o'r de ar hyd Llwybr Minffordd.

Roedd Turner yn gerddwr cryf. Ni fyddai wedi ymlafnio'n ormodol ar ran gyntaf y llwybr, sy'n goediog a serth, hyd yn oed dan faich ei offer celf a chyflenwadau eraill. Rhywle yn yr ardal hon arhosodd a gwnaeth ddarlun mewn pensel o Nant Cader, sy'n llifo i lawr rhwng ei choed, gyda llethrau Mynydd Moel yn y pellter (Ffig. 30). Daw'r llwybr allan o'r coed i dir agored, cyn dringo, yn llai serth, tuag at Lyn Cau. Cyn cyrraedd y llyn stopiodd Turner eto a chymryd ei bapur, pensel a dyfrlliwiau allan i gofnodi'r hyn a welodd, mewn dau ddarlun tebyg, wedi'u tynnu o ddau lecyn gwahanol yn agos i'r llwybr.

Yn y llun cyntaf, *Cader Idris: a stream among rocks near the summit*, nid yw Llyn Cau eto i'w weld (Ffig. 31). Mae Nant Cader, sy'n llifo ohono, yn torri ar draws canol y darlun, gyda'i llwybr yn troi i'r chwith tua Llyn Cau ymhellach i fyny. Dangosir tir creigiog ar y ddwy ochr gan olchiad brown, pen y llwybr ar lefel y llyn gan baent tywyll, a'r copaon yn y pellter gan olchiad mwy llwyd. Mae'r awyr heb ei pheintio, sy'n awgrymu diwrnod llwyd, ac mae niwl, o bosibl, yn gorchuddio copaon y mynydd. Tra oedd Turner yn cwblhau'r llun, aeth y tywydd yn waeth. Cyn iddo allu gorchuddio'r braslun, roedd diferion glaw wedi gadael blotiau ar y tudalen, fel ei fod yn ymddangos heddiw fel petai y tu ôl i sgrin cawod. Roedd peintio yn yr awyr agored yn gyffredin yn oes Turner, ond ychydig o artistiaid eraill fyddai wedi meddwl am greu braslun mor fentrus yn uchel ar fynydd mewn tywydd mawr.

30. J.M.W. Turner
Cader Idris: A Mountain Torrent, with Trees and Distant Peaks, 1798, graffit ar bapur, 33.2 x 22.9 cm, Tate Gallery.

31. J.M.W. Turner
Cader Idris: A Stream among Rocks near the Summit, 1798, dyfrlliw ar bapur, 22.9 x 33.2 cm, Tate Gallery.

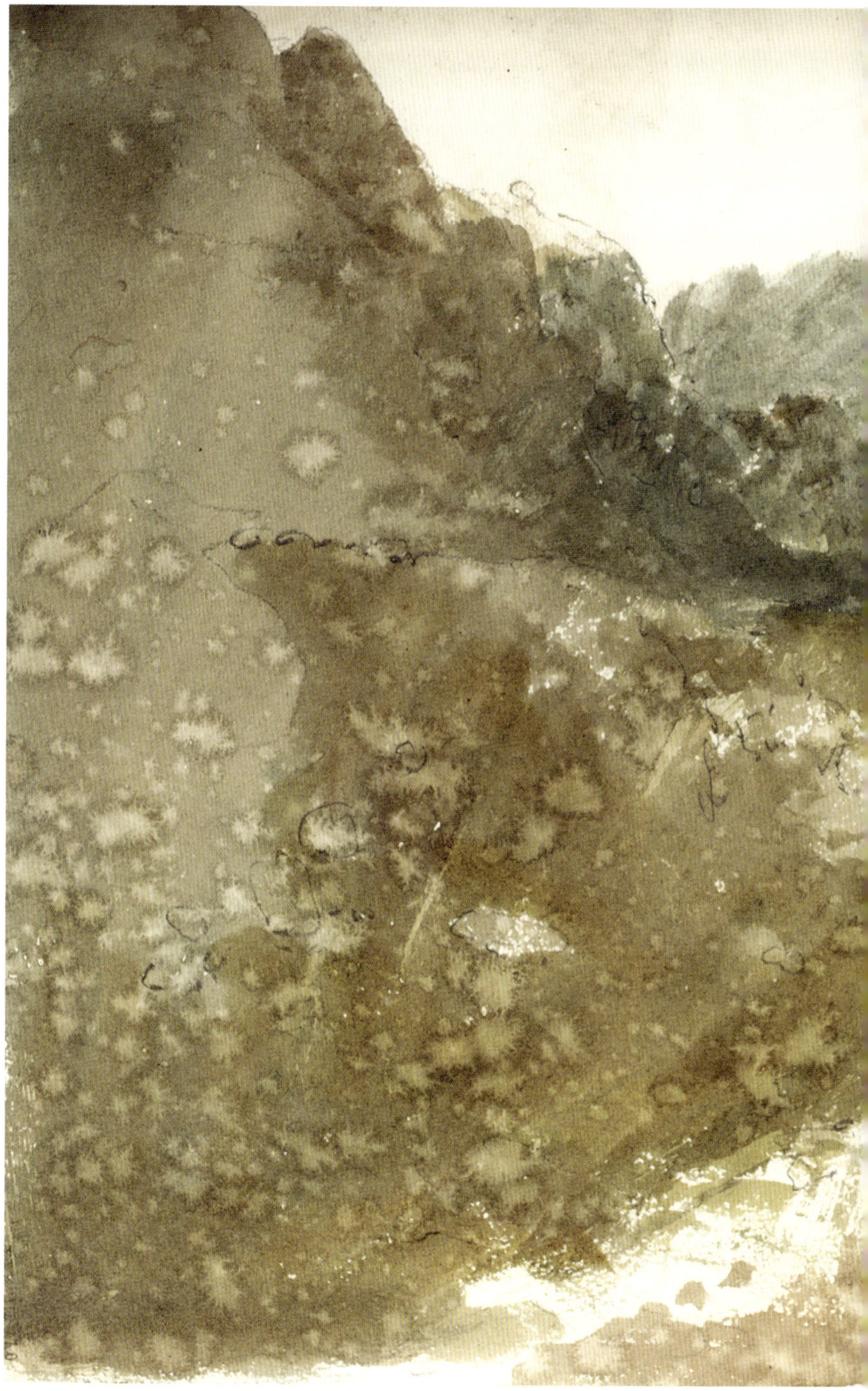

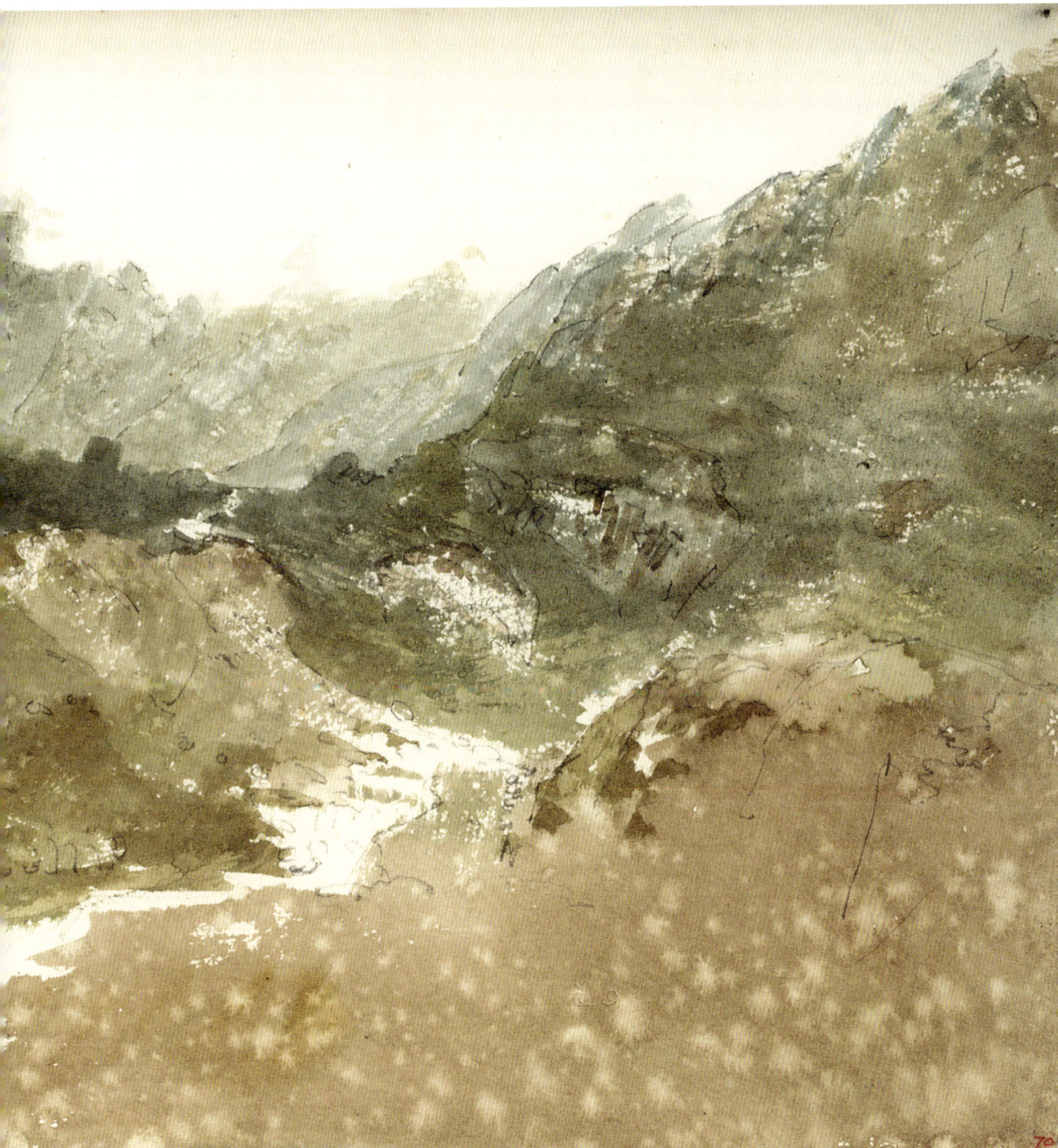

'Llawer o law, ond gwell o ran effeithiau' oedd sut crynhodd Turner ymweliad 1798 wrth gyfaill.

Yn yr ail fraslun, *Cader Idris: looking up towards Llyn Cau*, mae Turner wedi symud ychydig i fyny'r llwybr, a'r llyn bellach fel llinell denau yn y pellter (Ffig. 32). Mae'n debyg iddo gwblhau'r braslun ar ôl dychwelyd o'r ddringfa: mae'r peintiad yn llawer manylach, ac nid oes unrhyw olion o ddiferion glaw. Gwahanol iawn hefyd yw'r effaith. Modelir y graig fawr ar ogwydd yn y tu blaen yn ofalus iawn, gan roi pwysau i'r olygfa, ac mae'r ffigwr bychan iawn sy'n eistedd y tu hwnt yn rhoi graddfa fwy mawreddog iddi. Yn y pellter mae'r clogwyni yn ymrithio yn erbyn y niwl a'r cymylau glaw bygythiol.

Gallai artistiaid eraill atgynhyrchu mawredd Cader Idris, ond y ddwy ddelwedd hyn yw'r rhai cyntaf i gyfleu'r teimlad dwys, gwyllt o fod yn uchel o fewn y mynydd ac yn agos iddo. Ni ddatblygodd Turner, mae'n debyg, ei frasluniau'n beintiadau cyflawn: ceir dau lun dyfrlliw o'r teitl 'Cader Idris', ond nid yw'n glir a ydynt yn darlunio'r mynydd hwnnw. Ac eithrio am gyfnod byr yn 1808, ni ddaeth Turner byth yn ôl i Gymru. Yn lle hynny, chwiliodd am olygfeydd dramatig yn Ffrainc, y Swistir a'r Eidal. Ond ei brofiad yng Nghymru a ganiataodd iddo arbrofi, ehangu ei weledigaeth artistig a lledu ei enw da.

Rhoddwyd mewnwelediad arall i wylltineb hanfodol llethrau uchaf Cader Idris gan gyfoeswr iau i Turner, John Sell Cotman. Roedd gan luniau Cotman, fodd bynnag, ffynhonnell dra gwahanol. Nid o ymateb sydyn, corfforol i'r profiad o ddringo'n uchel y daethant, ond o atgof, flynyddoedd yn ddiweddarach, o gerdded y mynydd.

Un o East Anglia oedd Cotman, a rhaid bod mynyddoedd Cymru wedi rhoi cryn sioc iddo pan deithiodd ddwywaith i Gymru pan oedd yn ifanc. Ar ei daith gyntaf, yn 1800, daeth yng nghwmni artist ifanc arall a chyd-aelod o academi Dr Monro, Paul Sandby Munn. O'r brasluniau gwasgaredig ganddynt sydd wedi goroesi mae modd ail-greu eu taith yn fras. Cychwynnon nhw o Gil-y-coed, teithio i fyny afon Gwy, a galw heibio i Aberystwyth a Harlech. O Abermaw, a bwrw bod y tywydd yn dda, byddai Cotman wedi cael cipolwg ar Gader Idris, er nad yw'n bosibl adnabod y mynydd i sicrwydd yn yr un o'i frasluniau sydd wedi goroesi.

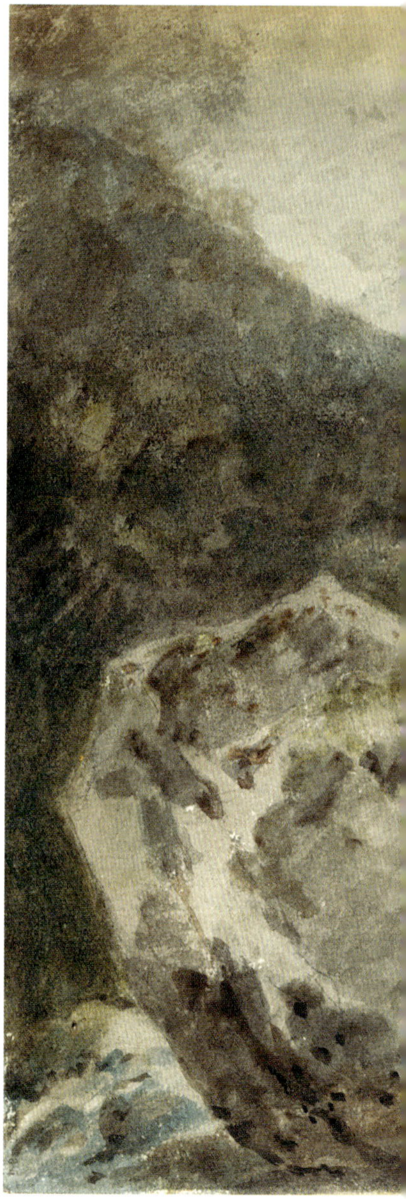

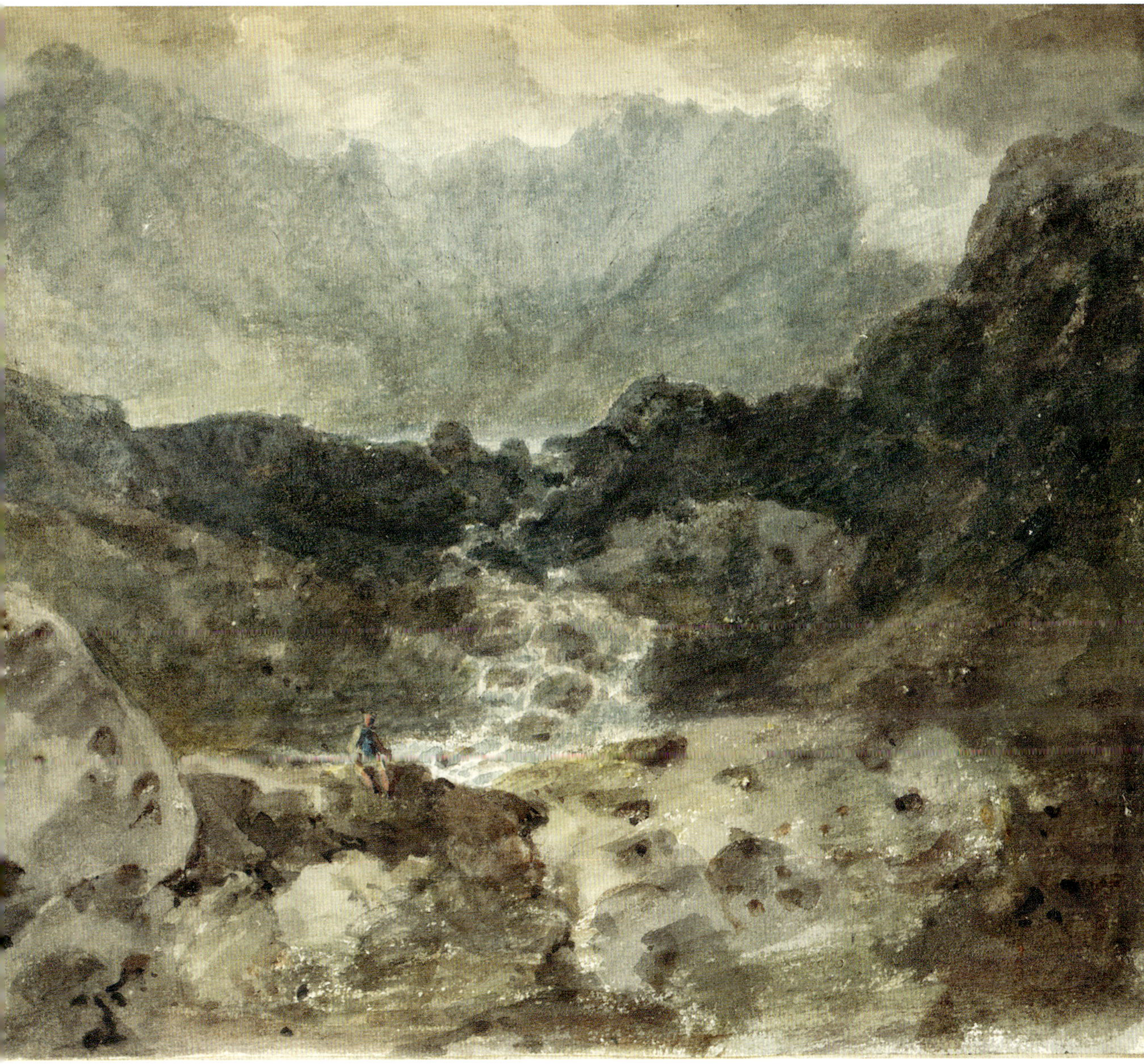

32. J.M.W. Turner
Cader Idris: Looking up towards Llyn Cau, 1798, dyfrlliw ar bapur, 22.9 x 3.32 cm, Tate Gallery.

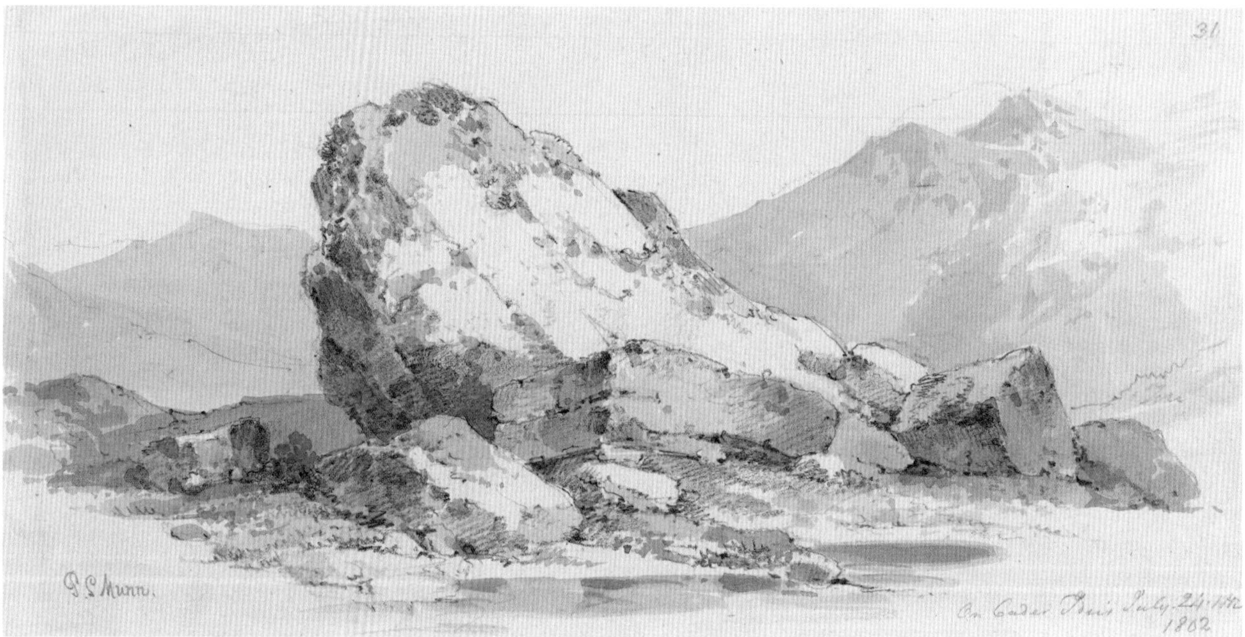
31
1802

33. Paul Sandby Munn
On Cader Idris, July 24th 1802, 1802, pin ac inc a dyfrlliw, 12.6 x 25.4 cm, Llyfrgell Genedlaethol Cymru.

Daeth Cotman a Munn yn ôl i ogledd Cymru yn 1802 (efallai iddynt gwrdd â Cornelius a John Varley, a oedd yno hefyd tua'r un pryd). Ymwelodd y ddau gyfaill â Machynlleth a Dolgellau, a'r tro hwn gadawodd Cader Idris argraff lawer cryfach arnynt. Mae bron yn sicr iddynt ddringo ar y mynydd: gwnaeth Munn fraslun pin ac inc ohono o'r gogledd, wedi'i ddyddio 24 Gorffennaf, lle mae graig fawr yn llenwi'r olygfa (Ffig. 33). Gwnaeth Cotman bedwar darlun sydd wedi goroesi, hefyd wedi'u tynnu o'r gwaelod: dau sy'n dangos yr wyneb gogledd-ddwyreiniol o Lanelltyd (Ffig. 34), a dau sy'n dangos y copa o Abermaw, gyda chychod ar aber Mawddach (Ffig. 35). Ar ôl dychwelyd adref dechreuodd ailwampio rhai o'r brasluniau Cymreig yn beintiadau dyfrlliw i'w gwerthu. O un o'i frasluniau graenus o Lanelltyd peintiodd ddelwedd wahanol iawn, gan ddefnyddio blociau gwastad o las, llwyd a gwyn ar gyfer yr awyr, y copaon a'r afon (Ffig. 36). Yn yr un modd, trawsnewidiodd fraslun Abermaw yn ddau ddyfrlliw, gan newid yr olygfan, ond gan gadw'r cychod a defnyddio'r un lliwiau tawel a gwastad (Ffig. 37). Yn yr arddull hwn peintiodd Cotman, ychydig yn ddiweddarach, ei olygfeydd o afon Greta yng ngogledd Swydd Efrog, a enillodd enw da iddo yn yr ugeinfed ganrif, er yn hwyr, fel un o'r peintwyr dyfrlliw gorau.

Ni ddaeth Cotman byth yn ôl i Gymru, ond arhosai'r atgof o'i deithiau – a Chader Idris yn benodol – yn ei ddychymyg. Yn ystod yr 1830au, degawd olaf ei fywyd, daeth y mynydd yn ôl i'w feddwl a dod yn ganolbwynt i nifer o weithiau gwreiddiol iawn.

Yn 1834 peintiodd ddyfrlliw sy'n dangos Cader Idris, mae'n debyg, o'r de, gyda Nant Cader yn y golwg (Ffig. 38). Mae ei arddull yn eithaf gwahanol i arddull y dyfrlliwiau a beintiodd ddeng mlynedd ar hugain ynghynt. O'r blaendir a'r tir canol tywyll cwyd y mynydd anferth tuag at y cymylau trwchus uwchben.

Mewn lluniau eraill dechreua Cotman, wedi iddo gefnu ar ddyfrlliw confensiynol, ddefnyddio peintiau mwy trwchus, sy'n fwy addas i'w weledigaeth ysbrydol. Yn y gyfres gyntaf, peintiodd ddau lun sydd bellach yn Norwich, mewn olew ar baneli pren, y mae melyn ac ocr yn brif liwiau ynddynt. Dangosa un ohonynt y mynydd enfawr, pell o'r gogledd, gyda buchod mewn afon neu lyn yn y blaendir, a choed y tu ôl iddynt (Ffig. 39).

34. John Sell Cotman
Dolgelly, North Wales, c. 1802,
graffit a dyfrlliw ar bapur,
16 x 29.5 cm, Norfolk Museums.

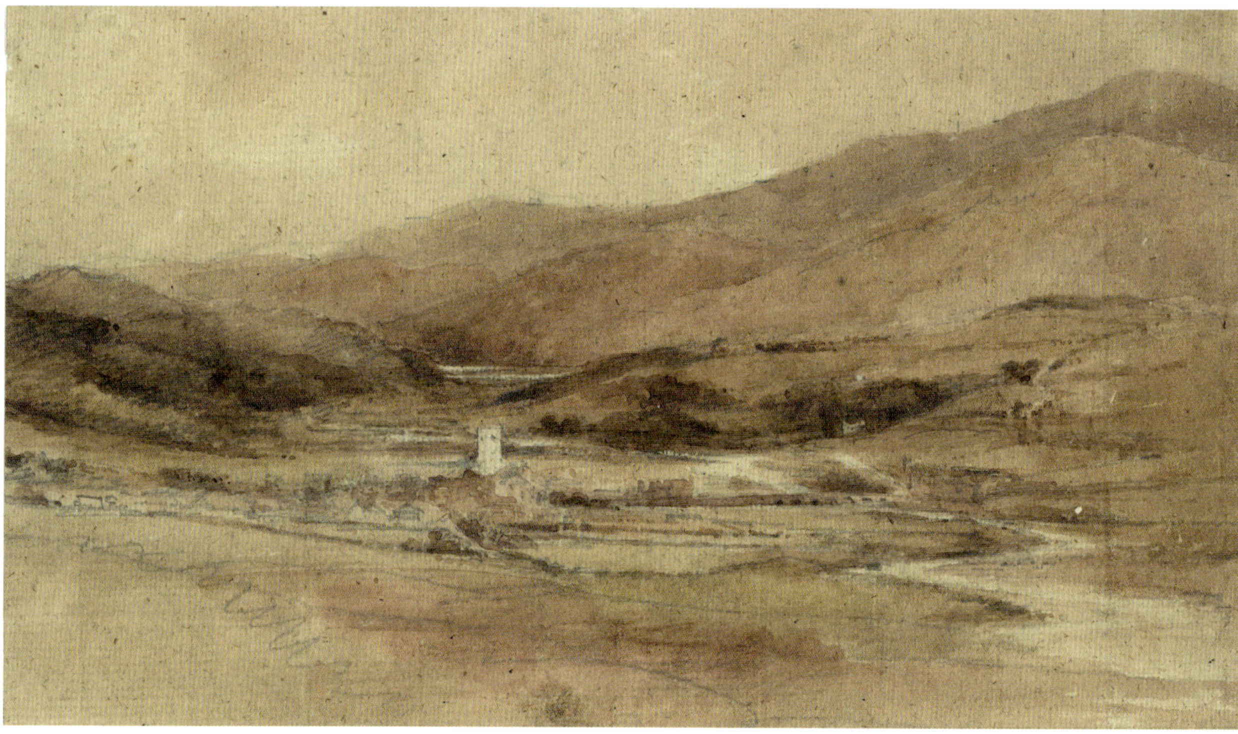

35. John Sell Cotman
Cader Idris from the Mawddach Estuary above Barmouth, c. 1802, dyfrlliw ar bapur, 13.3 x 22.5 cm, Yale Center for British Art.

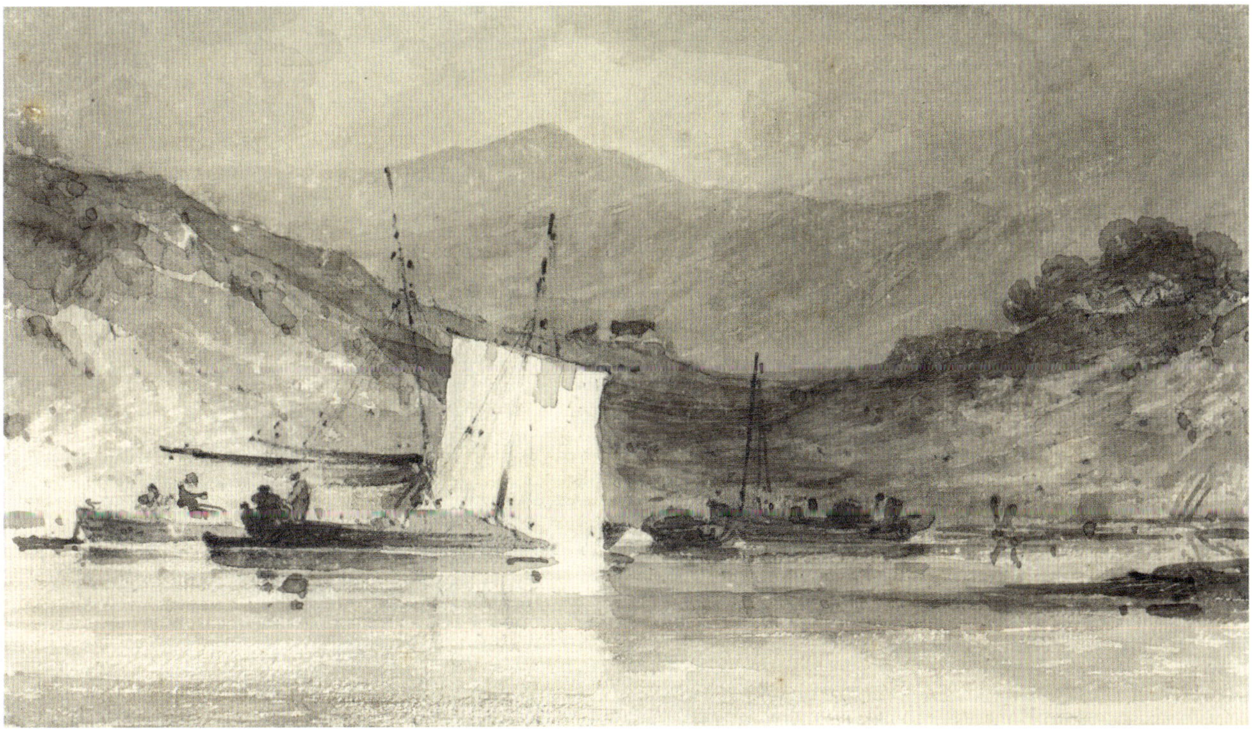

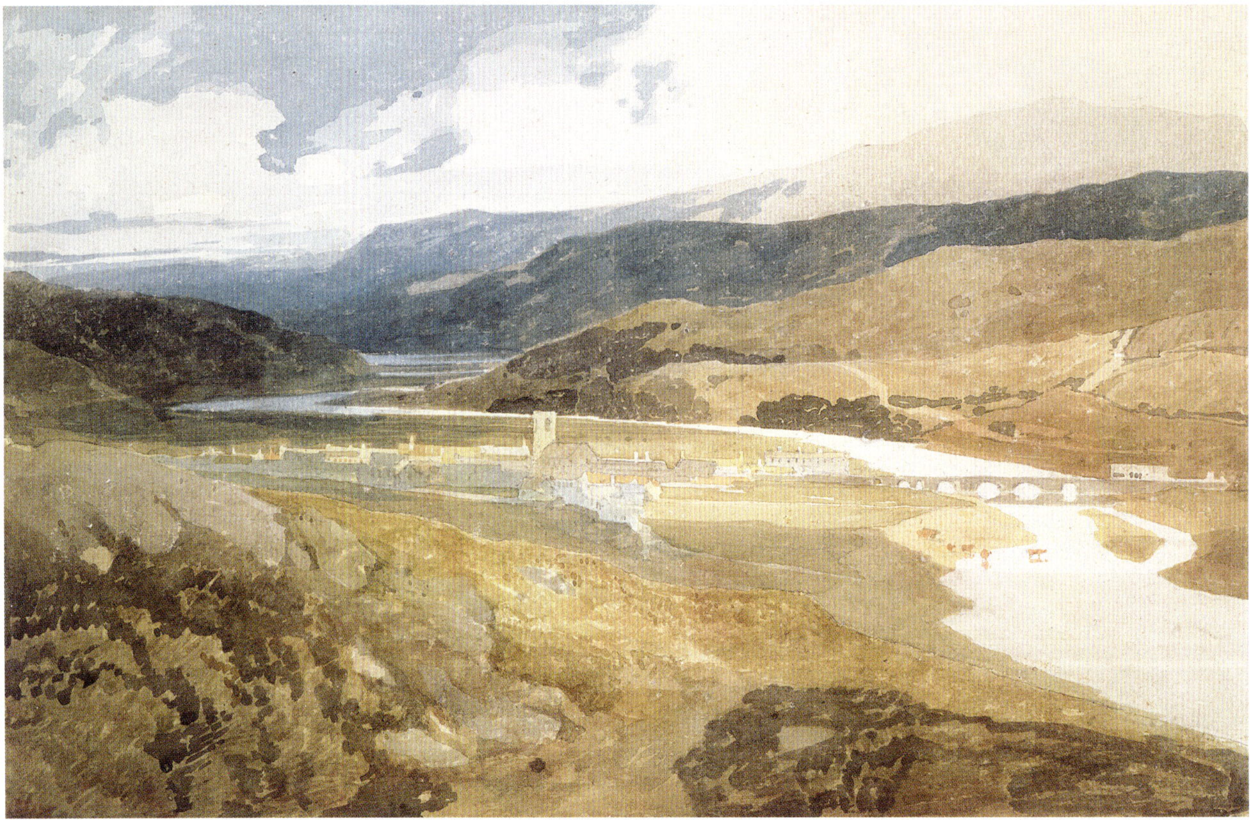

36. John Sell Cotman
Dolgelly, North Wales, c. 1802, dyfrlliw ar bapur, 28.5 x 45 cm, Fitzwilliam Museum, Cambridge.

Tudalennau 80-81:
37. John Sell Cotman
Barmouth Estuary with Cader Idris, North Wales, dyfrlliw, pin ac inc llwyd a graffit ar bapur, 15.9 x 30.5 cm, Yale Center for British Art.

Yn yr ail, sydd hefyd yn cynnwys gwartheg, mae Cader Idris yn cael ei pheintio o olygfan ymhellach i'r gorllewin ac yn codi'n ormesol dros yr olygfa (Ffig. 40).

Glas tywyll, gloyw yw'r prif liw yn yr ail gyfres hirach. Yma mae Cotman yn lleihau neu'n hepgor yr elfen iseldir, fugeiliol o'r gyfres gyntaf, gan ganolbwyntio'n bennaf ar swmp y mynydd moel. Mae'n arbrofi gyda math newydd o baent – past anarferol a wnaed o reis neu flawd wedi'i liwio â glaslwch, sef ocsid cobalt wedi'i gymysgu â gwydr tawdd. Cader Idris, yn amlwg, yw testun y mwyafrif o'r 'peintiadau mynydd glas' hyn, er nad yw pob un yn dwyn yr enw hwnnw. Mae i rai ohonynt flaendir, fel yn *River and Distant Mountain: Cader Idris* yn Amgueddfa Cymru, lle mae'r mynydd anferth, drychiolaethol yn taflu ei gysgod dros y llyn a'r coed (Ffig. 41). Yn *Mountain landscape with figures*, yn Oriel Gelf Leeds, mewnosoda Cotman ddau ffigwr dynol, ond unwaith eto'r mynydd glas sy'n rheoli'r olygfa (Ffig. 42).

Yn y lluniau mwy radical, fel mewn tair esiampl yn yr Amgueddfa Brydeinig, nid oes elfen o'r iseldir, a theimlwn ein bod yng nghwmni'r artist ar ucheldiroedd y mynydd, mewn lle gwyllt ac unig. Efallai nad yw cof Cotman wedi dal Cader Idris yn hollol gywir yn *Mountain tarn*, ond edrycha'r wal anferth o greigiau, wedi'i hamlinellu yn erbyn yr awyr, i lawr dros yr olygfa gorslyd yn y blaendir a'i byst pren diffaith (Ffig. 43). Yn *Cattle on a mountain* mae'r olyfga'n llwm ac elfennol (Ffig. 44). Ymddengys i'r llechwedd brown, y mynydd glas a'r awyr lwyd gael eu gorchuddio gan sgrin unffurf o baent, fel petai'n glawio'n drwm. Efallai bod y tywydd yn well yn *Cader Idris: view on a mountainside*, ond mae gwyntoedd cryfion yn gyrru cymylau glaw tuag atom, gan ddiffodd yr hyn sydd ar ôl o'r golau, a gadael y mynydd yn las tebyg i'r nos a'r llethrau isaf yn frown creigiog (Ffig. 45).

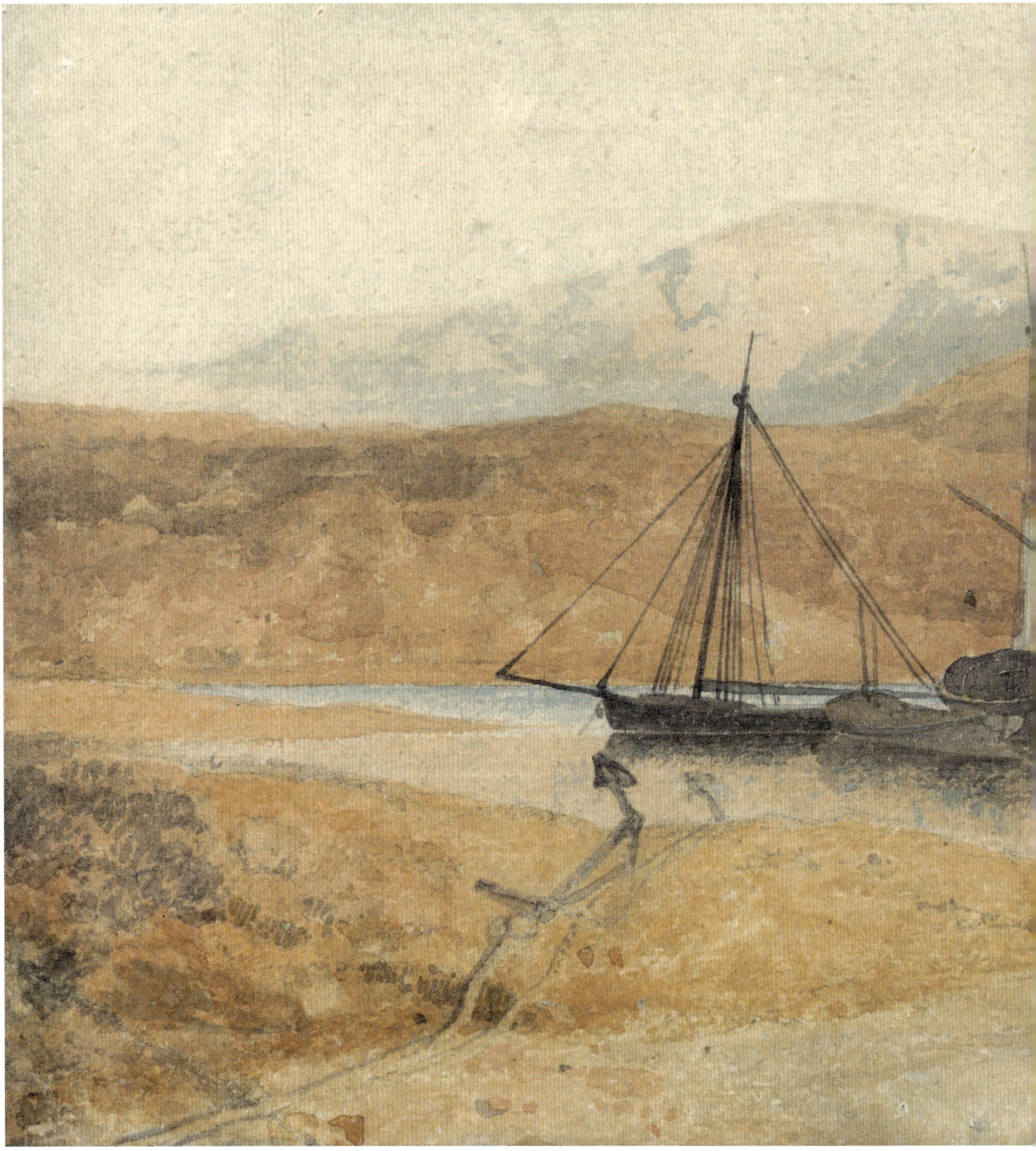

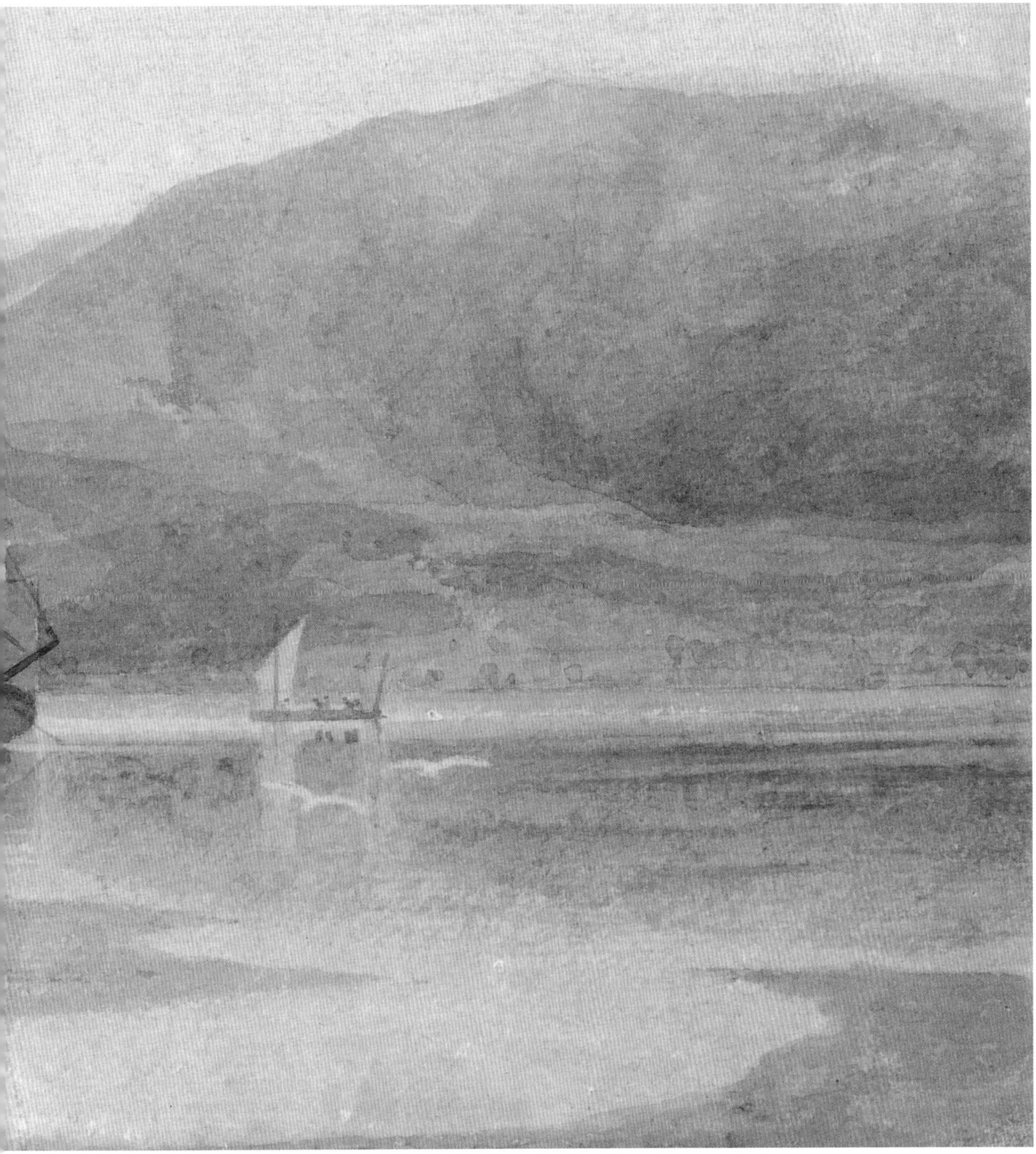

38. John Sell Cotman
Cader Idris, ar ôl 1834, dyfrlliw ar bapur, 35.2 x 44.8 cm, Norfolk Museums.

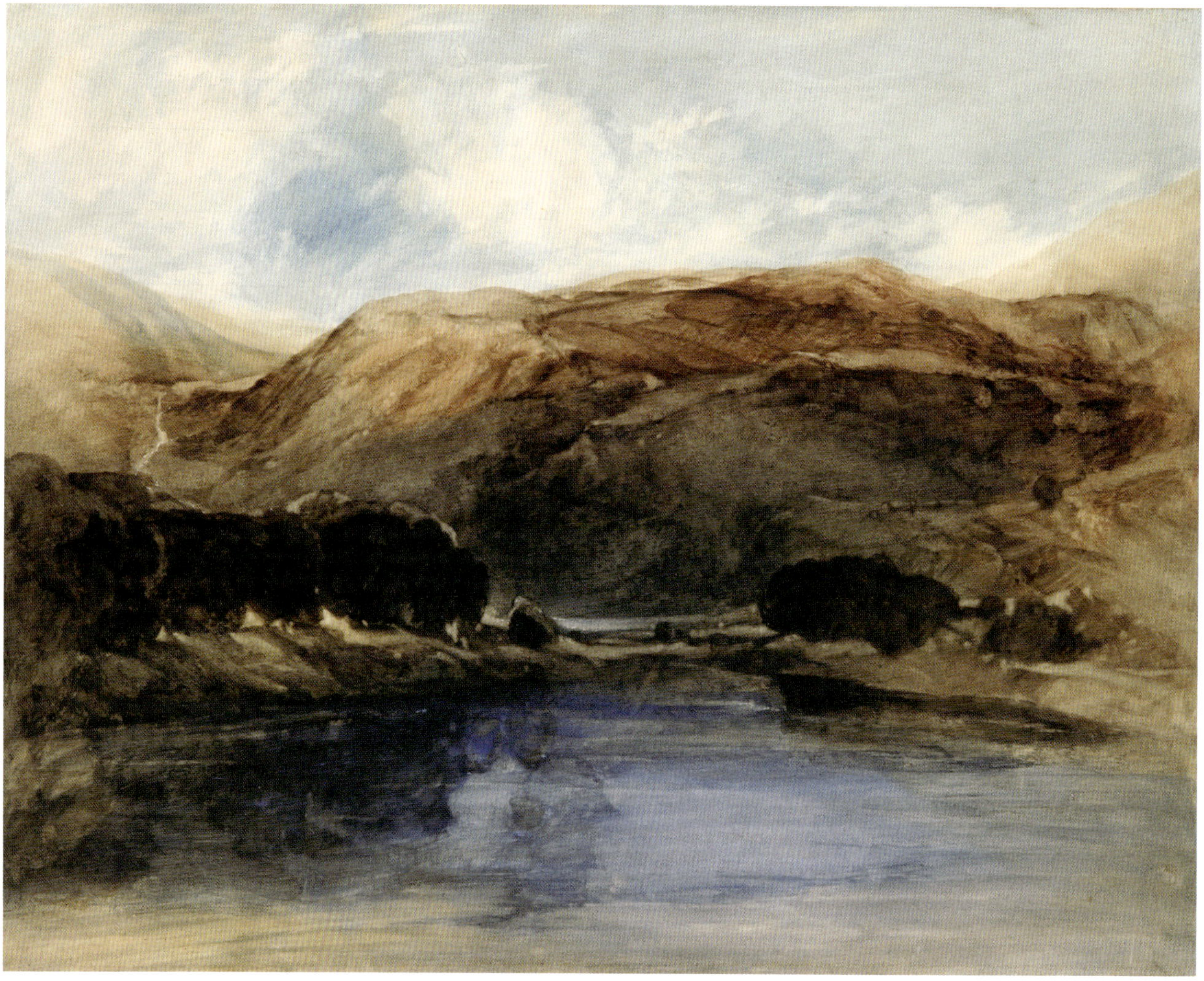

39. John Sell Cotman
Cader Idris, c.1828–33, olew ar banel derw, 24.4 x 31.6 cm, Norfolk Museums.

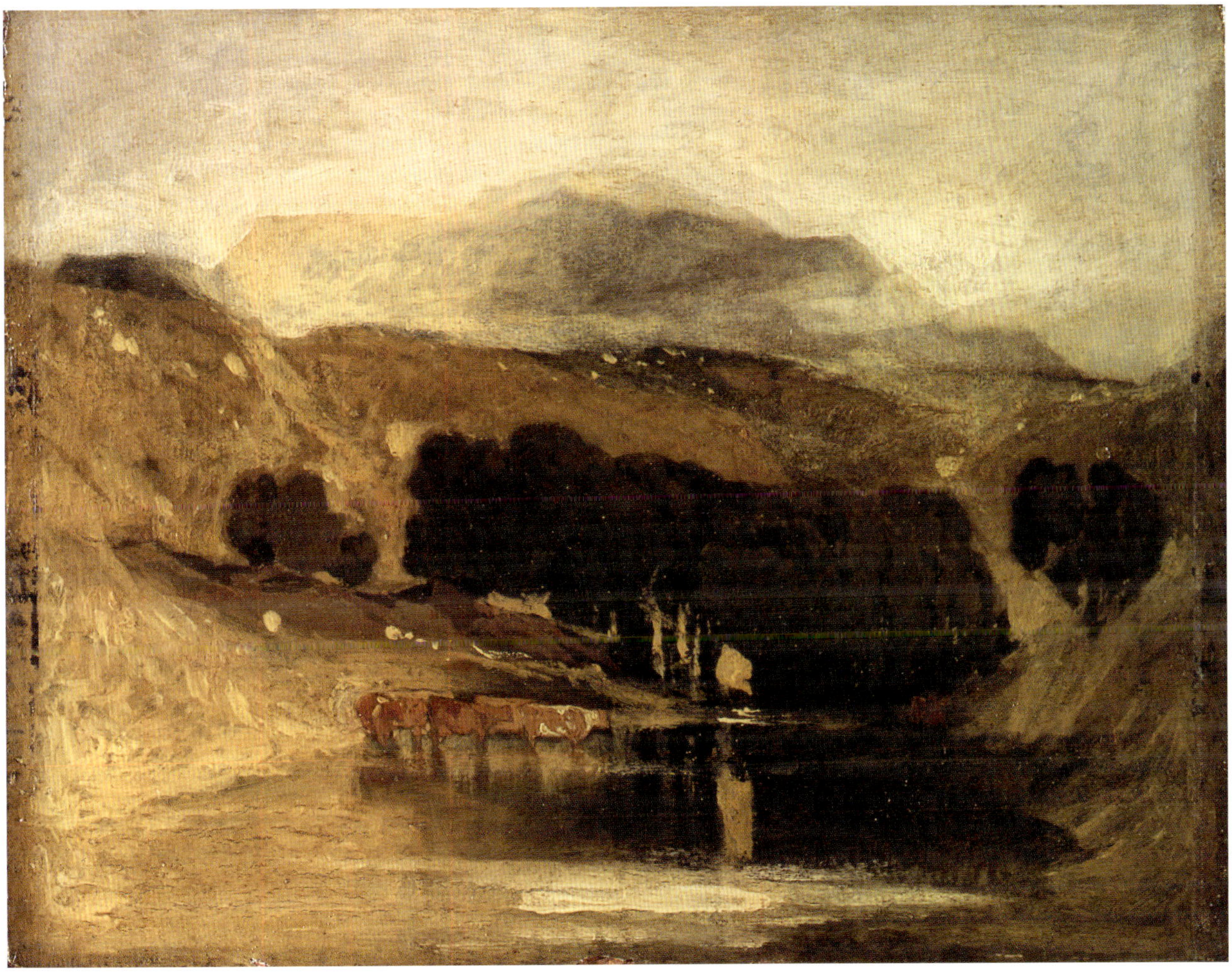

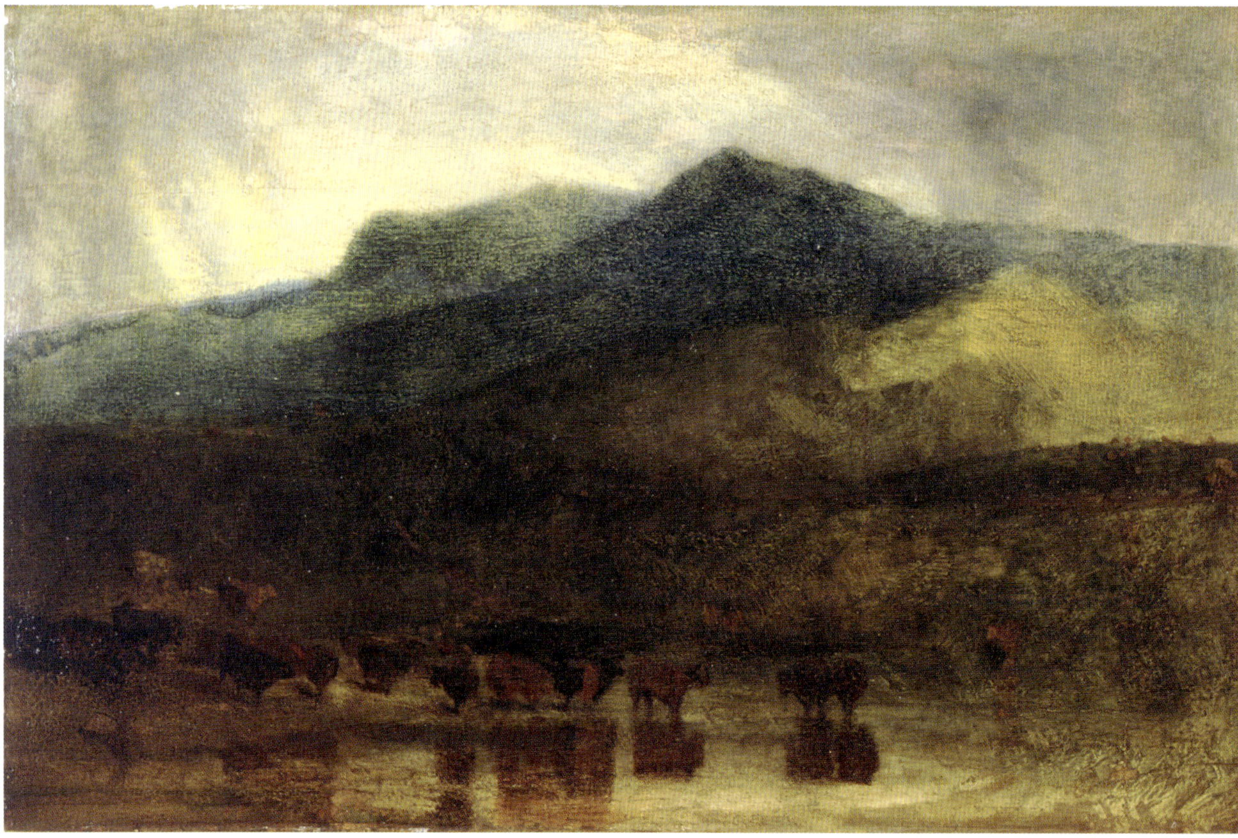

40. John Sell Cotman
Cader Idris, heb ddyddiad, olew ar banel mahogani, 28 x 43.2 cm, Norfolk Museums.

Tudalennau 86-87:
41. John Sell Cotman
River and Distant Mountain: Cader Idris, c. 1835, dyfrlliw ar bapur, 24.1 x 37.5 cm, Amgueddfa Cymru.

Mae'r peintiadau hwyr, unig hyn yn fach ac yn arbrofol. Mae byd o wahaniaeth rhwng eu natur hanfodol Ramantaidd – tirluniau a gysylltir ag emosiwn yn y cof, yn hytrach na lluniau wedi'u corlannu'n gyfansoddiadau ffurfiol – a'r dyfrlliwiau clasurol, wedi'u lliwio'n gywrain, a gynhyrchai Cotman yn negawd cyntaf y bedwaredd ganrif ar bymtheg. Mae'n amlwg iddo eu gwneud heb amcan masnachol mewn golwg, er y gallai rhai ohonynt fod wedi'u gwerthu. Yn hytrach, ymddengys ei fod yn teimlo'r awydd i ddychwelyd yn ei ddychymyg i'r lle a adawodd gymaint o argraff arno ddeng mlynedd ar hugain ynghynt. Gan dynnu ar atgofion y teimlai eu bod yn fyw o hyd, ceisiai Cotman ddistyllu'r profiad corfforol o fod ar y mynydd i weledigaeth newydd. Heddiw, ymddengys y lluniau hyn, sydd ynghlwm wrth y ddaear ond eto yn delynegol ddwys, mor fyw a disglair ag unrhyw fersiwn artistig o Gader Idris.

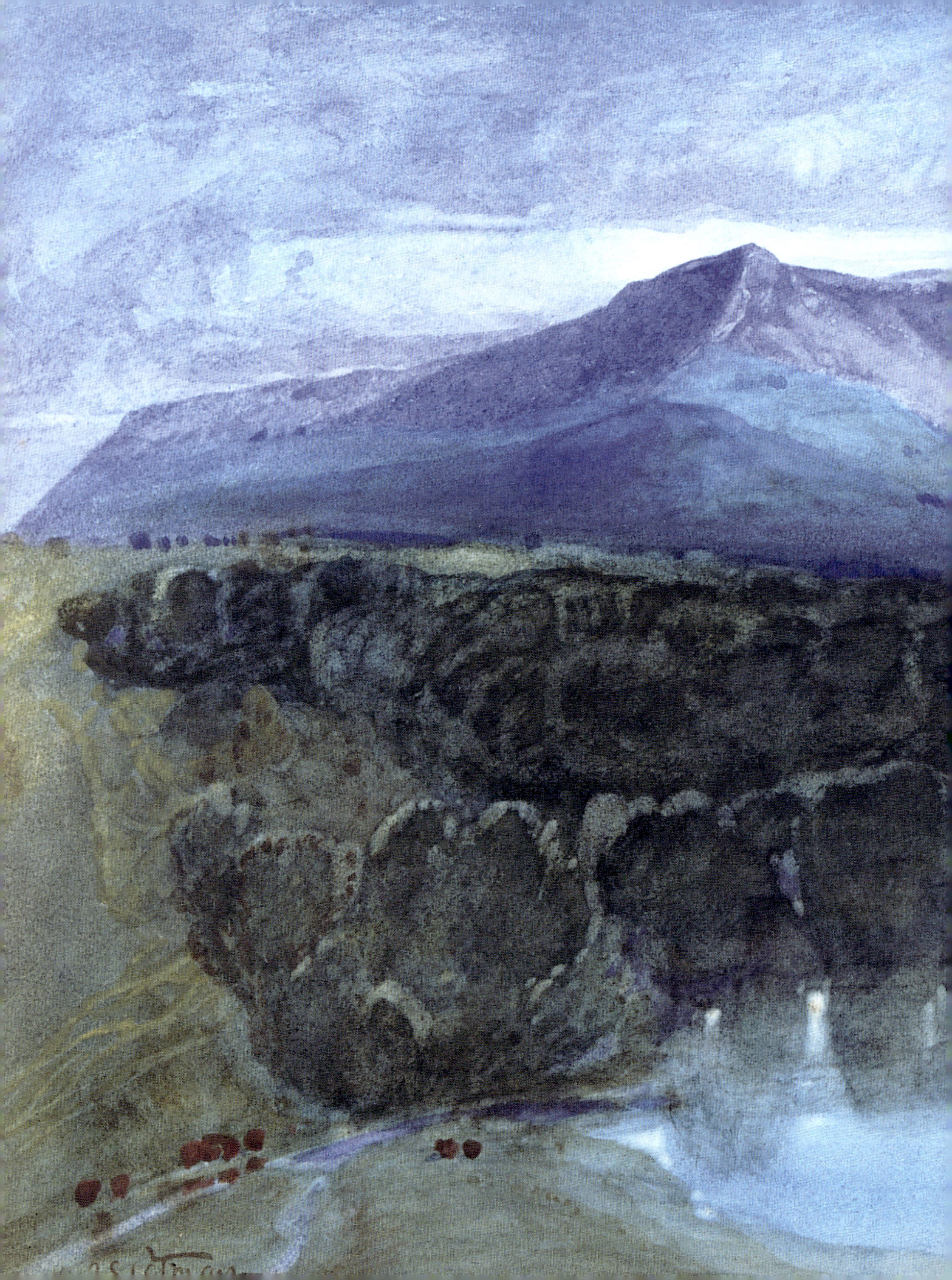

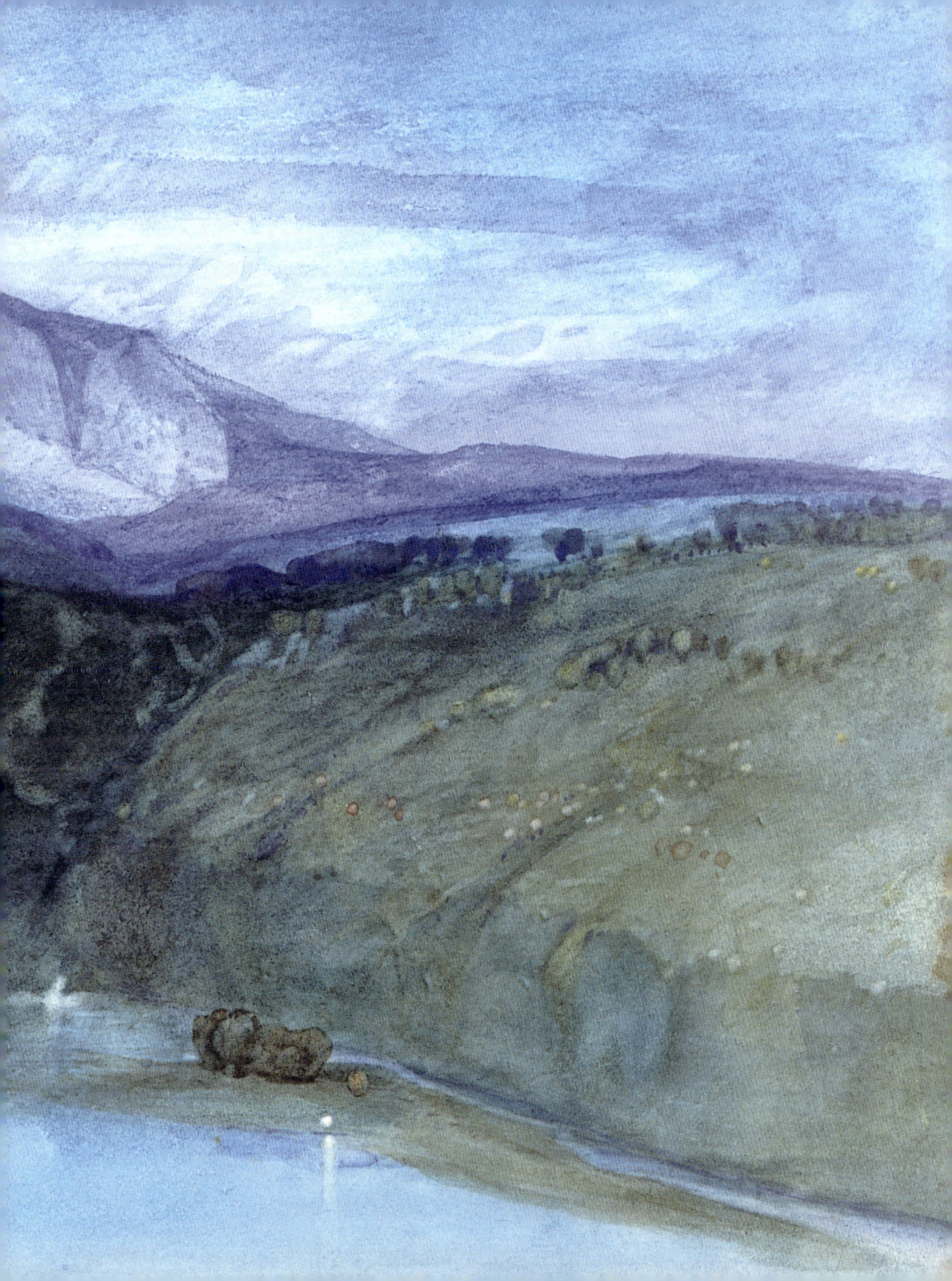

42. John Sell Cotman
Mountain Landscape with Figures, c. 1835, graffit a dyfrlliw ar bapur, 16.6 x 24 cm, Leeds Museums and Galleries.

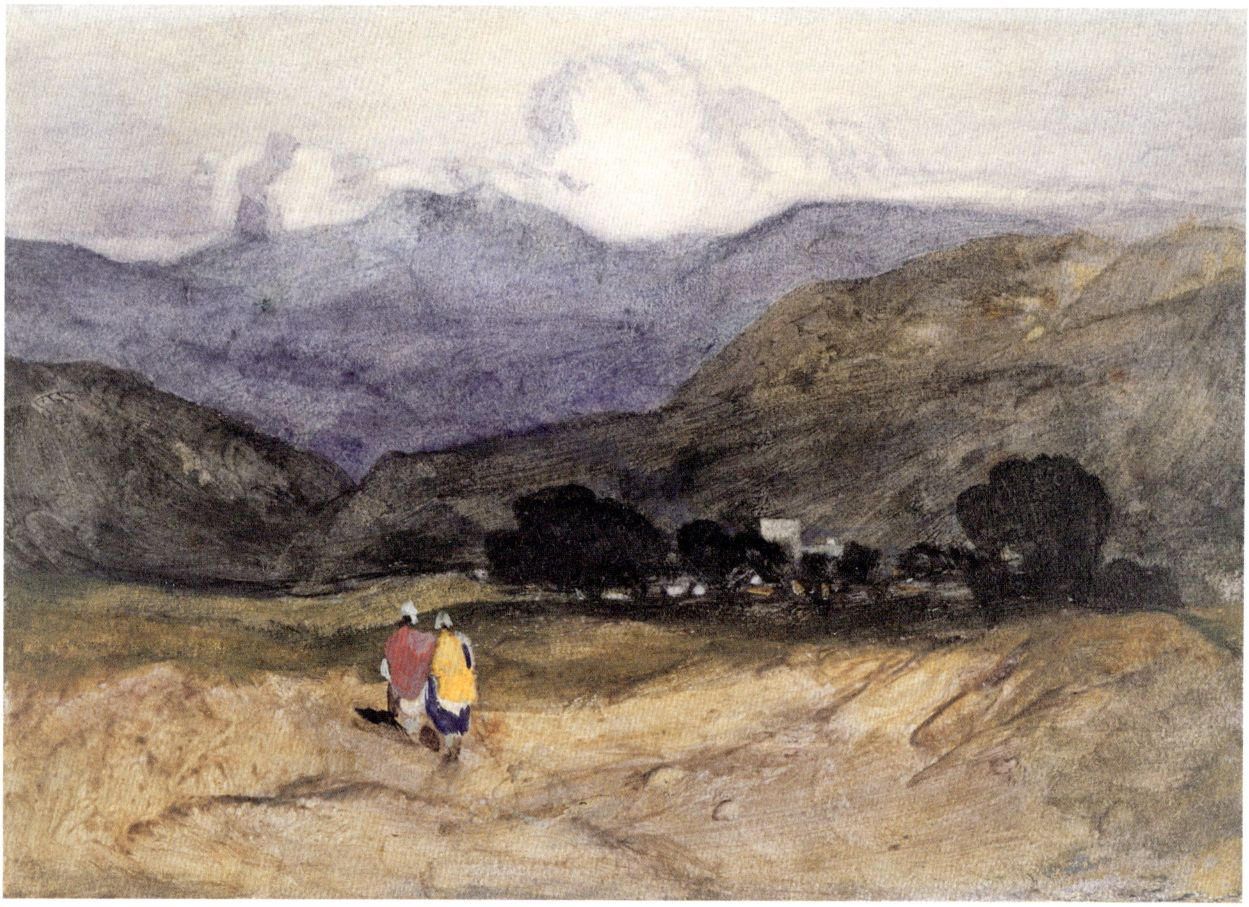

43. John Sell Cotman
Mountain Tarn, 1830s, paent ar bapur, 18 x 26.5 cm, British Museum.

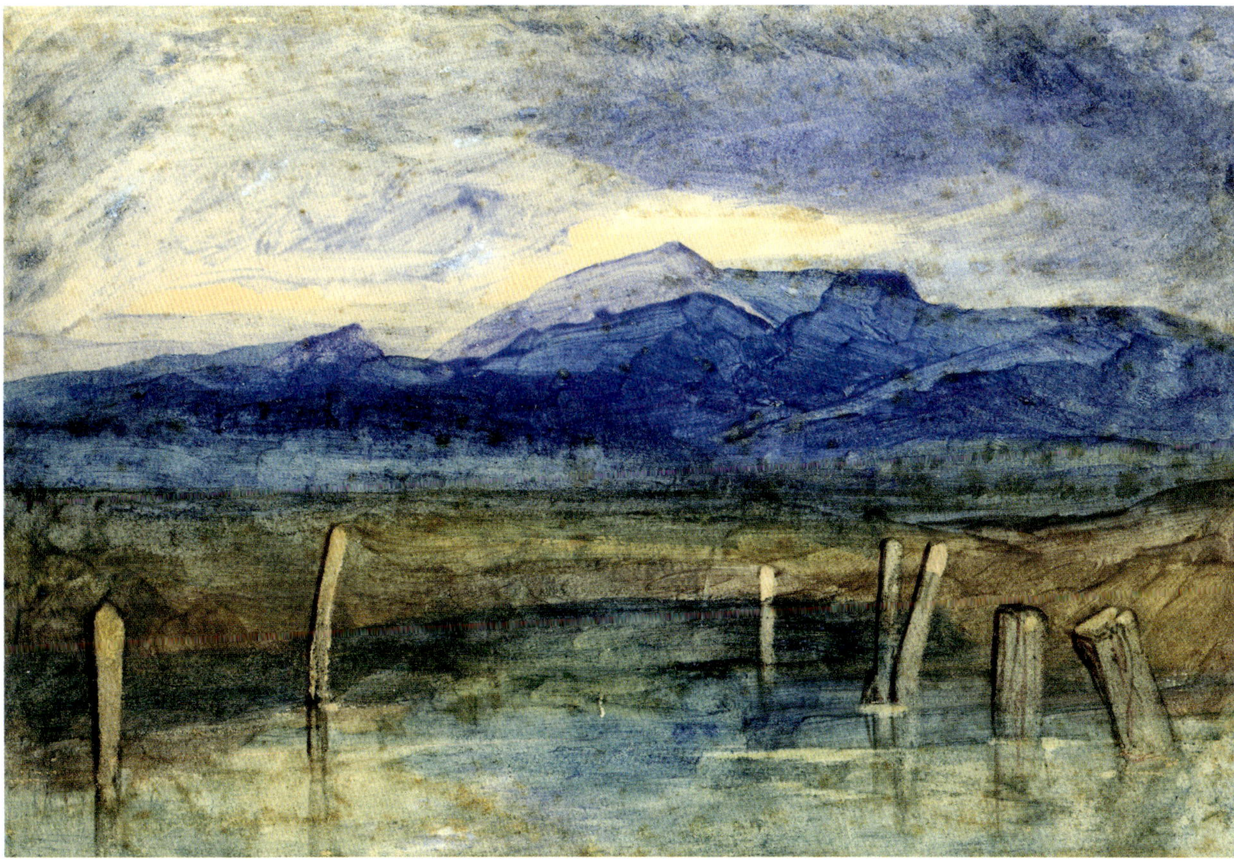

44. John Sell Cotman
Cattle on a Mountain, North Wales, 1830s, paent ar bapur, 9.6 x 14.2 cm, British Museum.

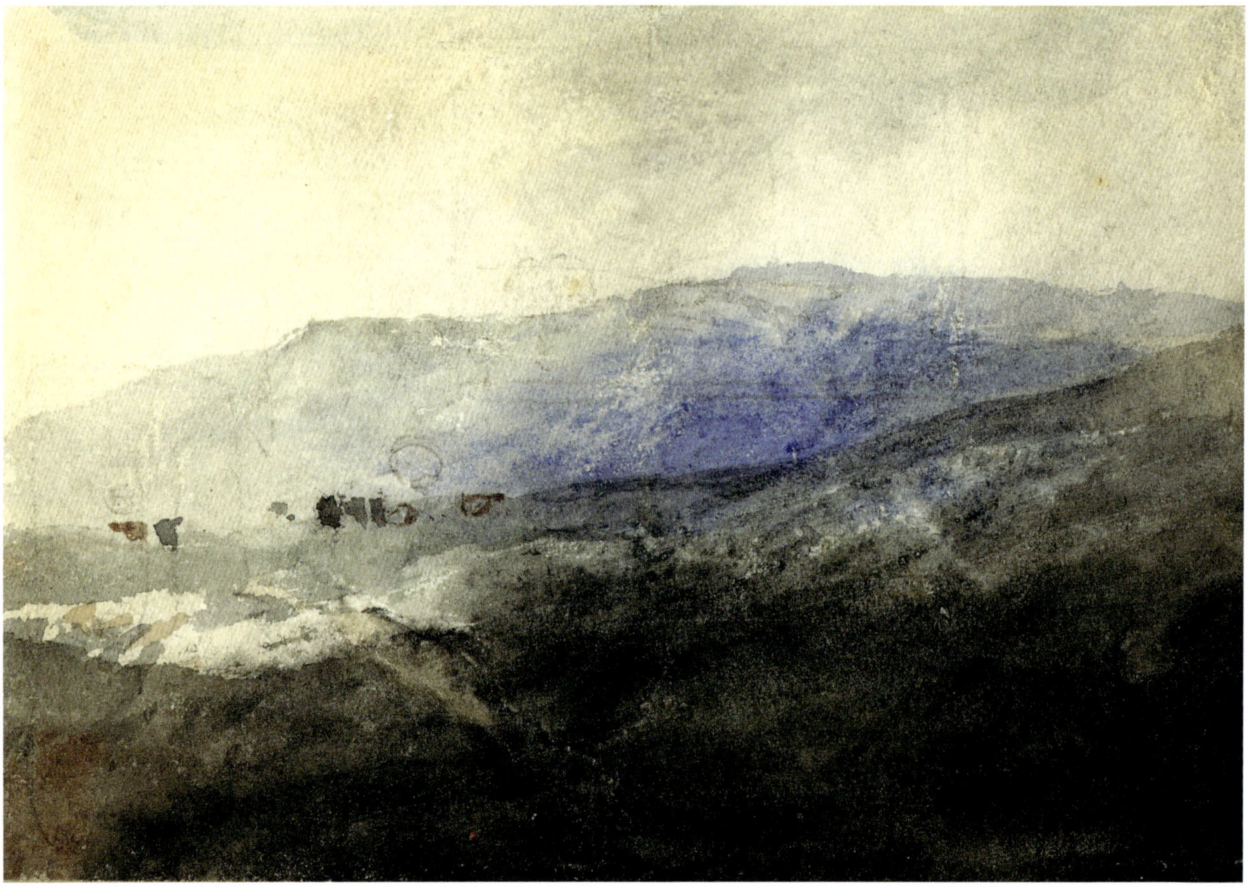

45. John Sell Cotman
Cader Idris: View on a Mountainside, 1830s, paent ar bapur, 20.3 x 30 cm, British Museum.

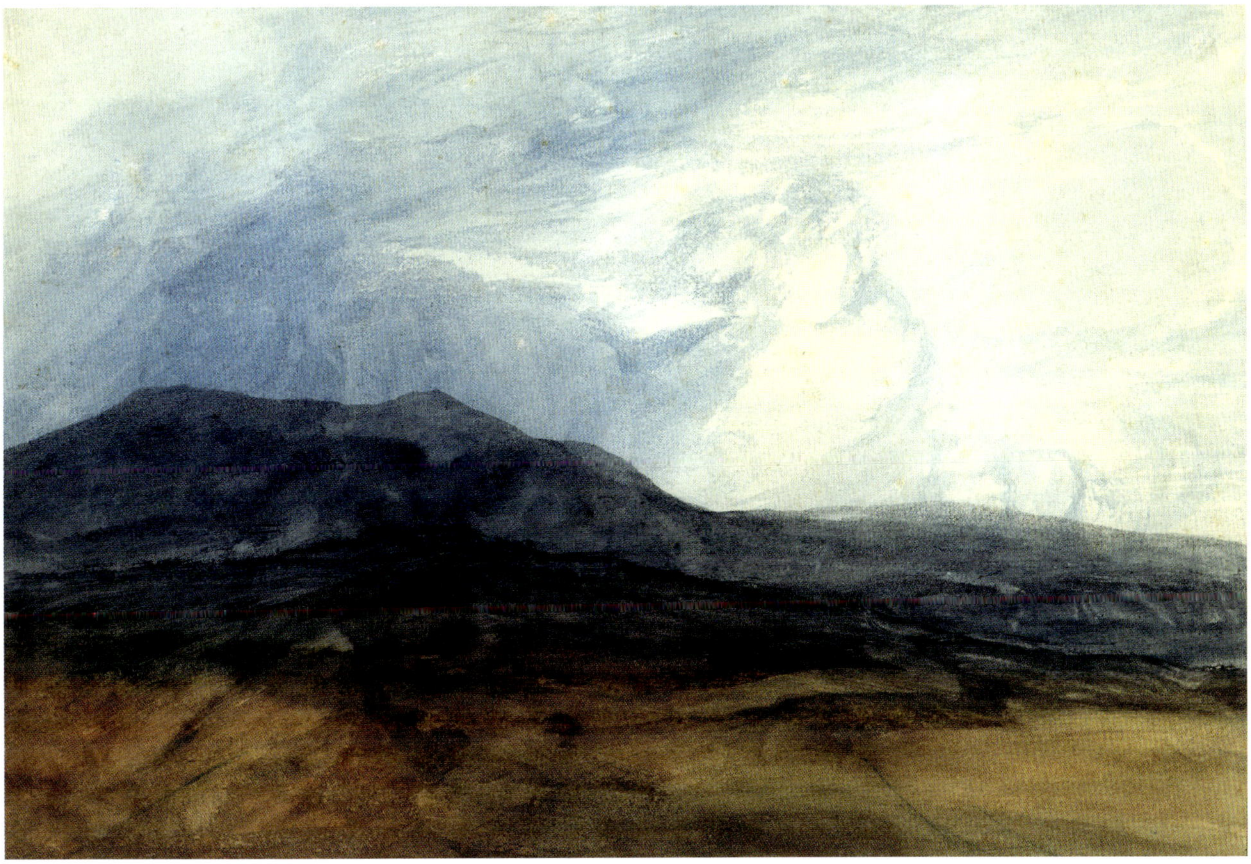

PENNOD 4

'A brush full charged with thunder': Fielding, Cox a Rhamantwyr eraill

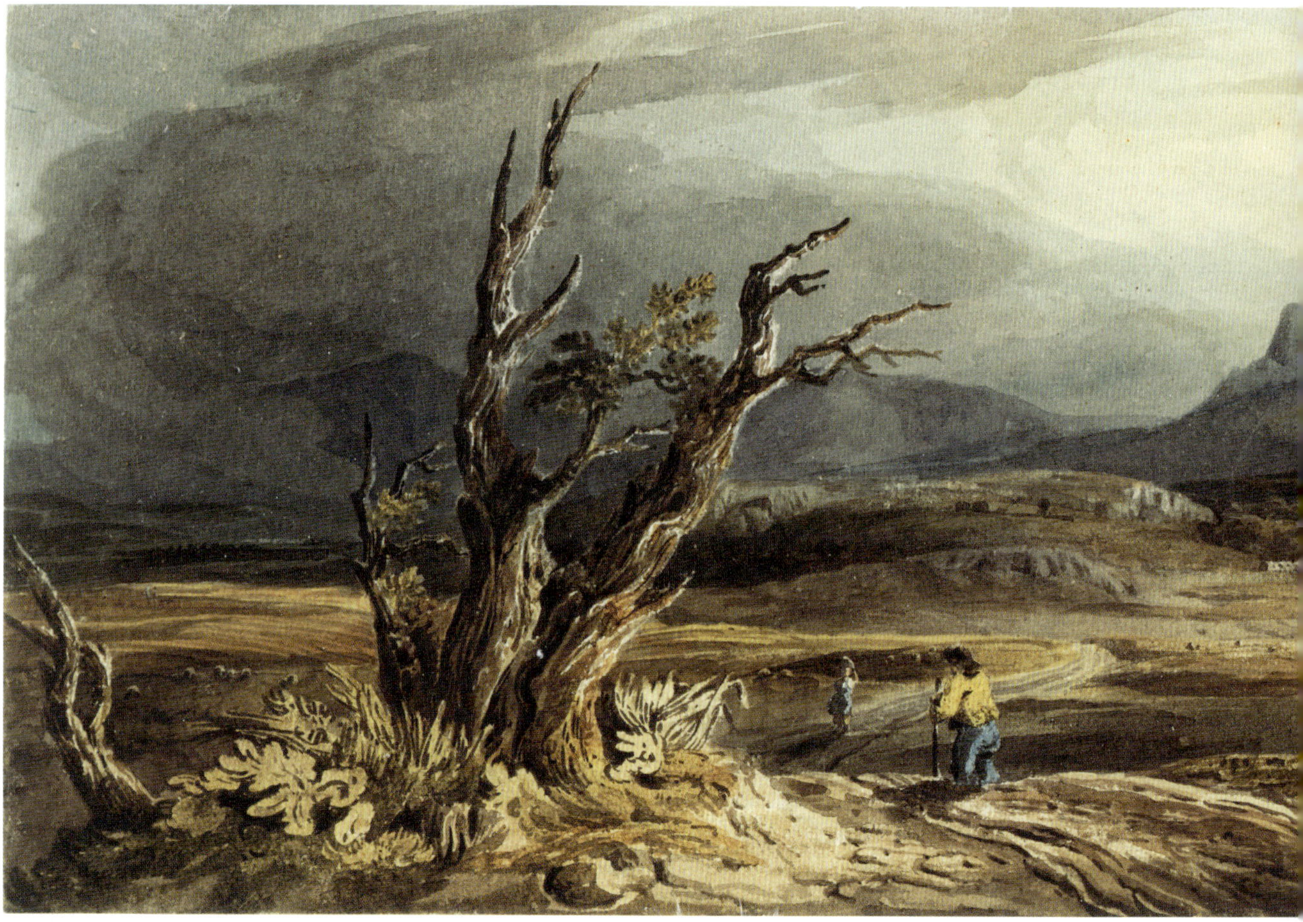

Yn 1808 gwnaeth Copley Fielding, artist ifanc o ogledd Lloegr, daith o amgylch gogledd Cymru. Y flwyddyn wedyn setlodd yn Llundain. Yn ôl Cornelius Varley, 'daeth i'r ddinas â darluniau go lew', ond derbyniodd 'hyfforddiant a chyngor hael iawn fel cyfaill' gan ei frawd, John Varley. Yn 1810, wrth gofio ei daith i Gymru, peintiodd Fielding ddyfrlliw medrus a thrawiadol, *Cader Idris from the Barmouth sands* (Ffig. 46).

Dewisodd Fielding fformat hir, petryal, i greu'r hyn y byddai gwneuthurwyr ffilm yn ddiweddarach yn ei alw yn olwg

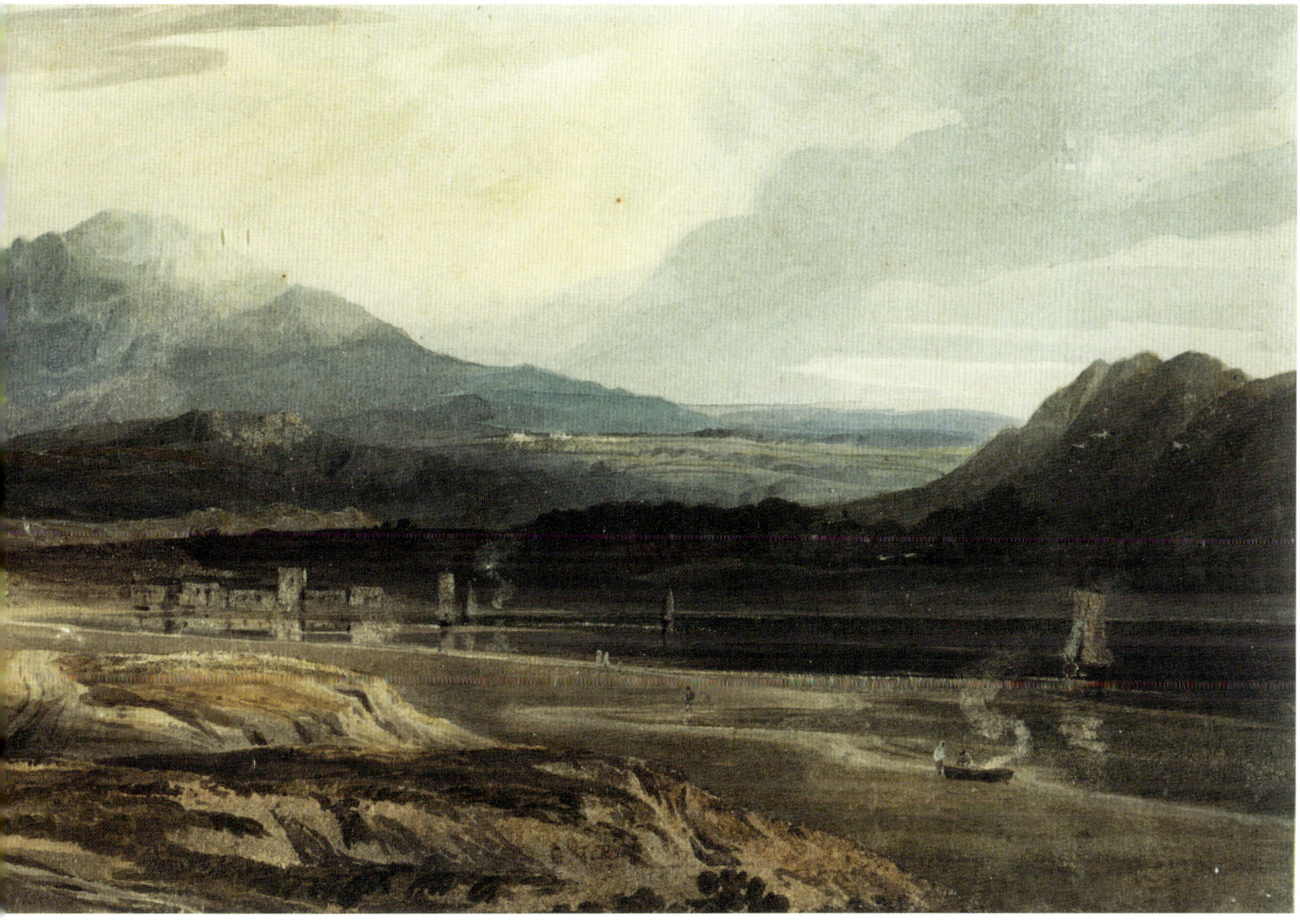

46. Anthony Vandyke Copley Fielding
Cader Idris from the Barmouth Sands, 1810, dyfrlliw ar bapur, 21.3 x 65.5 cm, Tate Gallery.

'CinemaScope'. Yn y pellter cwyd y mynydd, yn dalp brawychus wedi'i oleuo gan fwlch disglair yn yr awyr dywyll y tu ôl iddo. Nid Cader Idris, fodd bynnag, yw'r elfen bwysicaf yn y cyfansoddiad; ond yn hytrach olion drylliedig y dderwen ar farw sydd yn y blaendir, a'r canghennau sydd ar ôl arni wedi'u plygu a'u cordeddu gan y gwyntoedd. I'r chwith, mae boncyff llai yn pwyso i'r cyfeiriad arall. Ymestyn tir moel, creigiog am filltiroedd y tu hwnt, gyda dim ond llwybr troellog yn ei groesi, ac afon Mawddach i'r dde.

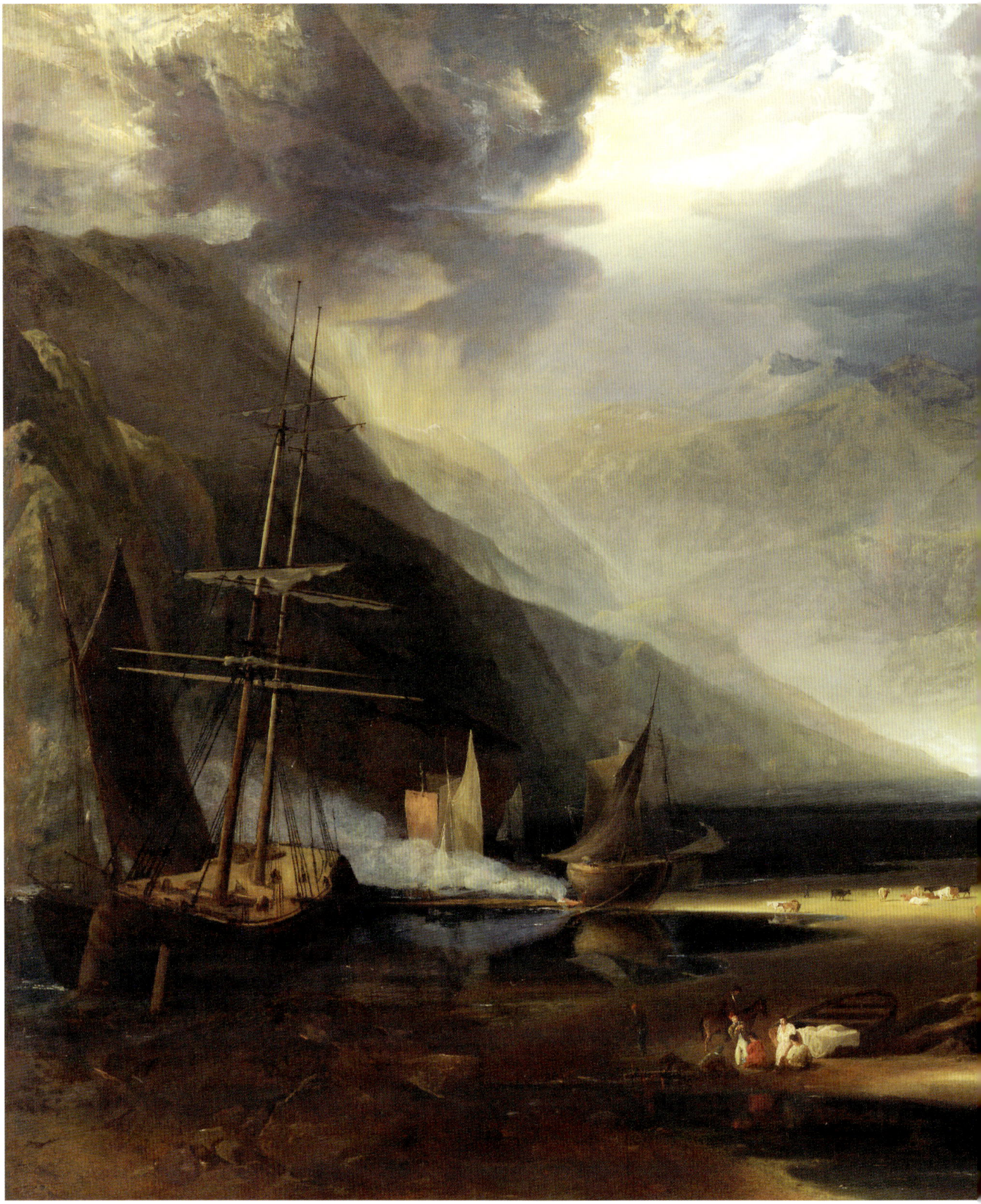

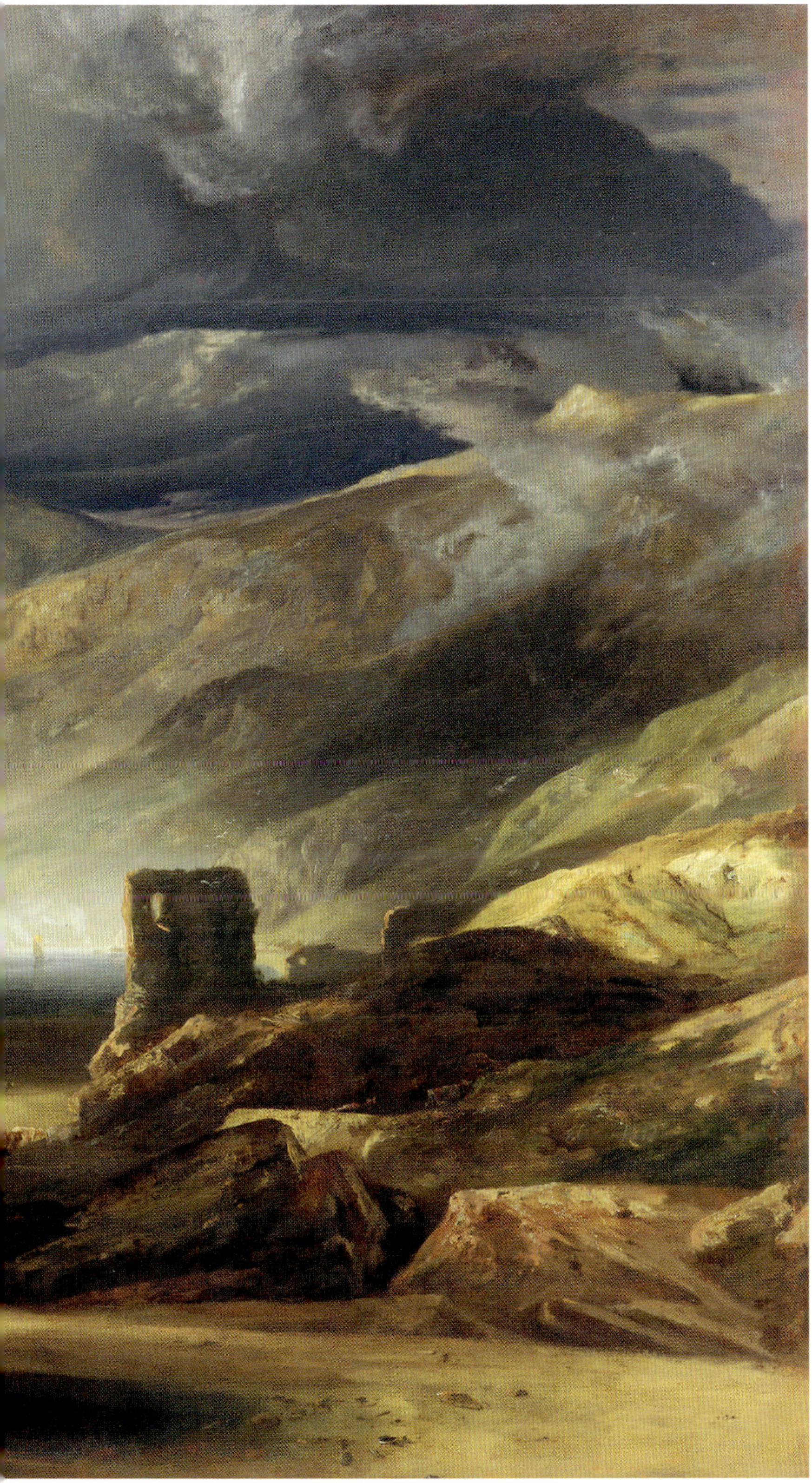

47. Anthony Vandyke Copley Fielding
A Scene on the Coast, Merionethshire: Storm Passing Off, 1818, olew ar gynfas, 134.6 x 198.8 cm, Yale Center for British Art.

48. David Cox
Mountain Heights, Cader Idris,
c. 1850, dyfrlliw dros sialc ar bapur,
47.7 x 74.6 cm, National Gallery of
Art, Washington, DC.

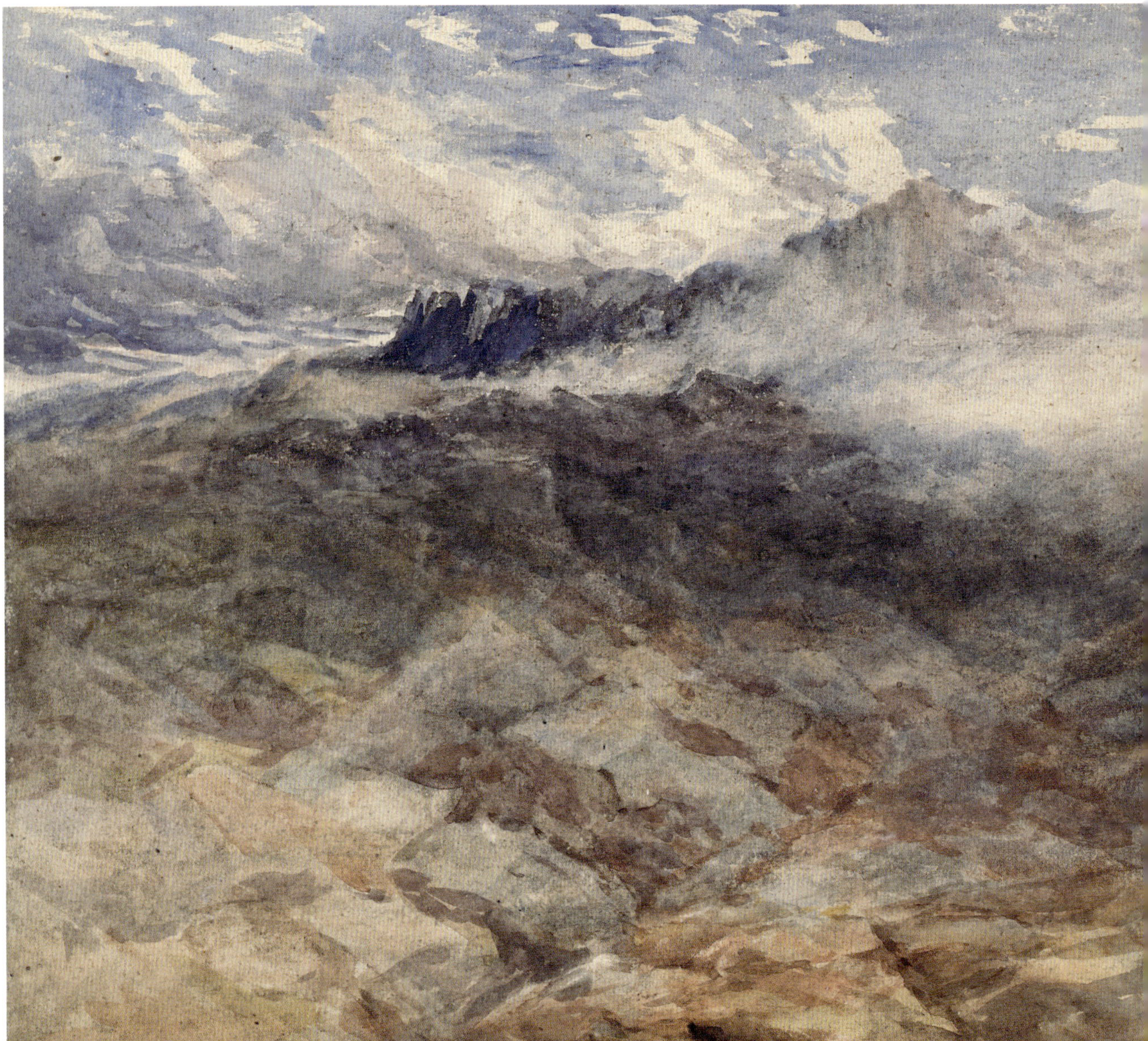

Edmygodd John Ruskin dechneg Fielding o 'yrru'r llygad i'r pellter trwy ddefnyddio blaendiroedd rhostir brown'. Ymlwybra dau ffigwr bach ar hyd y llwybr: dyn â ffon, a menyw sy'n cario llwyth ar ei phen. Mae'r tywydd yn fygythiol, wrth i droell o gymylau tywyll gronni i'r gogledd, ac ymddengys fod glaw, neu hyd yn oed storm, yn nesáu.

Mae Fielding wedi llyncu'r holl elfennau hanfodol o'r ymdeimlad Rhamantaidd newydd mewn celf. Trwy leihau pwysigrwydd Cader Idris ei hun, mae'n bychanu'r 'arucheledd' traddodiadol, ac yn ei le mae'n codi moelni noeth y rhostir o'i chwmpas. Mae'r goeden ddarniog yn rhoi gwedd drasig i'r olygfa. Mae bywyd bron wedi'i ddiffodd, gan adael gwastatir o anialwch llwm, ar drugaredd y gwyntoedd cryfion a'r glaw. Dichon y byddai rhai, o weld y llun, wedi myfyrio ar sut y gallai'r tirlun naturiol moel hwn adleisio tirwedd emosiynol ddiffaith y meddwl dynol helbulus.

Nid oedd gan Fielding ddiddordeb mewn cywirdeb topograffig. Nid yw lleoliad y mynydd yn cyfateb i'r dirwedd. Mae'r un peth yn wir am lun llawer mwy a wnaeth mewn olew wyth mlynedd yn ddiweddarach, a arddangosodd yn y Sefydliad Prydeinig. Yn *A scene on the coast, Merionethshire: storm passing off* daw'r arucheledd yn ôl yn ei holl rym (Ffig. 47). Mae Fielding yn codi'r tymheredd Rhamantaidd, trwy drawsnewid yr olygfa o Gader Idris o afon Mawddach i gybolfa led-ddychmygol ond nerthol o natur mewn cythrwfl. Mae'n codi'r mynyddoedd i raddfa uchelderau'r Alpau, yn chwyddo'r tywydd at eithafion o haul a storm, a hyd yn oed yn mewnforio Castell Dolbadarn o un o'i luniau eraill, *The Vale of Llanberis, Snowdon*, er mwyn ychwanegu pwysau hanesyddol i'r olygfa. Disgrifiad o'r llun gan feirniad cyfoes oedd 'cynfas enfawr, trymaidd, cymylog mewn storm, a wnaed â brwsh wedi'i lwytho'n llawn â tharanau.' Ysgrifennodd beirniad arall, 'cymysgir cymylau a chreigiau a goleuni a chysgod mewn modd mor syfrdanol fel, wrth graffu arno, gallem yn hawdd ebychu, 'dyma Chaos wedi dychwelyd'.'

Bron y gellir galw'r ddau lun hyn gan Fielding yn 'gyfosodiadau'. Nid trwy archwilio Cader Idris a'i bro yn drylwyr y creodd nhw, na thrwy'r brasluniau manwl a wnaeth yn y fan a'r lle. Yn hytrach, adeiladodd y lluniau yn y stiwdio gan ddefnyddio atgofion a sgetshys cyffredinol. Detholodd Fielding yr elfennau gwahanol – y mynyddoedd a'r rhostir, yr afonydd a'r llongau, y cestyll a'r awyr fygythiol – a'u saernïo nhw i'w gilydd i greu tirlun mawreddog ac arswydus a allai atseinio â thirwedd fewnol, emosiynol y gwyliwr.

Gwelir bod y traddodiad hŷn o arsyllu wedi goroesi yng ngweithiau tirlunwyr eraill, yn arbennig David Cox. Cychwynnodd Cox, mab gof a aned yn Birmingham yn 1783, fel mân arlunydd, ond symudodd i Lundain yn 1804, cafodd wersi gan John Varley, a dechreuodd beintio dyfrlliwiau. Daeth i Gymru am y tro cyntaf yn 1805, gan gadw cysylltiad parhaol â gogledd Cymru. Erbyn 1841 roedd yn byw eto yn Birmingham, ac o 1844 i 1856 byddai'n treulio'r haf yn braslunio a pheintio ym Metws-y-coed, yng nghwmni artistiaid eraill a oedd yn ymweld.

Er ei fod yn tueddu i ddewis golygfeydd yn bellach i'r gogledd, darluniodd Cox Gader Idris sawl tro. Yn 1836 defnyddiodd Thomas Roscoe brint o'i baentiad o'r mynydd a welwyd o Abaty Cymer fel darlun yn ei lyfr *Wanderings and Excursions in North Wales*. Roedd Roscoe wedi dringo Cader Idris, er bod 'niwloedd trwchus, wedi'u chwythu o'r môr, yn atal golwg eang'. Niwloedd sy'n trwytho'r dyfrlliw mawr mentrus a beintiodd Cox yn 1850 o Gader Idris o'r gogledd. Erbyn hyn roedd wedi rhoi gorau i arddull topograffig confensiynol ei gyfnod cynnar, gan ddatblygu ffordd uniongyrchol, fwy personol o dirlunio. Dangosa *Mountain heights, Cader Idris* grib gogleddol y mynydd (Ffig. 48). Mae Cox yn llenwi hanner gwaelod y llun gydag astudiaeth ofalus o ucheldir garw, creigiog, gyda hollt lletraws yn y creigiau ac awgrym o nant yn llifo ar ei hyd. Mae ei liwiau'n amrywio'n gyson, o frown golau i lwyd a phorffor golau, yn unol â garwder y tir. Yn y pellter canol, wrth i'r tir ddod yn fwy serth, mae'r lliwiau'n tywyllu. Yna, yn bellach i ffwrdd, brasgama Cader Idris ar draws y cynfas, gyda Gau Graig yn lasddu, a'r copaon canolig a gorllewinol mewn lliwiau goleuach, yng ngolau'r haul.

49. Dienw
Robert Edwards of Dolgelly, guide, heb ddyddiad, graffit ar bapur, 14.3 x 8.4 cm, Llyfrgell Genedlaethol Cymru.

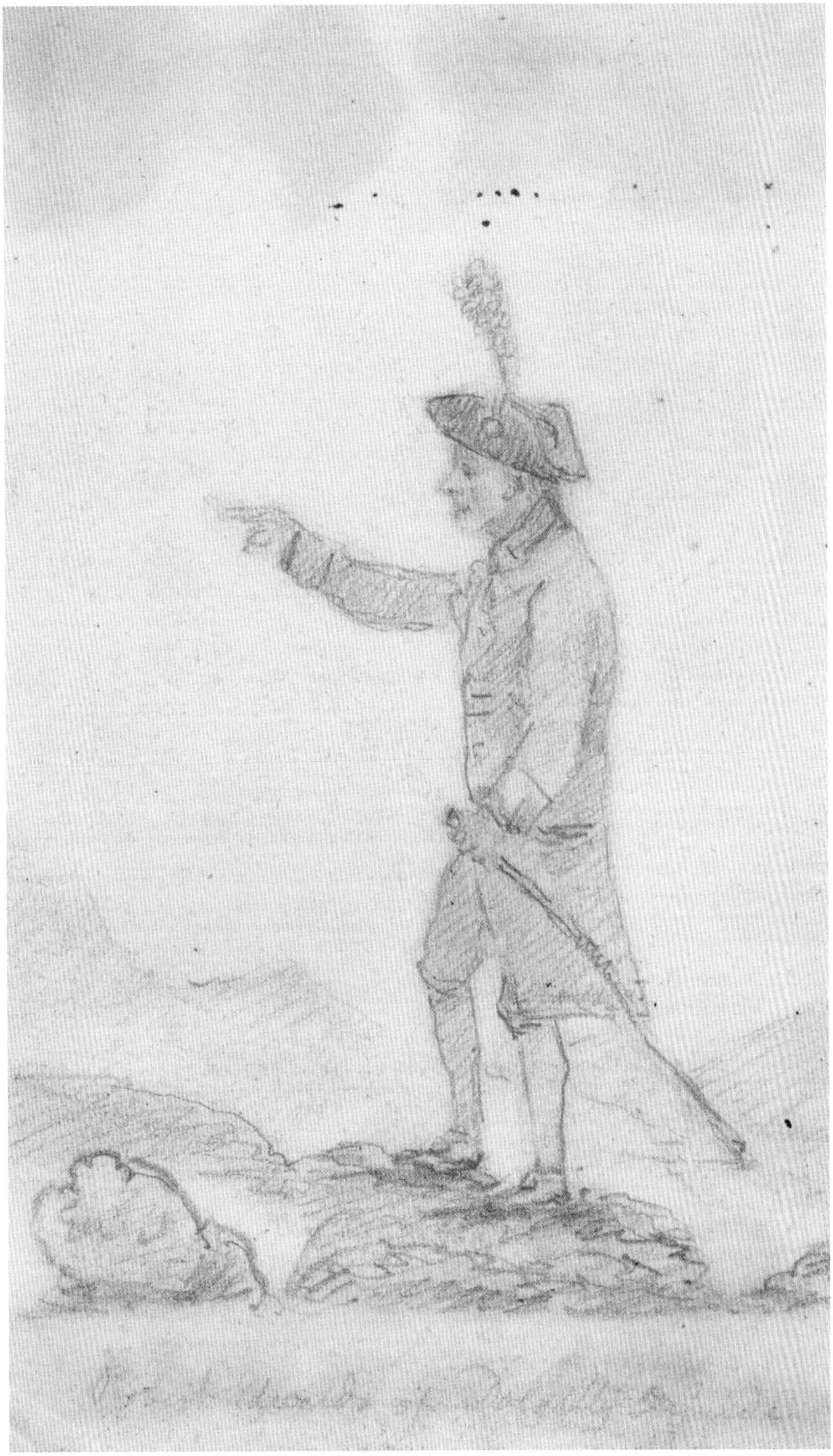

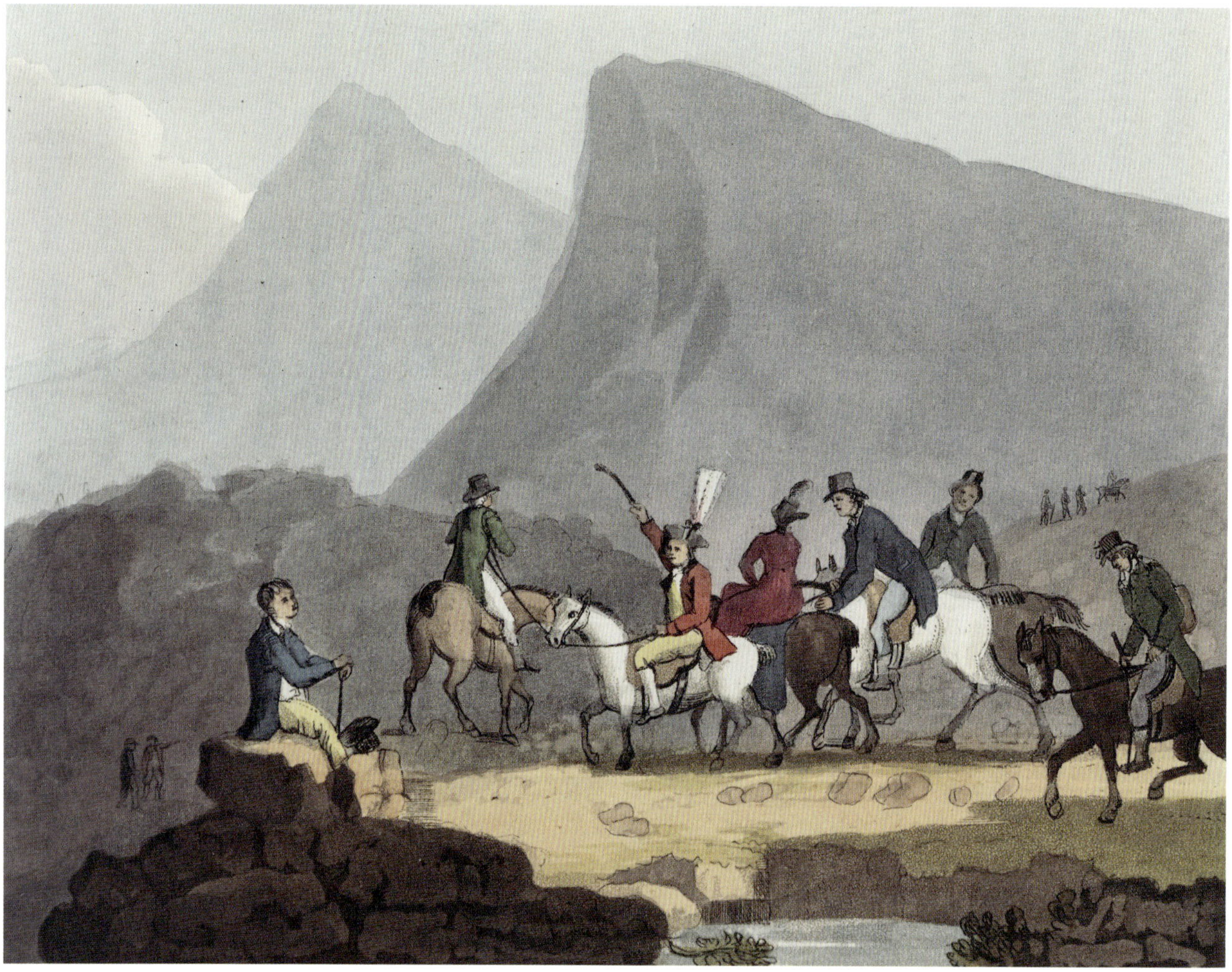

50. Edward Pugh
A Visit to Cader Idris, 1816, acwatint, 10.5 x 13.5 cm, Llyfrgell Genedlaethol Cymru.

Mae'r newidiadau mynych hyn mewn lliw yn rhoi i'r olygfa naws lifeiriol sy'n toddi'r hyn fyddai'n ymddangos yn statig a disymud i artistiaid eraill. I gryfhau'r synnwyr o gyfnewidioldeb, ychwanega Cox effeithiau atmosfferig. Mae cymylau llwyd-wyn yn ymgasglu dros Gau Graig, a daw swmp mwy, is o niwl glas-wyn i guddio godreon rhan ganolog y gadwyn. Uwchben, mae clytiau o gymylau gwyn yn rhuthro ar draws yr awyr las, gan roi'r argraff o ddiwrnod ffres, gwyntog. Crynhodd cofiannydd cynnar Cox, William Hall, ei lwyddiant: 'Pwy sy wedi darlunio'r anialdiroedd diflas, y cenllifoedd creigiog, yr ucheldiroedd porffor, tywyll, dwys o'i Gymru annwyl gyda medr mwy cywrain?' Byddai awduron diweddarach yn honni weithiau bod Cox yn rhagflaenydd i'r Argraffiadwyr, oherwydd ei ddiddordeb mewn dal goleuni a lliw'r eiliad.

Mae *Cader Idris from the Barmouth sands* a *Mountain heights, Cader Idris* ill dau'n cadw pellter rhwng yr artist a'r mynydd. Ond roedd artistiaid wedi hen elwa o fynediad hawdd i'w lethrau a'i gopa. Byddai ymwelwyr yn dringo Cader Idris yn aml, yn rhannol oherwydd bod ganddynt wasanaeth tywyswyr lleol, a allai sicrhau bod eu cwsmeriaid yn cadw'n ddiogel ac ar y llwybr cywir. Un ohonynt oedd Robert neu Robin Edwards, a adwaenid fel yr 'Hen Gadfridog' o Ddolgellau. Honnodd yn 1808 ei fod yn hebrwng ymwelwyr i'r copa dair gwaith yr wythnos, ac yntau'n naw deg mlwydd oed. Mae sgets ohono'n dangos ffigwr tenau, wedi'i wisgo mewn côt fawr, llodrau a het walciog â phluen fawr (Ffig. 49). Adroddodd awdur a ddaeth ar ei draws, William Fordyce Mavor, 'Dyn bach main yw ef, tua phum troedfedd a phedair modfedd o daldra, ac, er ei fod mewn oed mawr, neidiodd a sbonciodd o amgylch yr ystafell fel bachgen ysgol bywiog a sionc.' Roedd yn adnabyddus am ei dymer anwadal a'i duedd i regi.

Gwelir portread o Robert Edwards ymysg y darluniau yn *Cambria Depicta*, taith o amgylch Cymru a ysgrifennwyd gan Edward Pugh o Ruthun ac a gyhoeddwyd ar ôl ei farwolaeth yn 1816 (Ffig. 50). Gellir adnabod Edwards yn hawdd oherwydd ei het fawr, yn eistedd ar ferlyn gwyn yng nghanol grŵp o foneddigion ifanc ac un wraig, a'r oll ar gefn ceffylau, yn dringo llethrau isaf Llwybr Pilin Pwn.

Pan fu farw Edwards yn 1810, cymerodd tywysydd arall, Richard Pugh, ei le. Ac yntau'n ddyn mentrus, cyhoeddodd ei wasanaeth ar hysbysfwrdd yn Nolgellau ac mewn cylchlythyr printiedig, ac ynddo soniodd am fwthyn a godwyd ganddo, fel y gallai ymwelwyr lochesu ar y copa (Ffig. 51). Tua 1830 cyhoeddodd ei fab Robert, a gyflwynai ei hun fel 'R. Pugh, Tywysydd Cyffredinol i Gader Idris', lithograff yn dwyn y teitl *View of Cader Idris* (Ffig. 52). Dangosodd y diagram crwn hwn y panorama oedd i'w weld o 'godiad uchel' 'Brym Gwyn' (Bryn-gwyn ger Dolgellau), gan gynnwys ochr ogleddol Cader Idris.

51. Eliza Rand
(Richard Pugh, mountain guide, and his hut), 1827, graffit ar bapur, 18.5 x 11.2cm, Amgueddfa Cymru.

Artistiaid oedd ymhlith y bobl gyntaf i elwa o dwristiaeth ar fynyddoedd, ac i ddarlunio eu cyd-artistiaid wrth eu gwaith ar Gader Idris. Tua 1813 darluniodd John Shute Duncan, darpar-guradur Amgueddfa'r Ashmolean yn Rhydychen, arlunydd yn gwisgo het ffasiynol wrth weithio ar fraslun, gan sefyll yn beryglus o agos at ochr silff nid nepell o Ben-y-gader (Ffig. 53). Gwelir arlunwraig wrthi'n braslunio ar Gader Idris mewn darlun gan artist dienw sy'n dyddio o 1828 (Ffig. 54). (Ychydig o enwau'r gwragedd oedd yn darlunio ar y mynydd sydd wedi goroesi: eithriad yw enw Sarah Grace Carr, a wnaeth ddau ddarlun o Gader Idris yn ystod ei thaith yng Nghymru yn 1819.) (Ffig. 55)

Wrth sefyll ar ben Cader Idris, roedd gan artistiaid lawer o elfennau i'w tynnu. Yn un peth, byddai cerddwyr eraill, yn naturiol, yn ymgynnull yno. Yn 1821 brasluniodd David Cox gyd-ddringwr ar gopa Pen-y-gader (Ffig. 56). Pwysa'r dyn trwsiadus hwn, gyda'i het uchel a'i ffon gerdded, ar bentwr o greigiau, â'i goesau wedi'u croesi; sylla ei gi i fyny ato, ei dafod wedi'i estyn allan.

Roedd pethau eraill i'w gweld yn uchel ar y mynydd a dynnai sylw artistiaid. Yn gynnar yn y bedwaredd ganrif ar bymtheg dechreuodd y clogwyni syth a'r pinaclau o graig sy'n britho'r llethrau ymddangos mewn brasluniau arlunwyr. Yn 1813 darluniodd John Shute Duncan glogwyn grisiog y Cyfrwy (Ffig. 57). Lawer yn ddiweddarach, cofnododd J.H. Barclay, yn ystod ei daith o fynyddoedd gogledd Cymru ym mis Mehefin 1871, rannau uchaf Craig Cau, y clogwyni serth sy'n hongian dros Lyn Cau, yn dywyll ac yn llwyd dan gysgod haul y prynhawn hwyr (Ffig. 58). Dim ond blynyddoedd yn ddiweddarach y daeth dringo creigiau'n gamp ar lethrau Cader

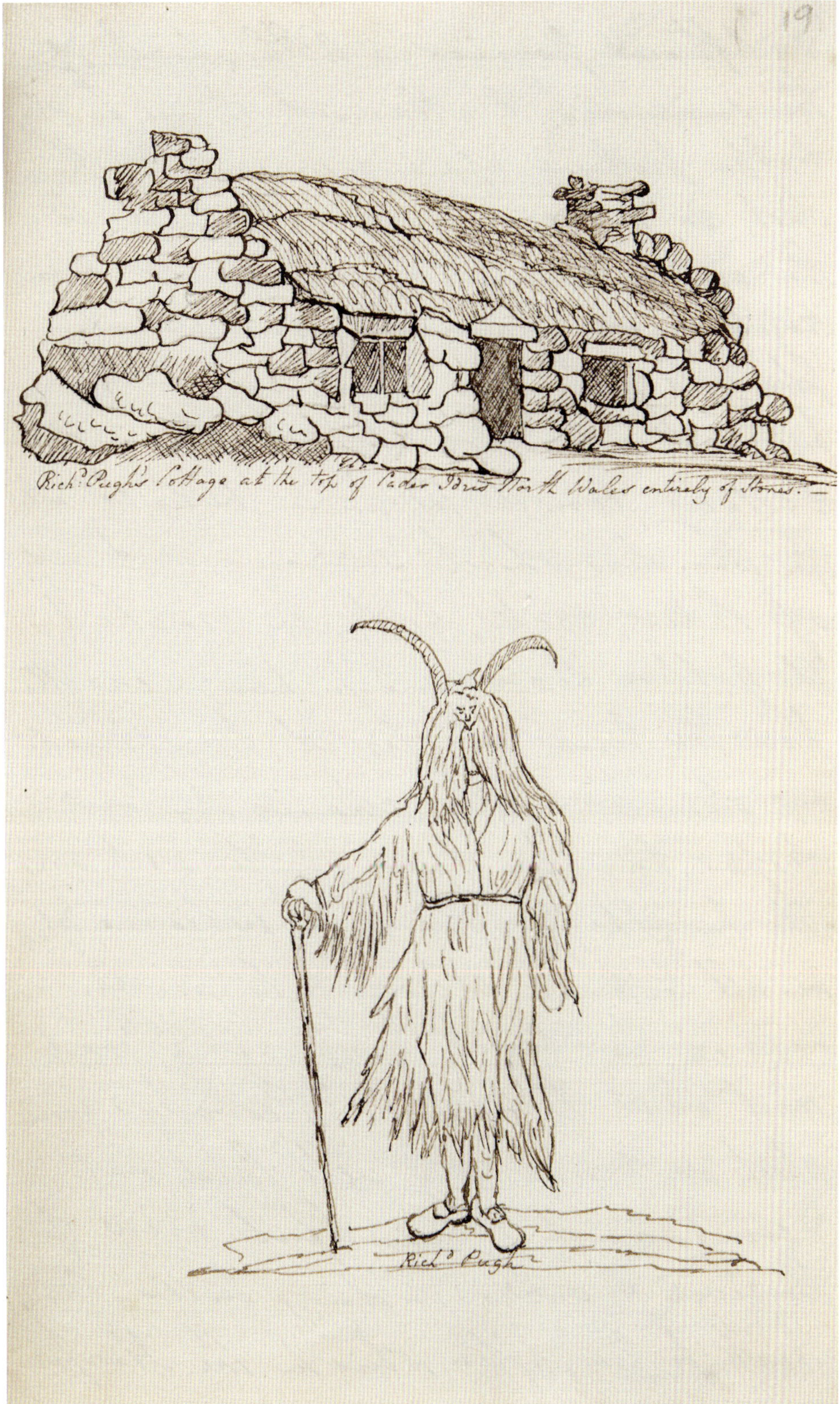
19
Richd Pugh's Cottage at the top of Cader Idris North Wales entirely of Stones.—
Richd Pugh

52. Robert Pugh
View of Cader Idris, c. 1830,
lithograff, 38 x 27.5 cm,
Llyfrgell Genedlaethol Cymru.

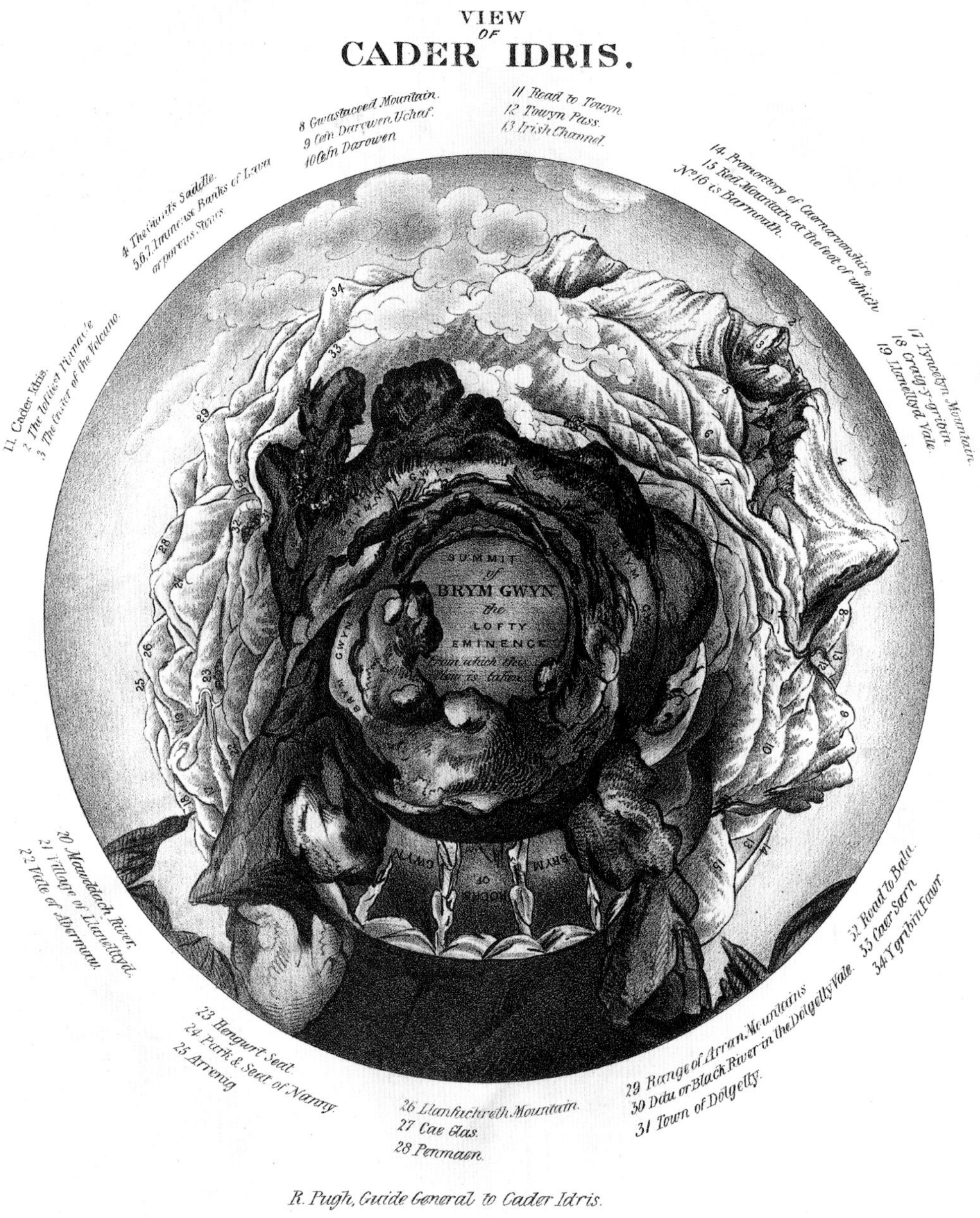

53. John Shute Duncan
View of Cader Idris, 1804-13,
graffit ar bapur, 10.5 x 17.5cm,
Llyfrgell Genedlaethol Cymru.

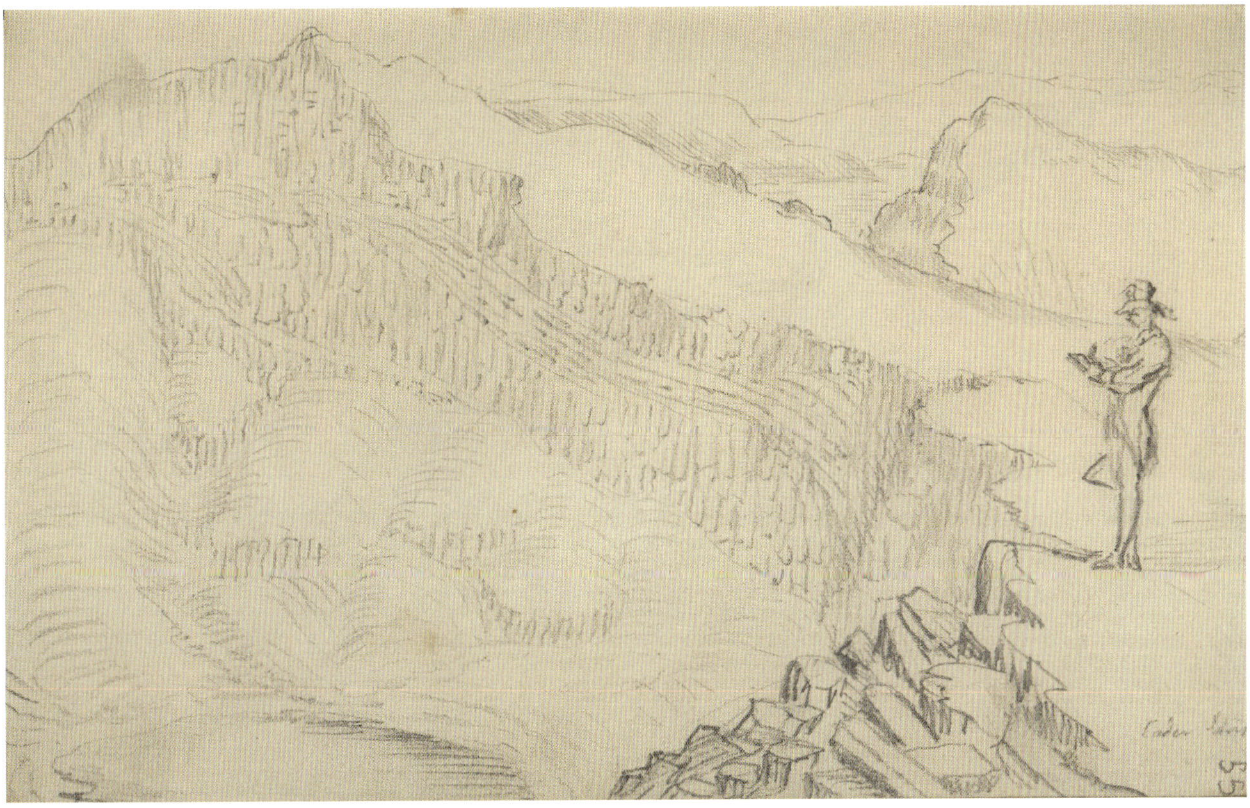

54. Dienw
The Peak of Cader Idris showing a Female Artist at Work, c. 1828, graffit ar bapur, 16.6 x 26.2 cm, Llyfrgell Genedlaethol Cymru.

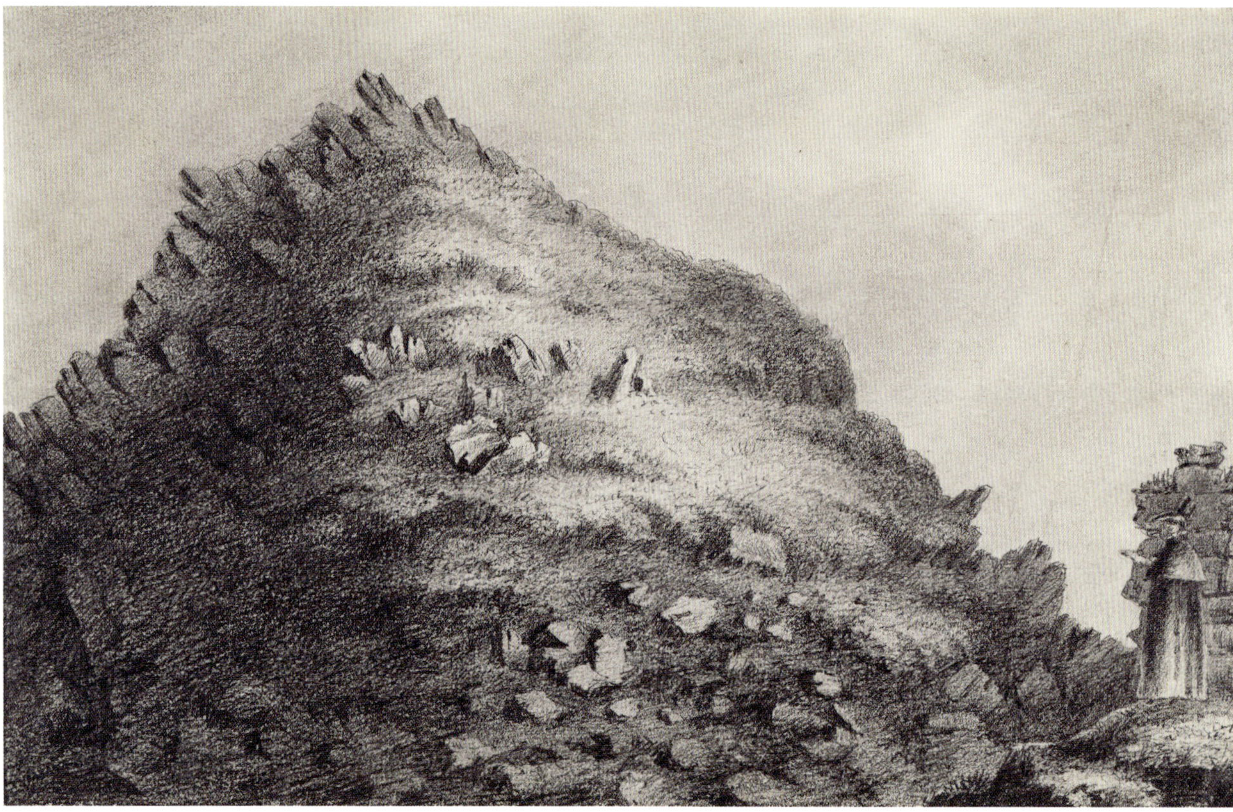

55. Sarah Grace Carr
Cader Idris, 1819, pin ac inc, 37 x 46 cm, Llyfrgell Genedlaethol Cymru.

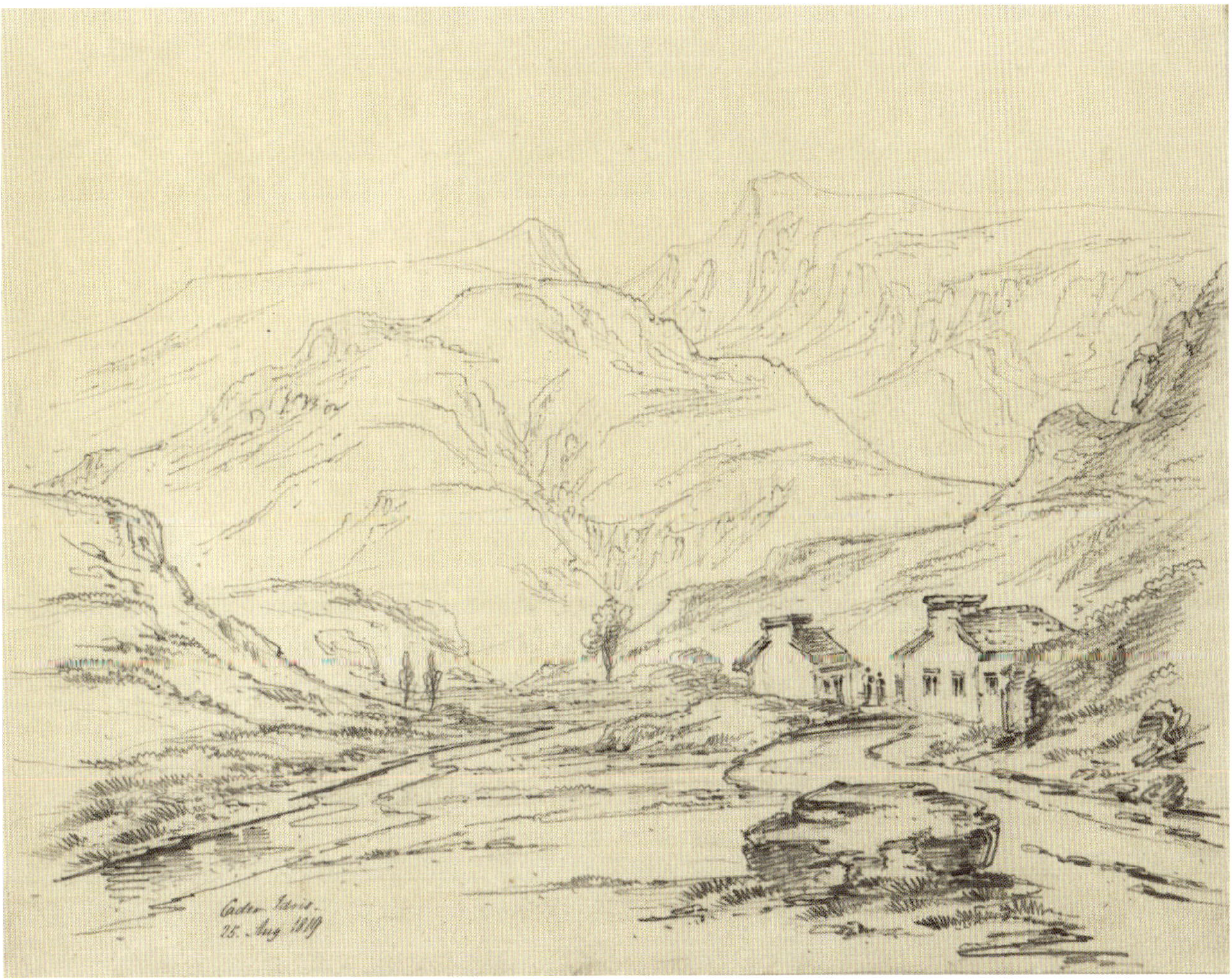

56. David Cox
Summit of Cader Idris, 1821,
graffit ar bapur, 18.8 x 26.3 cm,
British Museum.

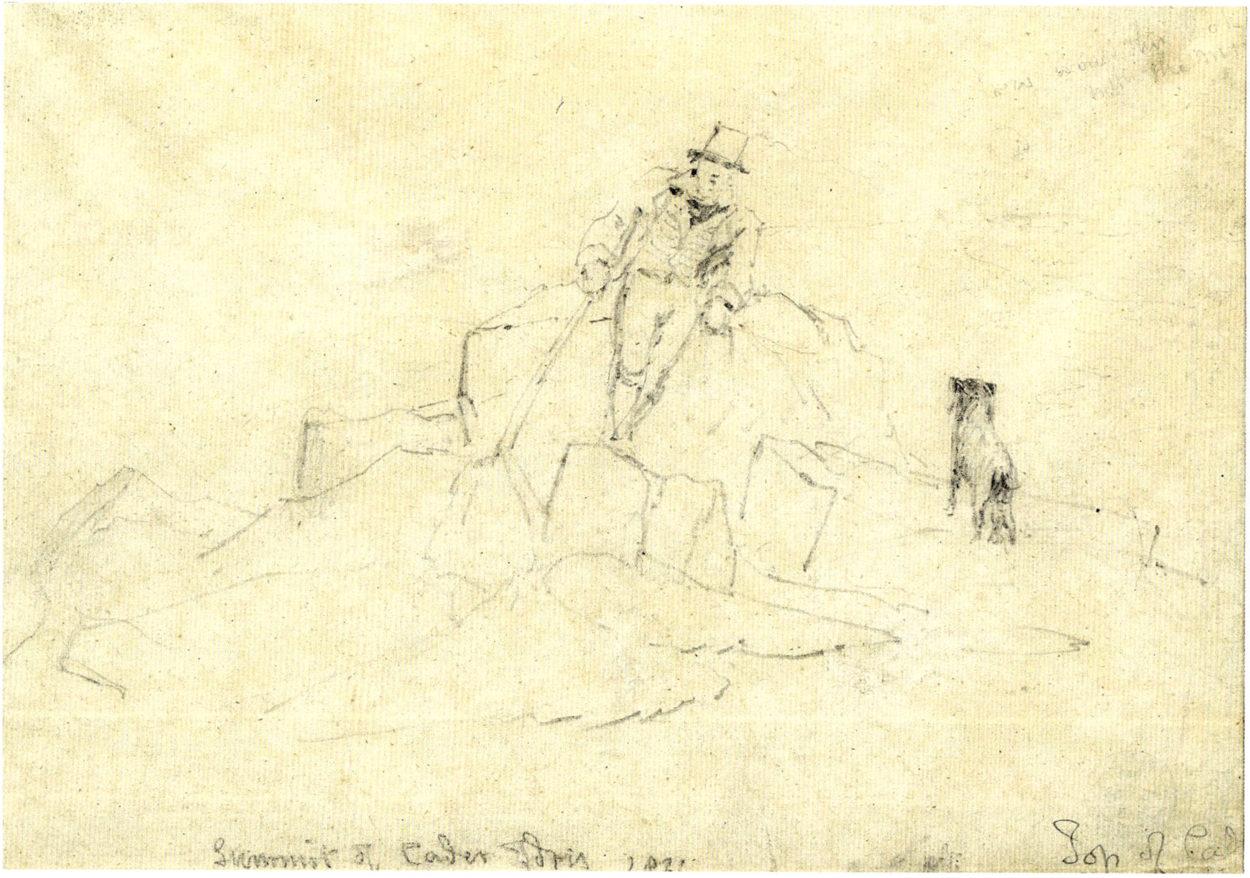

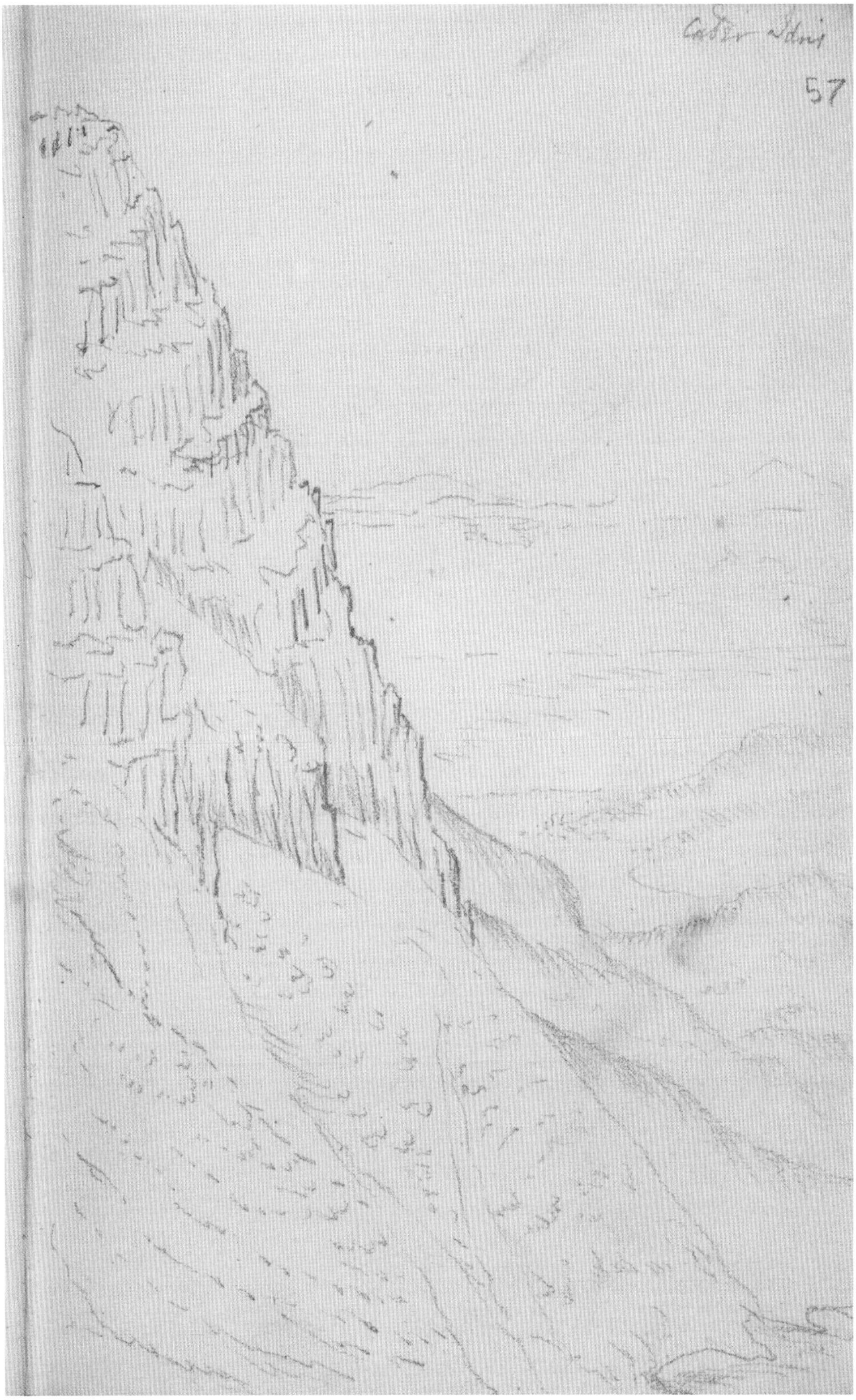

57. John Shute Duncan
Cader Idris,1804-13, graffit ar bapur, 17.5 x 10.5cm, Llyfrgell Genedlaethol Cymru.

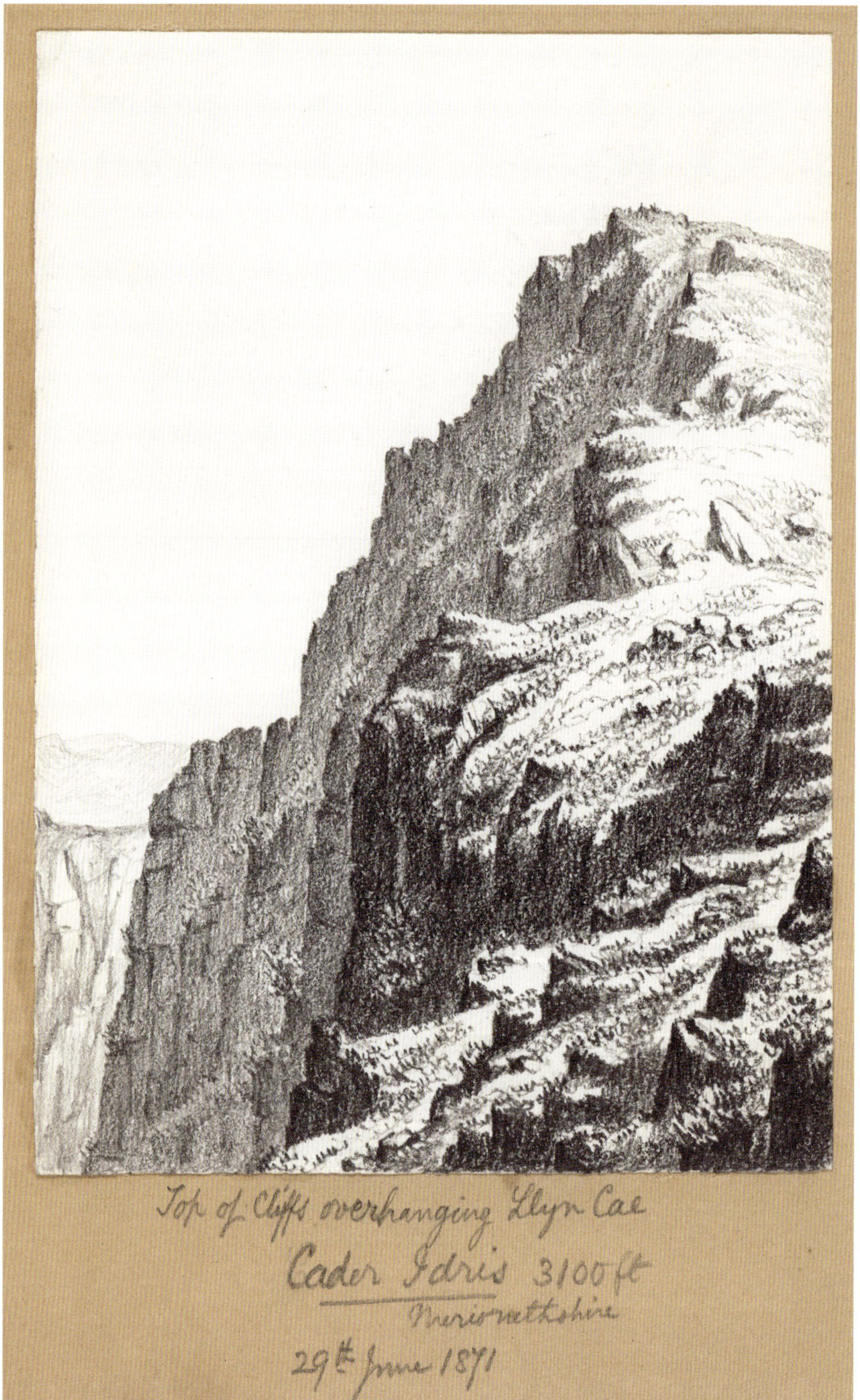
Top of Cliffs overhanging Llyn Cae
Cader Idris 3100 ft
Merionethshire
29th June 1871

58. J.H. Barclay
Cader Idris (Top of cliffs overhanging Llyn Cau), 1871, graffit ar bapur, 17.5 x 12.6 cm, Amgueddfa Cymru.

Idris. Archwiliodd Owen Glynne Jones, dringwr blaenllaw ei ddydd, rigolau Craig Cau. Yn ei ddringfa fawr gyntaf ar y mynydd yn 1888, mentrodd ar lwybr newydd i fyny crib dwyreiniol y Cyfrwy. Cofnodwyd dringfeydd Jones yn aml mewn ffotograffau gan y brodyr George ac Ashley Abraham, a oedd yn ddringwyr medrus eu hunain, yn ogystal â bod yn arloeswyr ym myd ffotograffio dringo creigiau. Ond y panoramâu oedd i'w cael o'r copaon, o leiaf mewn tywydd teg, a oedd yr atyniad mwyaf i arlunwyr ac awduron. Yn 1777 cafodd Joseph Cradock flas mawr ar yr olygfa:

> I must acknowledge my head was too giddy sufficiently to admire the amazing scene that was opening to my view. At length, having gained the summit ... I could with comfort survey the sea, the Carnarvonshire shore, Snowdon without a cloud upon his top, lakes, rivers, rocks, and precipices which were every way spread before me.

Yn 1797 dringodd Richard Warner i'r copa, gan adrodd yn ddiweddarach:

> The afternoon was gloriously fine, and the atmosphere perfectly clear, so that the vast unbounded prospect lay beneath us, unobscured by cloud, vapour or any other interruption to the astonished and delighted eye; which threw its glance over a varied scene, including a circumference of at least five hundred miles.

Yr olygfa fwyaf apelgar oedd yr un o'r copaon canolog i'r gorllewin tuag at aber afon Mawddach a Môr Iwerddon. Dyma'r olygfa a welir mewn dyfrlliw gan artist anhysbys o'r 1790au (Ffig. 60). Yn 1820 rhoddodd Thomas Compton, mewn taith gyhoeddedig o 'fynyddoedd gogleddol Cambria', acwatint o'r un olygfa, dyddiedig 1818 (Ffig. 61). Saif yr artist ar gopa Mynydd Moel, gyda Phen-y-gader, y Cyfrwy a Thyrau Mawr yn y pellter canol a'r môr y tu hwnt. Yn y blaendir gwelir dau ddyn a chi; mae un o'r dynion yn dal ei freichiau ar led mewn dwys fyfyrdod. Tua ugain mlynedd yn ddiweddarach lluniodd William Henry Bartlett ddyfrlliw o olygfa debyg, wedi'i dynnu o lethrau Pen-y-gader ac yn edrych tuag at y Cyfrwy, gyda Llyn y Gader yn gorwedd islaw (Ffig. 62). Yn y blaendir eistedda dyn ar ei ben ei hun, yng nghwmni rhes o ddefaid, yn syllu ar yr olygfa. Er y trochir yr

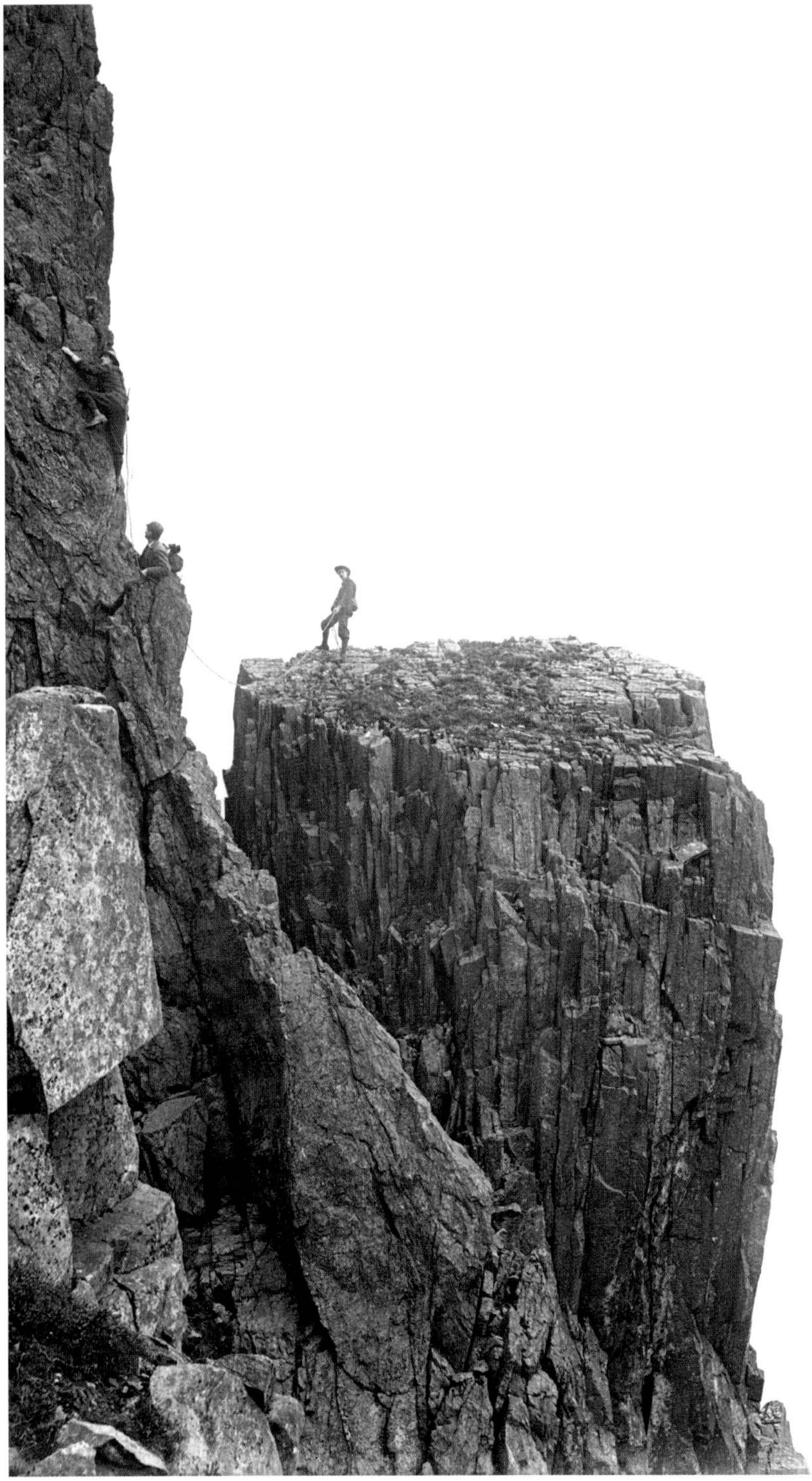

59. George ac Ashley Abraham
Cader Idris: Three Climbers at The Table on Cyfrwy Arete, ffotograff o negatif plât gwydr llawn, 21.6 x 16.5 cm, Fell and Rock Climbing Club.

60. Un o ddilynwyr John 'Warwick' Smith
A Sublime Landscape: the View from the top of Cader Idris with the Mawddach Estuary, Cardigan Bay and the Llyn Peninsula, c. 1790, pin, inc a dyfrlliw ar bapur, 29.2 x 54.6 cm, casgliad preifat.

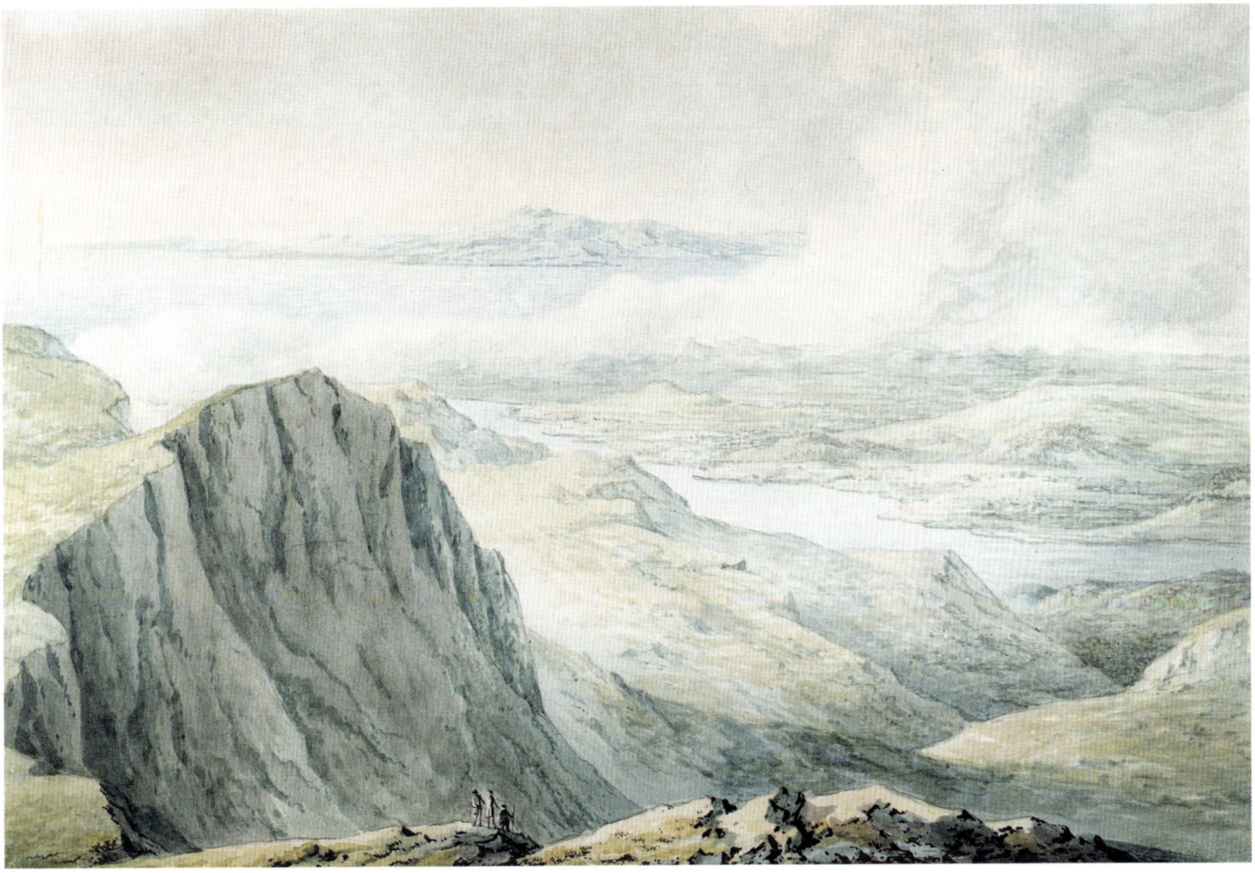

awyr gan dawch tawel o haf, gall weld am filltiroedd lawer, ac mae braich hir Penrhyn Llŷn yn ymestyn i'r gorwel.

Roedd yn well gan artistiaid-ddringwyr eraill ddod at y mynydd o'r de. Yn y gyntaf o'i deithiau yng ngogledd Cymru yn 1802, gwnaeth Tudor Thomas, arlunydd o Drefynwy a chyfaill Joshua Cristall, ddarlun sydyn a dramatig mewn pensel a golchiad o Ben-y-gader a welwyd o Nant Cader (Ffig. 63). Ailymwelodd eraill â gweledigaeth wreiddiol Richard Wilson a'i olygfa o Llyn Cau yn ei bowlen o dan lethrau'r mynydd. Yn ei ddau ddyfrlliw cynnar o Lyn Cau, defnyddiodd Francis Danby, peintiwr Gwyddelig fu'n ymgartrefu ym Mryste, yr un olygfan â Wilson, gan atgynhyrchu'r ysbryd llonydd, Edenaidd o fynydd Wilson (Ffig. 64).

Dehonglodd artist arall o Fryste, Samuel Jackson, oedd yn gyd-weithiwr ac efallai yn ddisgybl i Danby, yr un olygfa mewn ffordd dra gwahanol. Yn 1833 daeth i Gymru ar daith gerdded gyda dau arlunydd arall o Fryste, a dringodd i Lyn Cau. Yno peintiodd ddyfrlliw wedi'i dreiddio nid gan glasuriaeth dawel Wilson a Danby, ond gan ddrama a chyferbyniad emosiynol (Ffig. 65). Mae Jackson yn nesáu'n agosach o lawer at Lyn Cau na Wilson a Danby. Yn y canol lleolir wyneb digyffro'r llyn, wedi'i liwio yn indigo tywyll, gemaidd. Mae haul y prynhawn yn goleuo llethrau isaf Mynydd Moel ac yn amlygu'r creigiau mawr yn y blaendir. Gallai hyn awgrymu golygfa lonydd ac ysbryd tangnefeddus. Ond ar y chwith, cwyd y crib ysgythrog, creigiog tuag at gopa Craig Cau. Islaw, syrthia llethrau serth, tywyll ac enbyd, tuag at lan y dŵr, a disgyn ffrwd wen i lawr o'r cyfrwy rhwng Craig Cau a Phen-y-gader. Rhennir yr awyr hefyd rhwng darn goleuach ar y chwith a thalpiau is, tywyllach o gwmwl i'r gogledd-ddwyrain. Nid oes yr un ffigwr dynol i'w weld, dim ond dau aderyn unig yn hedfan dros Lyn Cau. Fel hyn mae Jackson yn dal unigrwydd diarffordd y mynydd, sydd â'r gallu i ysgogi llawenydd ac arswyd fel ei gilydd.

Arlunwyr eraill a roddodd sylw i effeithiau golau a chysgod yng nghwm Llyn Cau oedd Francis Nicholson a John Parker. Nant Cader dan lifeiriant yw testun llun Nicholson, mewn dyfrlliw a dynnwyd o olygfan lawer is yn y dyffryn (Ffig. 66). Mae Parker, mewn llun wedi'i dynnu o olygfan debyg, yn cyferbynnu'r llethrau heulog o dan y llyn,

61. Thomas Compton
Pen y Cader, 1818, acwatint, 15.5 x 23 cm, Llyfrgell Genedlaethol Cymru.

62. William Henry Bartlett
From the top of Cader Idris, c. 1840, cyfryngau cymysg ar bapur, 21.3 x 32 cm, Amgueddfa Cymru.

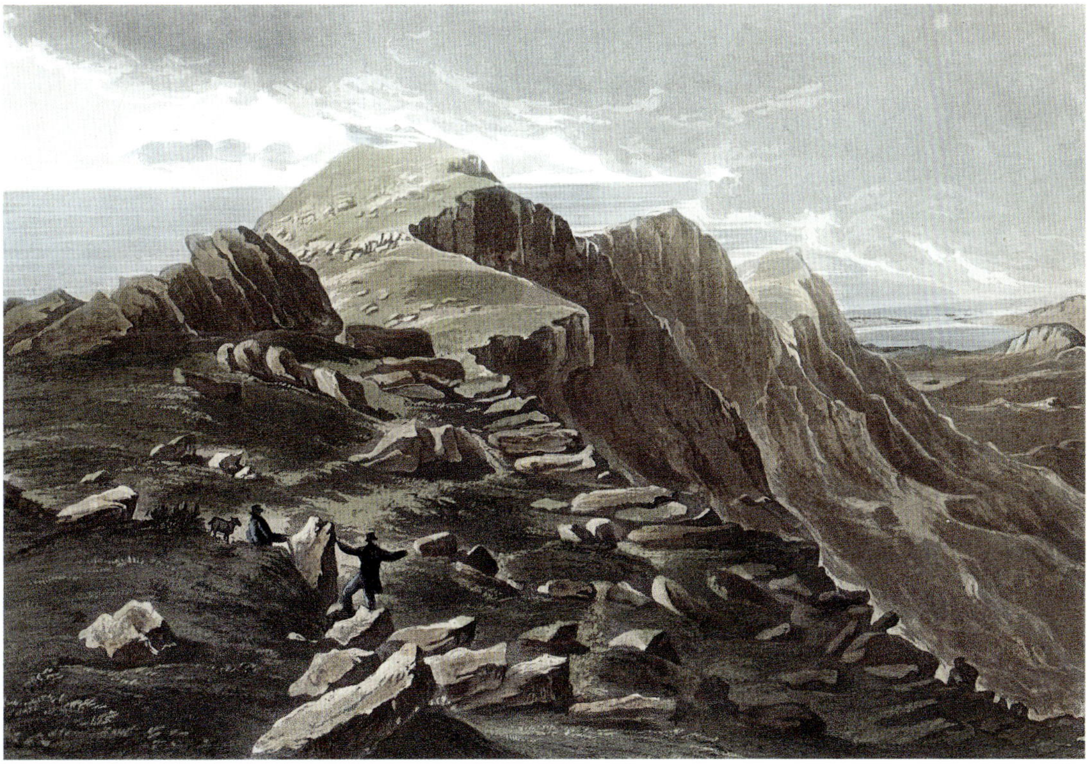

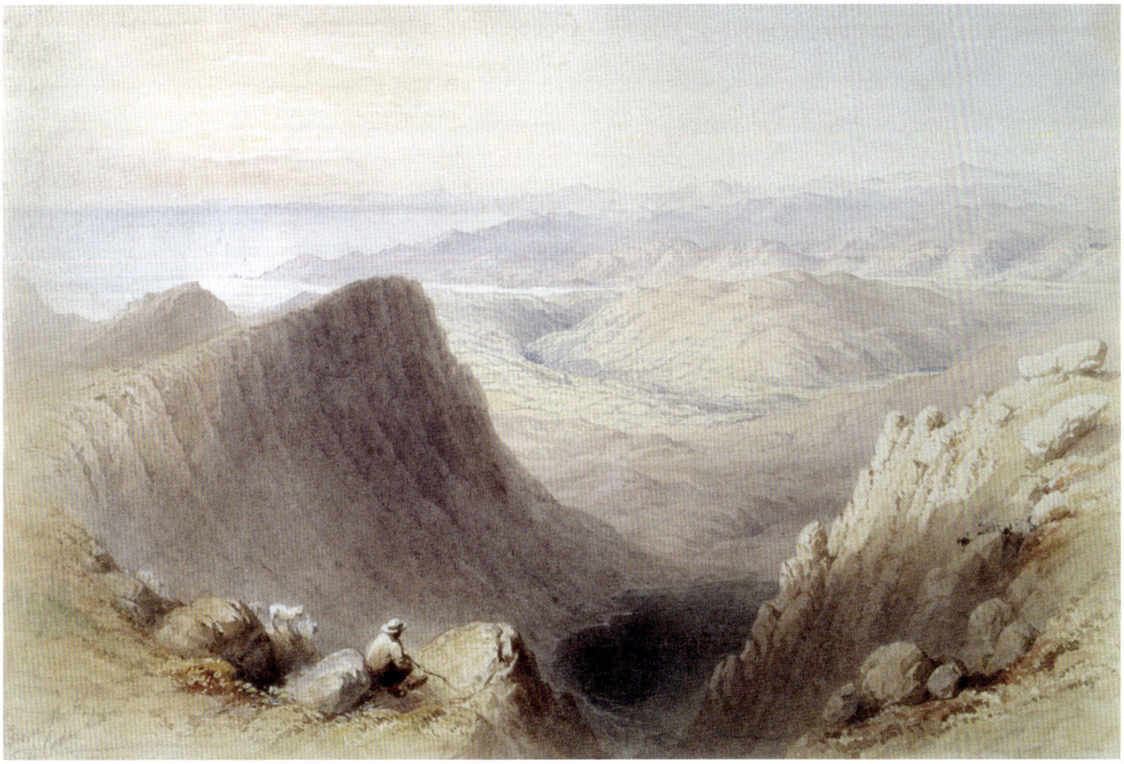

63. Thomas Tudor
Cader Idris, c. 1802, graffit a golchiad ar bapur, 28.5 x 27.5 cm, Llyfrgell Genedlaethol Cymru.

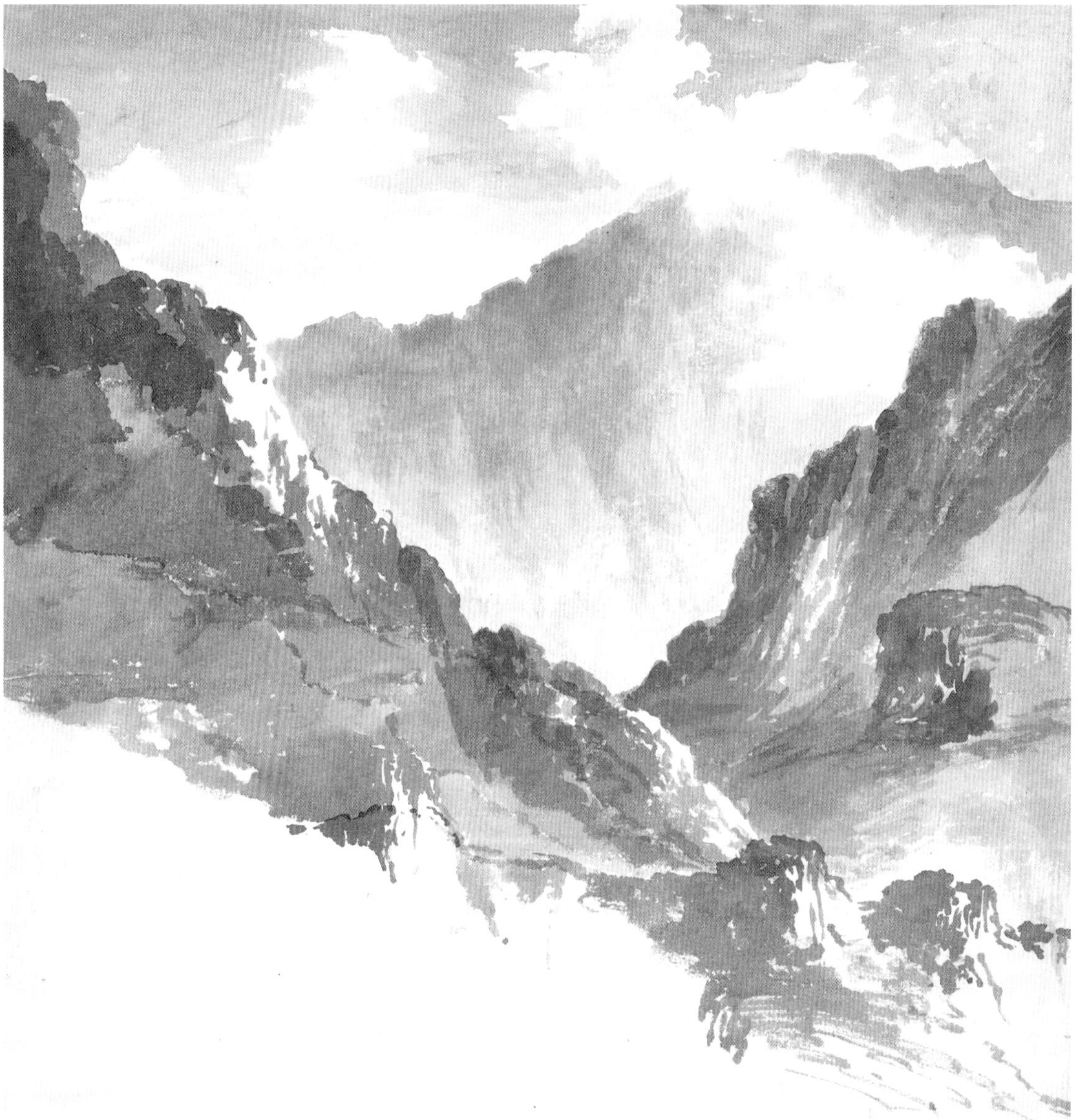

64. Francis Danby
View of Cader Idris, Wales,
c. 1815, graffit, inc a dyfrlliw ar bapur, 30.3 x 47.5 cm, Courtauld Gallery.

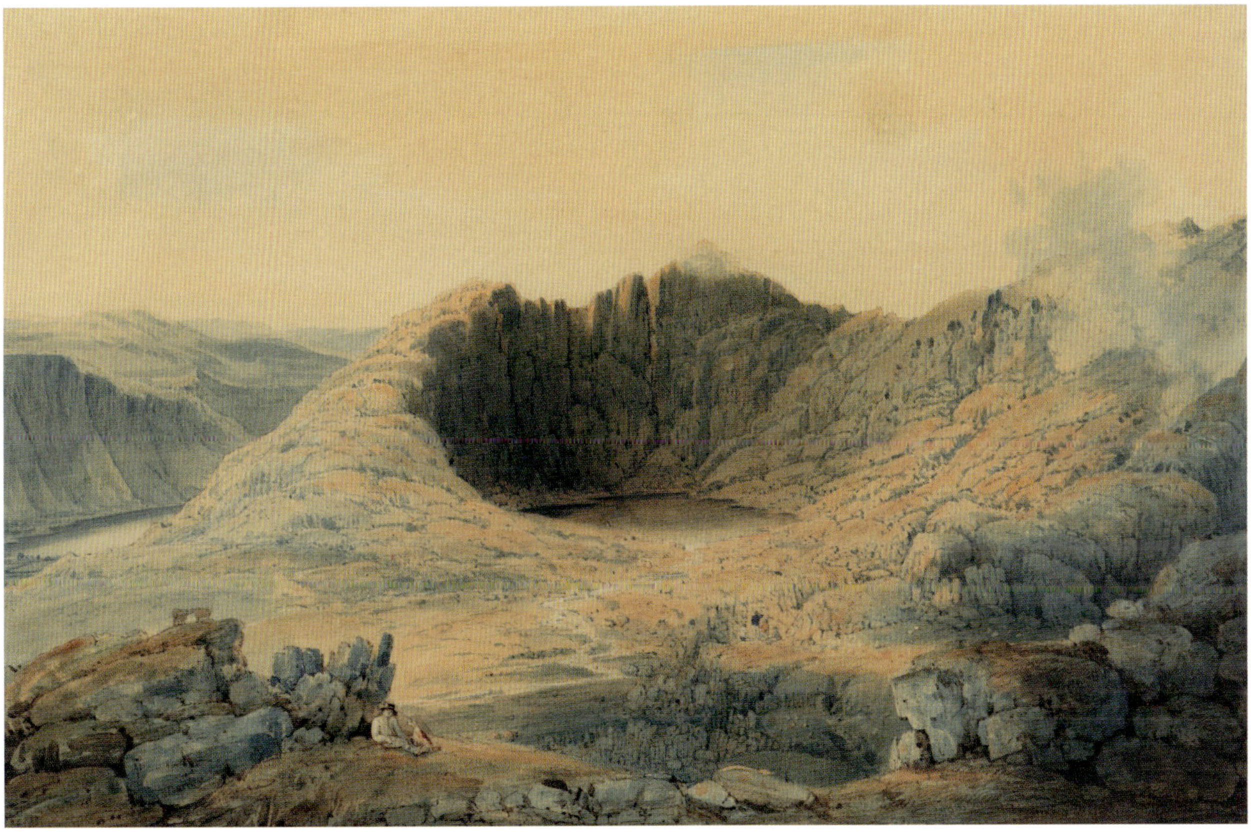

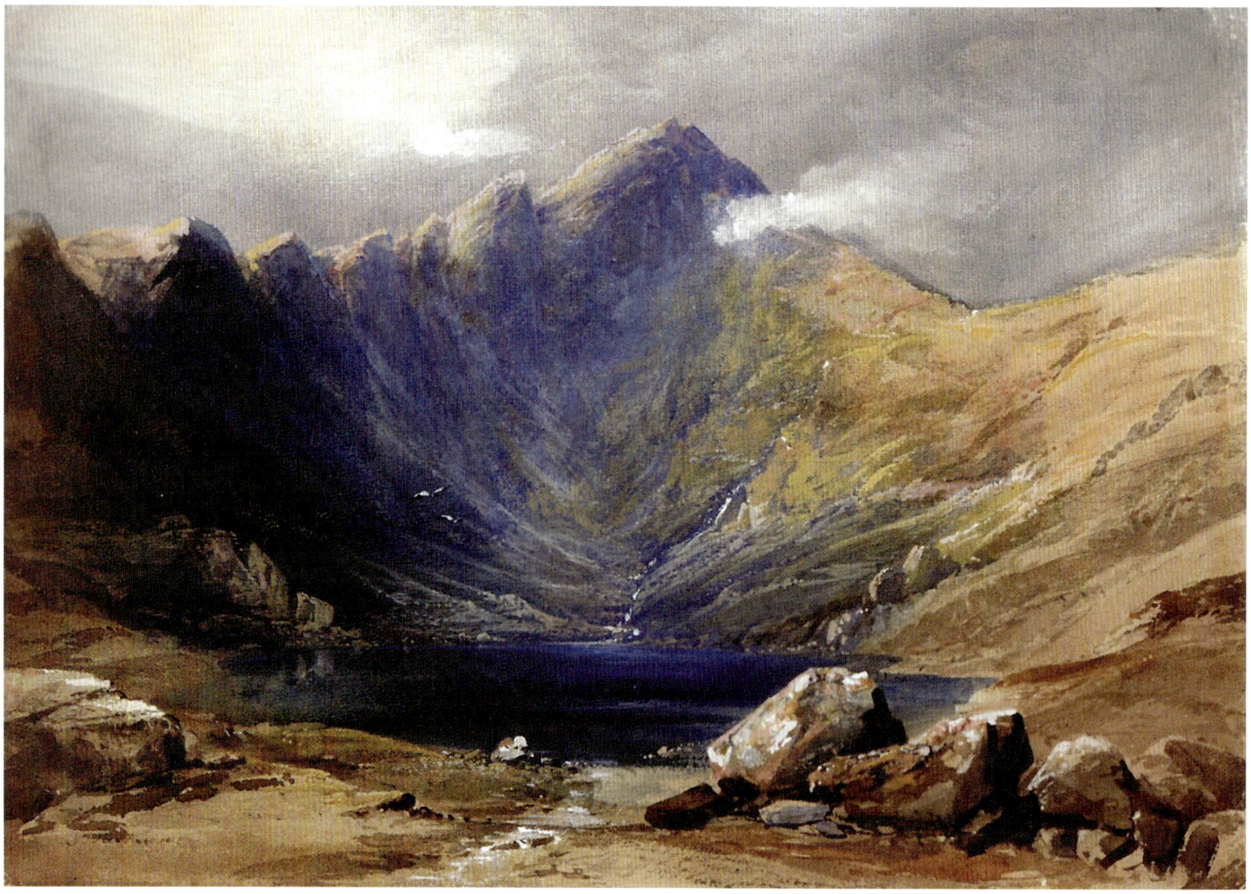

65. Samuel Jackson
Llyn-y-Cau, Cader Idris, c. 1833, dyfrlliw ar bapur, 28 x 39 cm, casgliad preifat.

wedi'u croesi gan waliau cerrig, â thalp digroeso, tywyll Craig Cau (Ffig. 67).

Golygfan bosibl arall ar gyfer edrych ar Gader Idris oedd o'r awyr. Ni fyddai'n bosibl tynnu lluniau gan ddefnyddio awyrennau a dronau am ganrif arall a mwy, ond arbenigai un grŵp o artistiaid ar edrych ar y mynydd fel petaent uwch ei ben – y mapwyr. Pan drodd yr Arolwg Ordnans ei sylw at fapio gogledd Cymru, datblygodd y mapiwr Robert Dawson a'i fab Robert Kearsley Dawson ddulliau arloesol o gynrychioli ar bapur gymhlethdodau tri-dimensiynol y mynyddoedd.

Yn 1816 wynebodd Robert Dawson yr her o ddelweddu Cader Idris a'i bro (Ffig. 68). Dewisodd ddangos siapiau'r mynydd a'r newidiadau yn ei uchder, nid trwy ddefnyddio cyfuchliniau (*contour lines*), sef arfer yr Arolwg Ordnans yn ddiweddarach yn y ganrif, ond trwy dynnu *hachures*, llinellau wedi'u gosod yn fertigol i'r amlinellau. Mae'n awgrymu siâp ceseiliau'r bryniau a'r llethrau serth trwy raddliwio cywrain, gan gadw'r papur yn wyn ar gyfer tir llai serth. Y canlyniad yw darlun sydd cystal ag unrhyw un a wnaed o Gader Idris gan artistiaid confensiynol o'r cyfnod, a delwedd fyw o dirwedd sydd bron yn gofyn am gael ei deall gan y bysedd yn ogystal â'r llygaid. Mae gwaith Dawson mor fanwl gywir a thri-dimensiynol fel ei fod yn debyg i ddarlun anatomegol manwl – efallai, yn yr achos hwn, llun o benglog anifail.

Erbyn diwedd y bedwaredd ganrif ar bymtheg gwyddai arlunwyr y byddai eu golygfeydd treuliedig o Gader Idris yn gwerthu'n dda i gwsmeriaid nad oedd ganddynt fwriad i roi troed ar y mynydd, ond a oedd am gael blas ar y wefr o brofi ei beryglon. Yn 1895 cyhoeddodd y nofelydd poblogaidd R.D. Blackmore ei stori fer annaearol 'George Bowring: a tale of Cader Idris'. Ynddi, gosoda'r artist sy'n adrodd y stori ei îsl ar y llethrau isaf:

> Rock piled on rock, and shingle cast in naked waste disdainfully, and slippery channels scooped by torrents of tempestuous waters, forbade one to desire at all to have anything more to do with them – except, of course, to get them painted at a proper distance, so that they might hang at last in the dining rooms of London, to give people appetite with a sense of hungry breezes, and to make them comfortable with the sight of danger.

66. Francis Nicholson
Cader Idris, North Wales, heb ddyddiad, dyfrlliw, graffit a *gouache* gwyn gyda phin ac inc brown ar bapur, 14.6 x 21 cm, Yale Center for British Art.

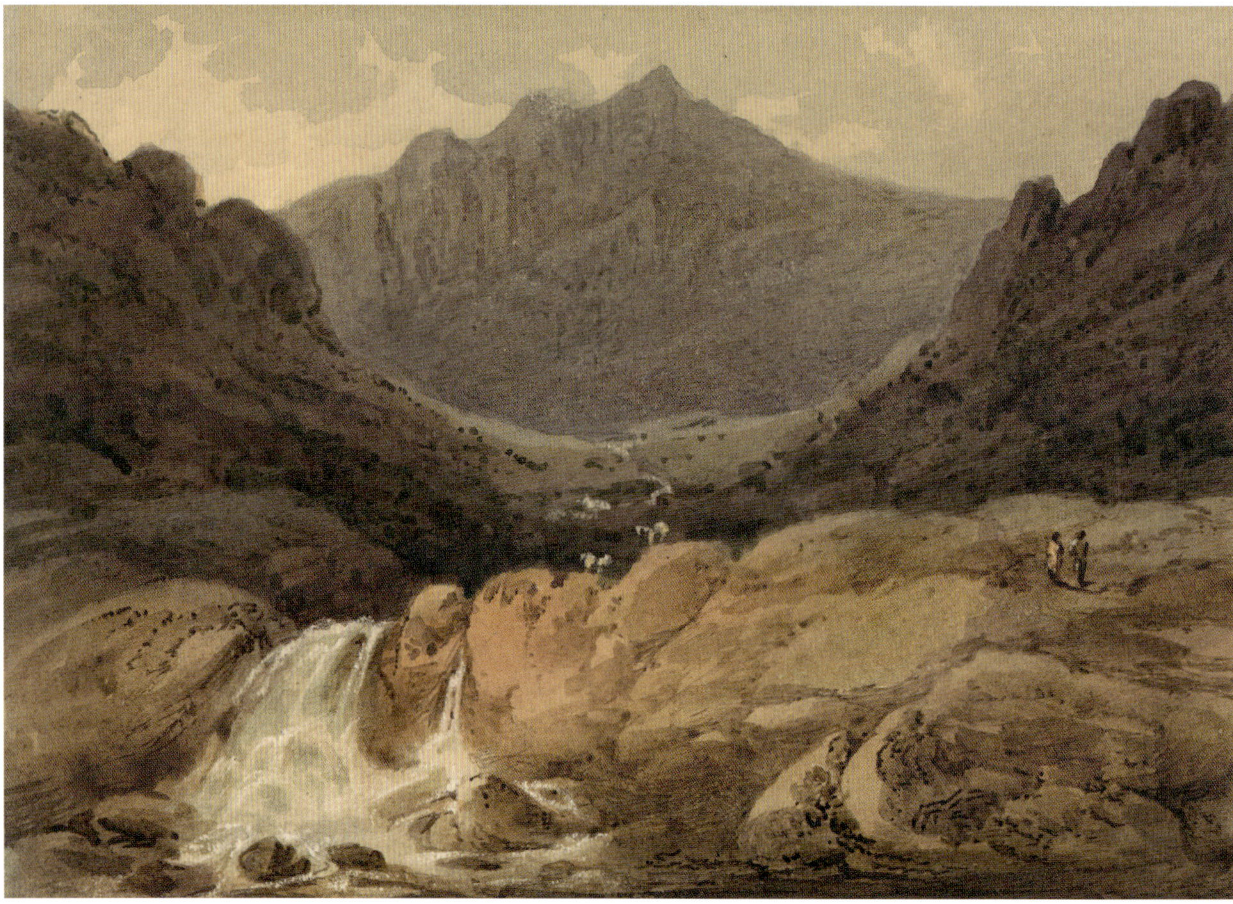

67. John Parker
The Precipice of Craig y Cae on Cader Idris, 1840, dyfrlliw ar bapur, 12.5 x 17 cm, Llyfrgell Genedlaethol Cymru.

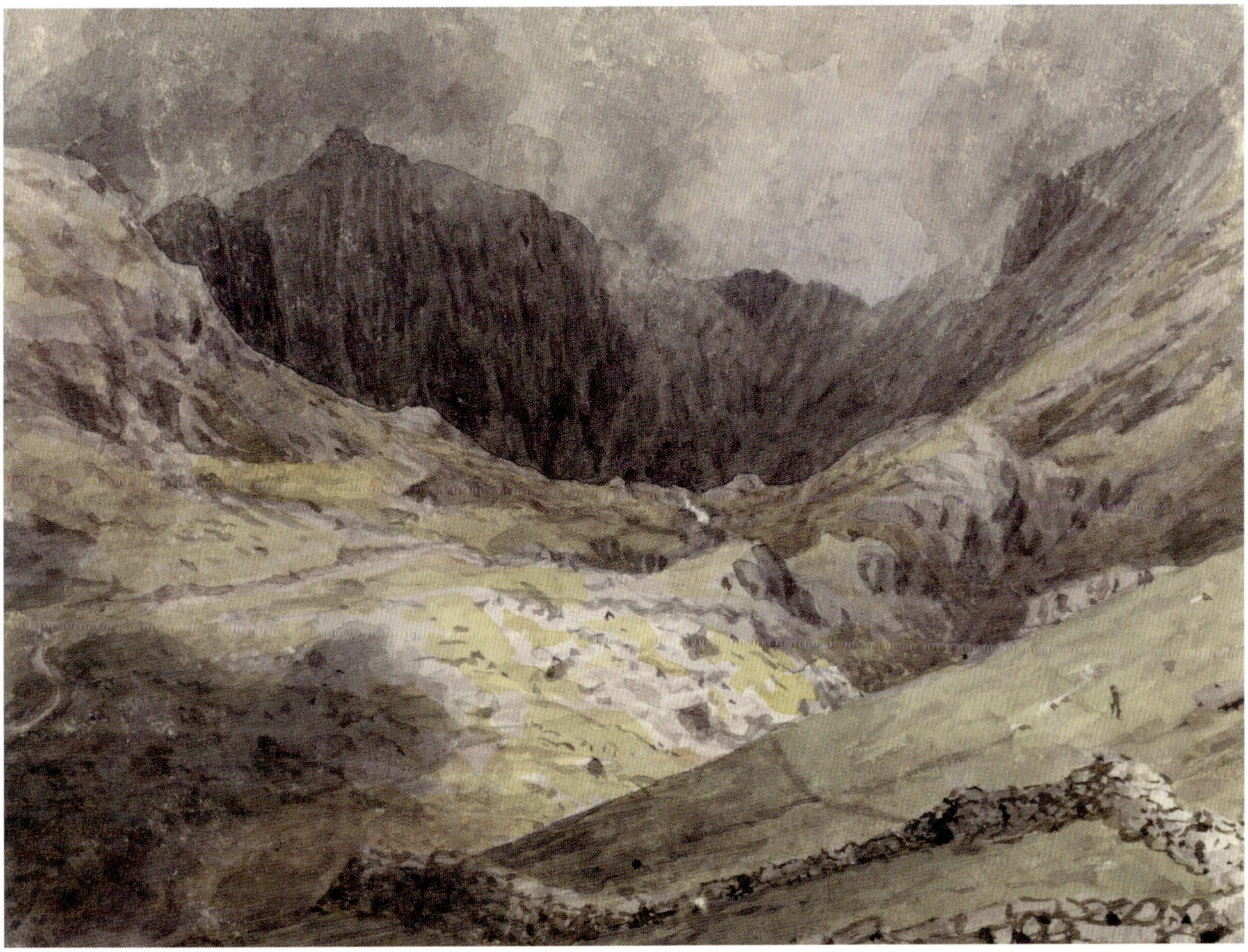

Bron i gant a hanner o flynyddoedd ar ôl i Edmund Burke gyflwyno ei ddamcaniaeth o'r 'Aruchel', teimlid ei heffeithiau o hyd.

Beth oedd effaith y lluniau cynnar o Gader Idris ar y rhai wnaeth eu gweld? Ychydig o waith a arddangoswyd gan yr artistiaid a ddilynodd Richard Wilson, ac yn gyffredinol ni chafodd eu golygfeydd anffurfiol o'r mynydd fawr o sylw. Nid oedd diddordeb gan Cornelius Varley mewn datblygu ei frasluniau'n beintiadau i'w harddangos, ac mae'r un peth yn wir am Turner. Ychydig o bobl a dynnodd sylw i luniau Cotman yn y cyfnod pan oedd yn eu peintio.

Ond arddangoswyd lluniau gan Copley Fielding a David Cox yn Llundain, a mwy o luniau gan eu holynwyr; dangoswyd saith ar hugain o weithiau yn dwyn y teitl 'Cader Idris' yn yr Academi Frenhinol yn y bedwaredd ganrif ar hugain, a gwelwyd un ar bymtheg yn y Sefydliad Prydeinig. Mae'n anodd pwyso a mesur a oedd arlunwyr neu ysgrifenwyr yn gyfrifol am amlygrwydd cynyddol y mynydd, ond o'r 1830au mae tystiolaeth bod rhagor o ymwelwyr yn ei ddringo. Yn ei hysbyseb o 1833 honnodd y tywysydd Richard Pugh iddo 'wella'r ffordd i fyny'r mynydd [Llwybr Pilin Pwn], er mwyn i foneddigesau a boneddigion gael mynd i'r copa ar gefn ceffyl, yn hawdd ac yn ddiogel iawn, na ellir ei wneud ar ochr arall y mynydd [Llwybr Minffordd] heb berygl mawr.'

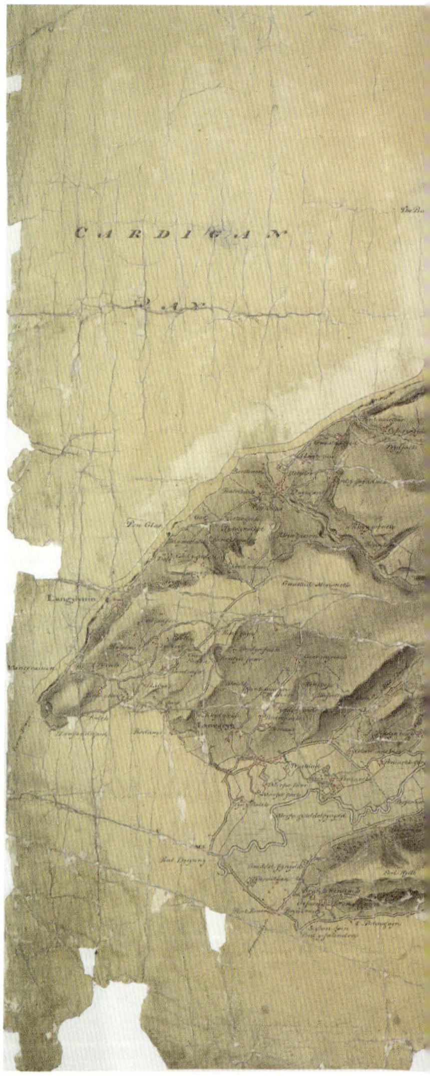

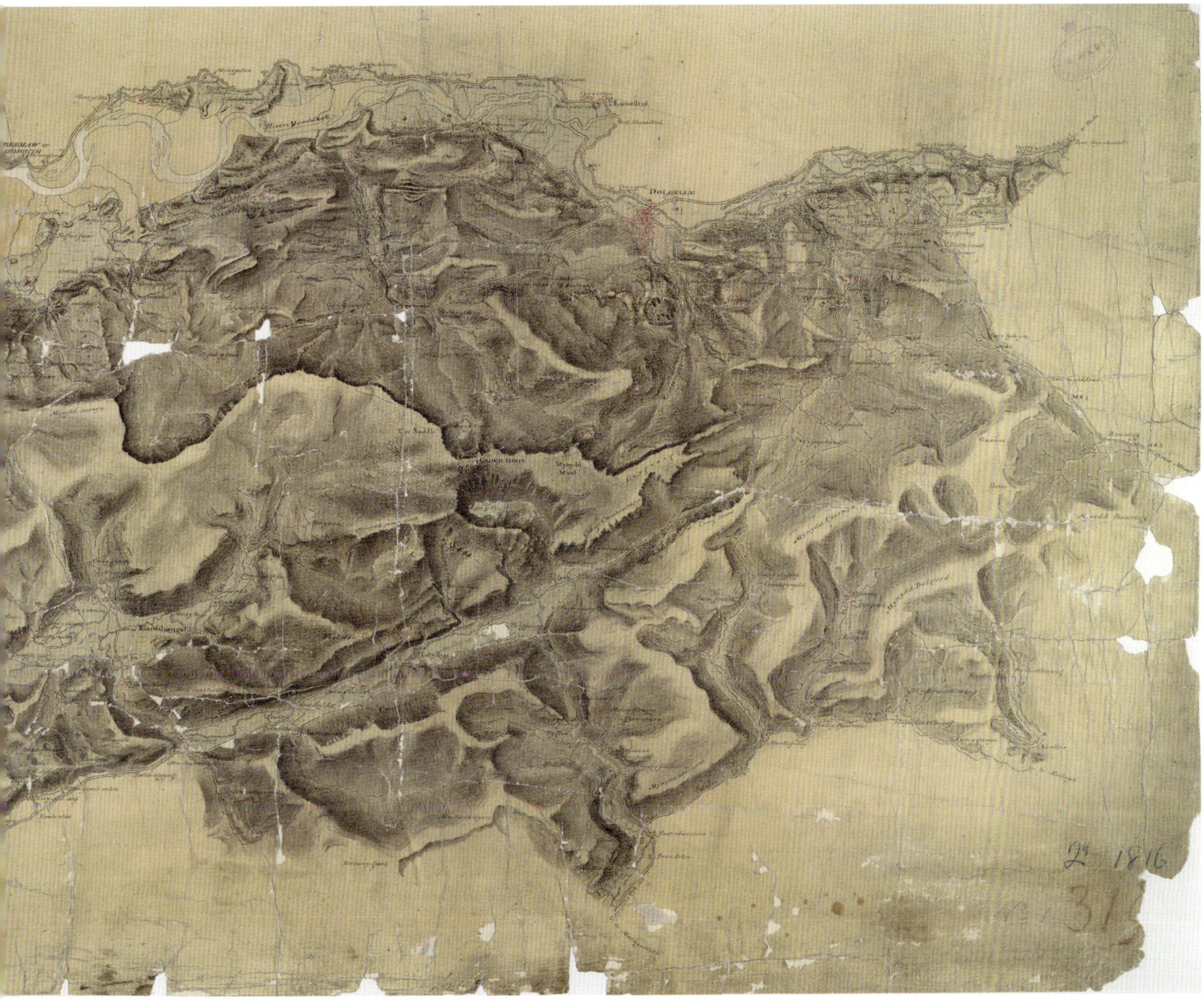

68. Robert Dawson
Map yr Arolwg Ordnans o Gader Idris, 1816, darlun wedi'i liwio â llaw ar bapur, 58 x 100 cm, British Library.

PENNOD 5

'Thrilled by nature in her wilder moods': Christopher Williams

69. Christopher Williams
Cader Idris, c. 1913, olew ar fwrdd, 28.5 x 38.5 cm, Llyfrgell Genedlaethol Cymru.

Ychydig cyn y Rhyfel Byd Cyntaf tynnodd Cader Idris sylw artist a edrychodd ar y mynydd â llygaid ffres. Nid chwyldroadwr mohono, ond roedd yn un a allai adael yr hen draddodiadau Fictoraidd o lunio mynyddoedd y tu ôl iddo. Dros gyfnod o bum mlynedd gwnaeth gyfres o bortreadau rhydd ac anffurfiol o'r mynydd a adlewyrchai tueddiadau newydd mewn arlunio.

Ganed Christopher Williams ym Maesteg yn 1873. Dymunai ei dad iddo fod yn feddyg, ond roedd y mab yn benderfynol o fod yn artist. Enillodd ysgoloriaeth i Goleg Brenhinol Celf, ac yna aeth yn ei flaen i Ysgolion yr Academi Frenhinol. Paratôdd yr addysg hir, draddodiadol hon ef i gynhyrchu portreadau ffurfiol, y ffordd arferol o ennill ei fara menyn, ynghyd â lluniau'n seiliedig ar y Beibl, hanes a mytholeg.

Dau bwnc oedd o bwys mawr i Williams yn ei fywyd a'i gelf: Cymru a sosialaeth. Er ei fod yn byw yn Llundain, bu Cymru yn agos at ei galon drwy gydol ei oes. Ac yntau'n artist hunanymwybodol Gymreig, hyrwyddodd gelf yng Nghymru, yn arbennig trwy gyfrwng yr Eisteddfod Genedlaethol. O dan ddylanwad G.F. Watts treuliai flynyddoedd yn creu lluniau alegorïaidd uchelgeisiol ac iddynt bynciau Cymreig, wedi'u tynnu o'r Mabinogi a hanes canoloesol. Roedd yn aelod o Gymdeithas y Ffabiaid, a chredai'n gryf y dylai celf fod yn eiddo i bawb. Gofidiai fod gan artistiaid ifainc ychydig o gyfleoedd i ddysgu eu crefft ac arddangos eu gwaith yng Nghymru, ac yr oedd yn hael wrth roi ei weithiau ei hun i gasgliadau cyhoeddus. At hynny, gwrthwynebai ryfel yn danbaid, ac yn 1916-17 peintiodd un o'r condemniadau ffyrnicaf o'i greulondeb a'i ddioddefaint yn ei lun *The Welsh Division at Mametz Wood*.

Ond roedd ochr arall i gelf Williams. Trwy gydol ei oes bu'n braslunio a pheintio gweithiau eraill, yn arbennig tirluniau, nad oedd erioed yn bwriadu eu dangos yn gyhoeddus. Ar ôl priodi Emily Appleyard yn 1904, treuliodd y ddau eu mis mêl yn yr Eidal, a mynd ar wyliau'n ddiweddarach i Sbaen a Moroco. Ymdreiddiai lliwiau llachar, dwys, de Ewrop trwy ei luniau. Byddai'r teulu yn arfer cael eu gwyliau ar

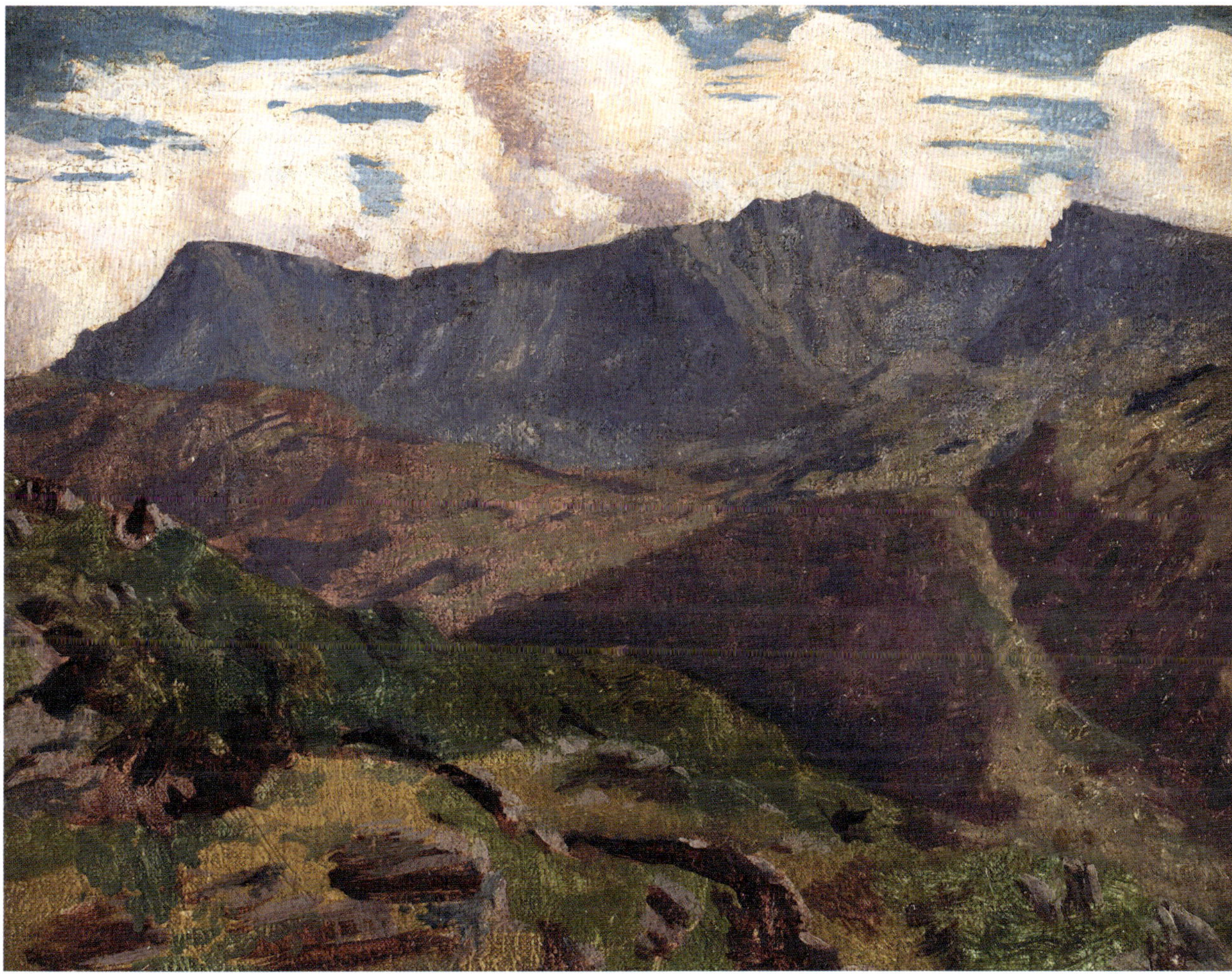

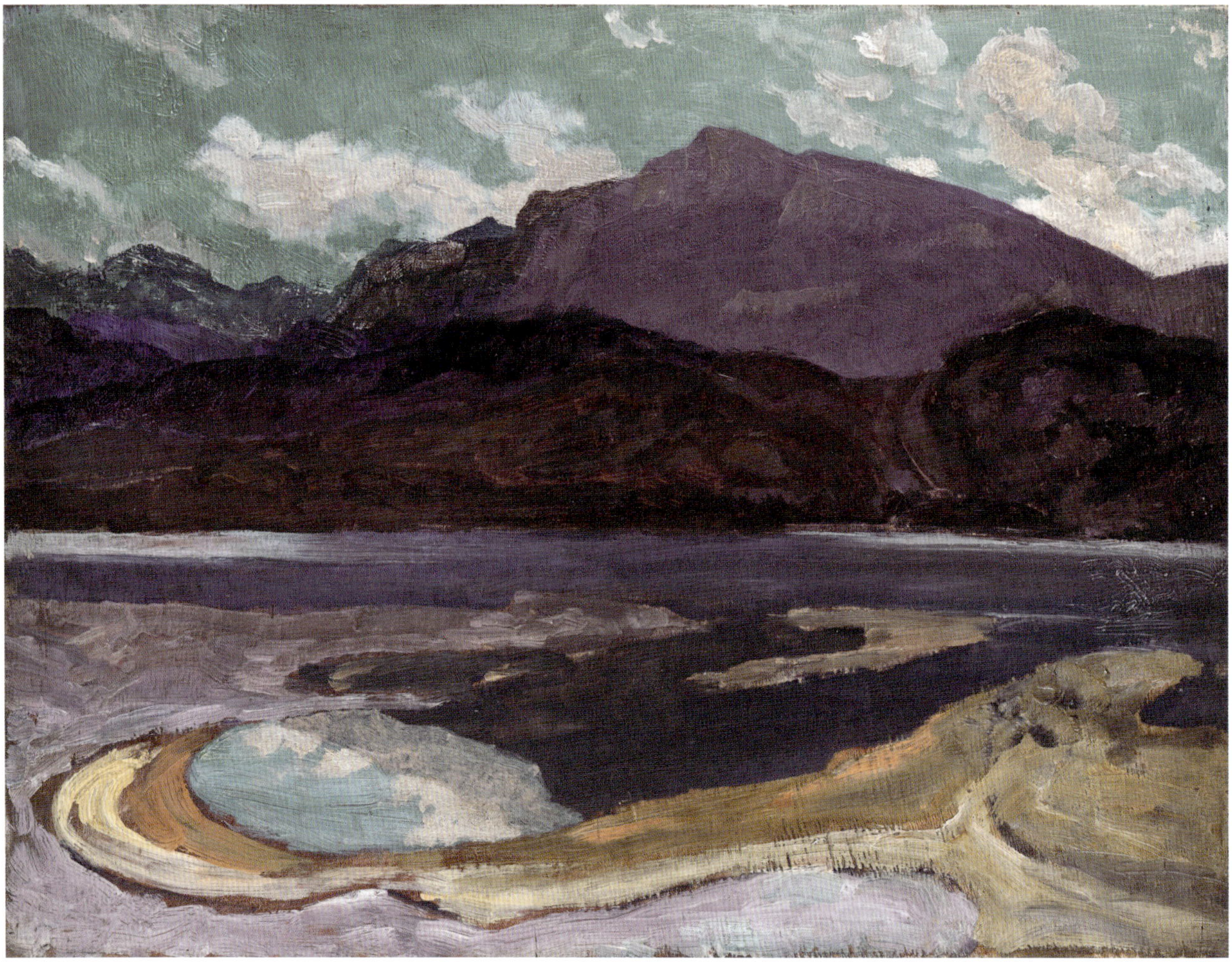

70. Christopher Williams
Tyrau Mawr, c. 1913, olew ar fwrdd, 46 x 61 cm, Llyfrgell Genedlaethol Cymru .

arfordir gorllewin a gogledd Cymru, ac yn 1913 arhoson nhw yn Abermaw, gan ddod yn ôl yn yr hafau dilynol, pan oedd y cyfandir ar gau iddynt oherwydd y rhyfel. Yma peintiai Williams frasluniau olew rhydd, telynegol o Emily a'u meibion, Gwyn ac Ivor, ar lan y môr. Er ei fod yn ddifater ynghylch Fauvism a moderniaeth Ewropeaidd, gallai Williams groesawu tueddiadau newydd mewn peintio os oeddent yn cael eu cyfleu trwy waith artistiaid Prydeinig yr oedd yn eu hedmygu, ac yr oedd y lliwiau a ddefnyddiai Williams yn y lluniau hyn yn drawiadol glaer a beiddgar.

Gan gychwyn o Abermaw, gallai Williams gyrraedd golygfannau uwchben afon Mawddach yn hawdd, a chraffu oddi yno ar wyneb gogleddol Cader Idris. Datblygodd ddiddordeb mawr yn llunio'r mynydd, oedd bron yn obsesiwn ganddo, o weld y nifer o frasluniau olew a wnaeth ohono. Cofiai Ivor Williams sut y deuai ei dad â swp o gynfasau gydag ef ar wyliau: 'Trwy weithio'n gyflym, byddai'n gorffen braslun 16" x 12" mewn un sesiwn o ddwy awr neu ddwy awr a hanner, gan gwblhau tri braslun mewn un diwrnod. Yn anaml y byddai'n mynd yn ôl at fraslun am yr eildro. Roedd yr argraff gyntaf o olygfa yn bopeth iddo, a theimlai ar goll o fynd yn ôl am yr ail waith.'

Un o olygfeydd cynharaf Williams, a beintiodd mewn olew ar fwrdd, yw *Cader Idris* (Llyfrgell Genedlaethol Cymru). Dangosa rannau dwyreiniol y gadwyn, efallai o lethrau Pared-y-cefn-hir (Ffig. 69). Rhennir y llun yn bedair ardal: y blaendir creigiog â gwellt glas; y bryniau tu hwnt, wedi'u lliwio â phinc a phorffor; y talp tywyllach, glas o Gader Idris dan gysgod; ac uwchben, clytwaith o gymylau brith a'r awyr hafaidd, ddisglair. Mae gwaith brwsh Williams yn rhydd ac yn ffres, a'i liwiau'n torri'n rhydd o draddodiadau naturiolaidd. Adleisia ei dirluniau, mewn modd ysgafnach, y gweledigaethau arloesol o fynydd arall yng ngogledd Cymru, Arenig, a beintiwyd gan Augustus John, J.D. Innes a Derwent Lees rhwng 1911 a 1913.

Defnyddiodd Williams gyfansoddiad tebyg yn *Tyrau Mawr*, astudiaeth fwy ei maint mewn lliwiau glas, a beintiodd ar fwrdd (Ffig. 70). Dangosa hwn y pen gorllewinol o'r wyneb gogleddol, ac mae afon Mawddach, sydd erbyn hyn yn aber â thraethellau, yn llenwi bron hanner o ofod y llun. Mewn llun mwy fyth, y tro yma ar gynfas, *Mountain landscape over a lake with trees in the foreground*, gwelir

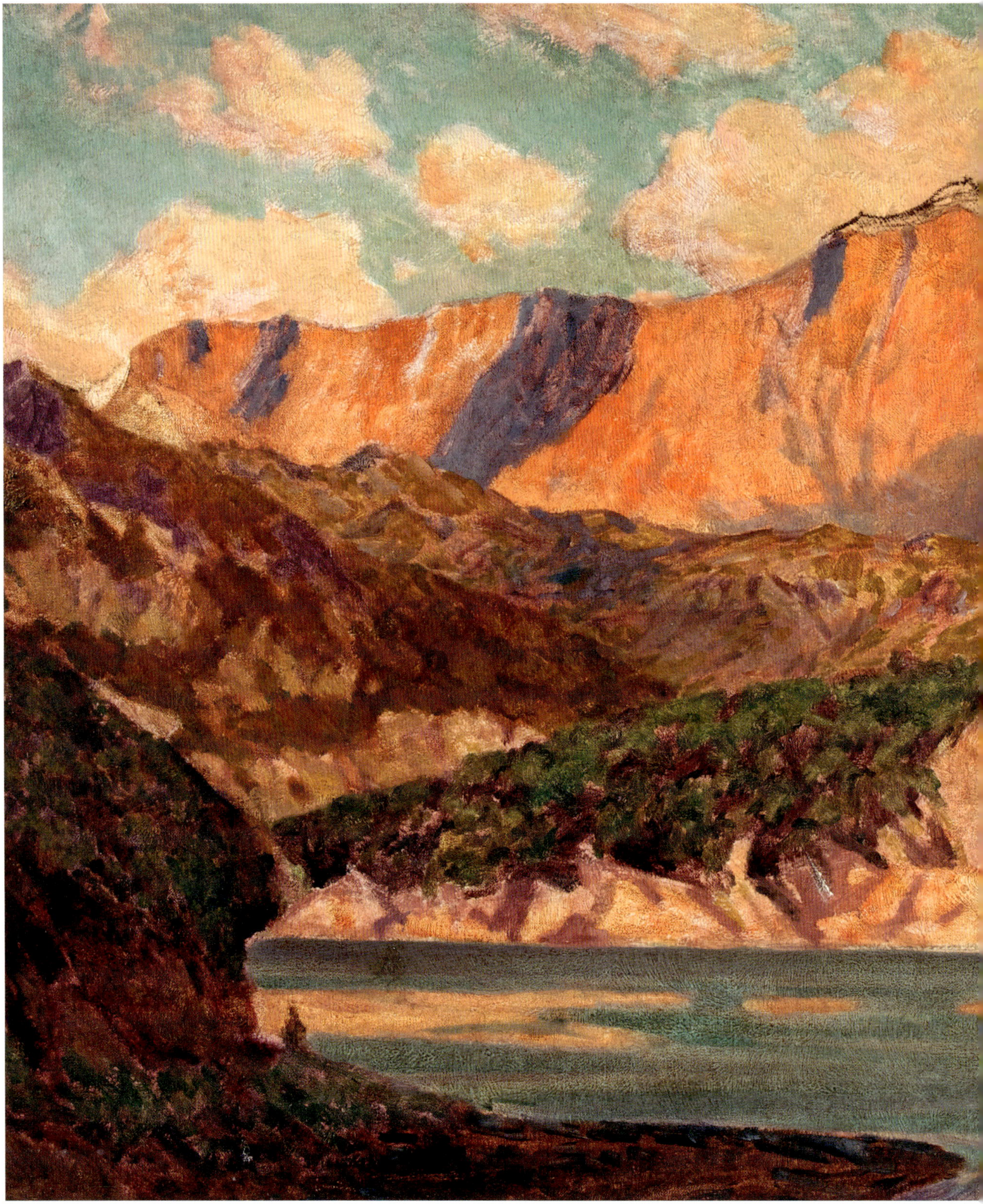

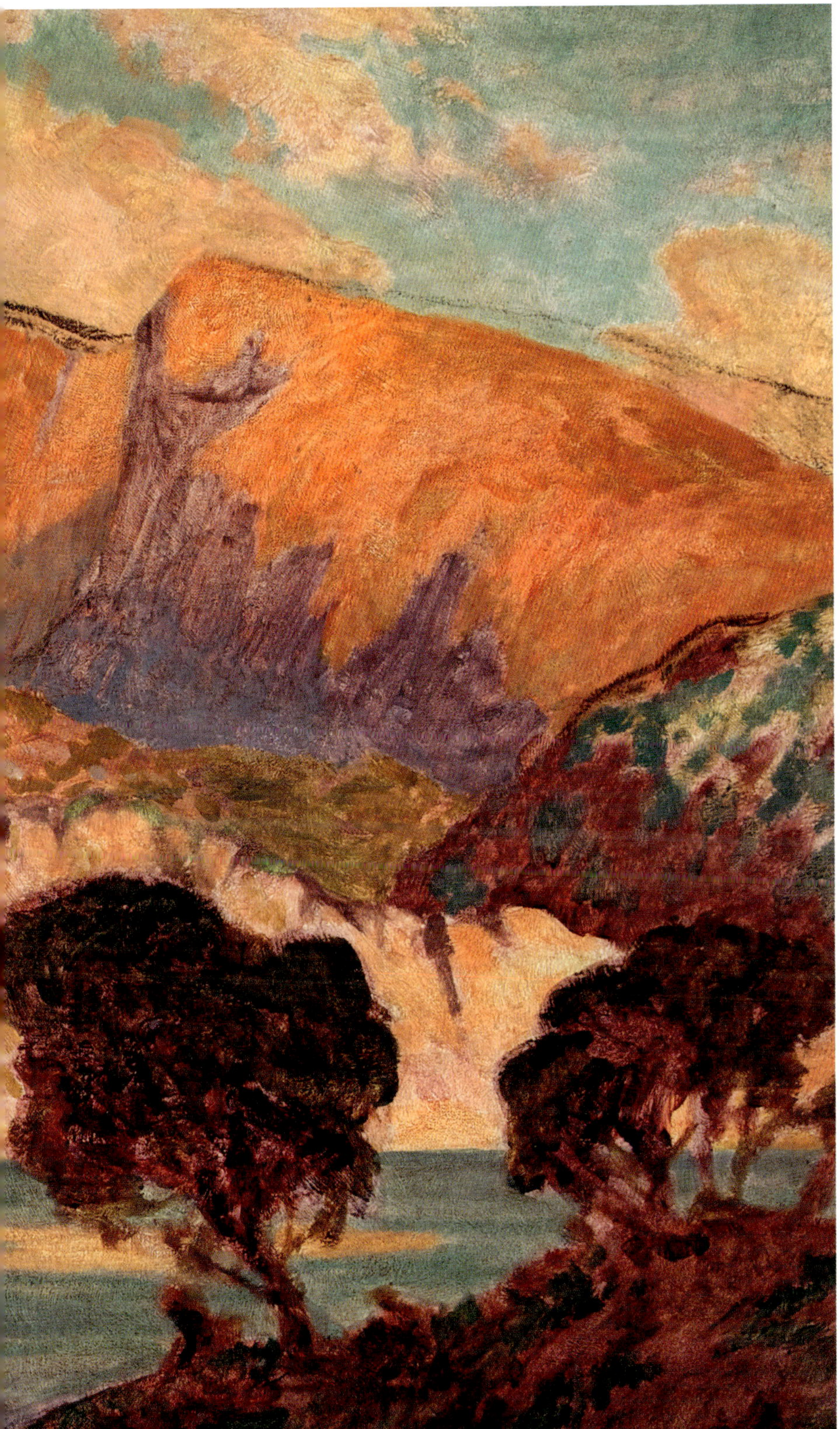

71. Christopher Williams
Mountain Landscape over a Lake with Trees in the Foreground, heb ddyddiad, olew ar gynfas, 59.3 x 89 cm, Casgliad Cyngor Bwrdeistref Sirol Penybont-ar-Ogwr, Swyddfeydd Cyngor Tref Maesteg.

Cader Idris o fan pellach i'r gorllewin, gyda dyfroedd llydan afon Mawddach yn y golwg (Ffig. 71). A hithau'n hwyr yn y prynhawn, mae Williams yn peintio'r llethrau heulog yn oren llachar, eto dan awyr hafaidd. Erbyn 1917 roedd ei luniau'n fwy mentrus. Yn *Cader Idris* (Amgueddfa Cymru) cawn gipolwg ysbeidiol o'r mynydd, trwy sgrin o binwydd uchel sy'n adleisio ucheldiroedd y mynydd y tu ôl iddynt, a lunnir yn bennaf mewn browngoch a glas (Ffig. 72). Y llun mwyaf beiddgar oll yw *Arthog, North Wales*, sy'n olygfa o afon Mawddach ar drai. Llunnir yr afon, ei glannau lleidiog, a'i cherrig brig ar wasgar mewn lliwiau gwastad, annaturiol (Ffig. 73).

72. Christopher Williams
Cader Idris, c. 1917, olew ar gynfas, 27.9 x 35.6 cm, Amgueddfa Cymru.

Mewn lluniau eraill o Gader Idris roedd Williams yn awyddus i ddal y mynydd ar amseroedd gwahanol o'r dydd ac mewn sawl math o dywydd. Mewn golygfa liw nos brin, *Cregennan Lake by moonlight*, dim ond y lleuad lawn a'r sblash o'i hadlewyrchiad yn y dŵr sy'n goleuo'r lliwiau brown tywyll a glas (Ffig. 74). Yn *Cader Idris and Bird Rock* gwelir dyffryn Dysynni a Chraig yr Aderyn yn llygad yr haul, a thu ôl iddynt mae cymylau glaw enfawr yn bwrw eu cysgod dros y mynydd (Ffig. 75). Mewn llun llawer diweddarach, dyddiedig tua 1930, *The Cader Idris range*, ysguba llain o gymylau glaw ar draws yr awyr uwchben y mynyddoedd pell (Ffig. 76). Perthyn y llun mawr iawn, mwy ffurfiol hwn i draddodiad Rhamantaidd cynharach. Mae'r boncyff toredig ar ogwydd yn y blaendir yn awgrymu ei fod, efallai, yn deyrnged hwyr i *Cader Idris from the Barmouth sands* gan Copley Fielding. Dywedodd Gwyn, mab Williams fod ei dad 'wedi'i gyffroi bob amser gan natur yn ei hwyliau mwy gwyllt'.

Nid Williams oedd yr unig un i beintio wyneb gogleddol Cader Idris tua'r adeg hon. Yn 1918, o olygfan nid nepell o Ddolgellau, creodd Herbert Hughes-Stanton, a fu'n artist rhyfel swyddogol, dirlun heulog, ffres ac argraffiadol ei naws, o gaeau â waliau o'u cwmpas; dim ond Cader Idris ei hun sy'n aros dan gysgod tywyll yn y pellter (Ffig. 77).

Yn 1912, flwyddyn cyn i Christopher Williams ddechrau peintio Cader Idris, daeth artist iau, llawer mwy radical i ogledd Cymru, gyda grŵp yn cynnwys y mynyddwr George Mallory, er mwyn peintio'r mynydd. Yr oedd Duncan Grant yn saith ar hugain oed, ac eisoes roedd ganddo gysylltiad agos â mudiadau newydd ym myd peintio. Wedi'i eni yn yr Alban a'i addysgu yn Ysgol Gelf Westminster, treuliodd flwyddyn

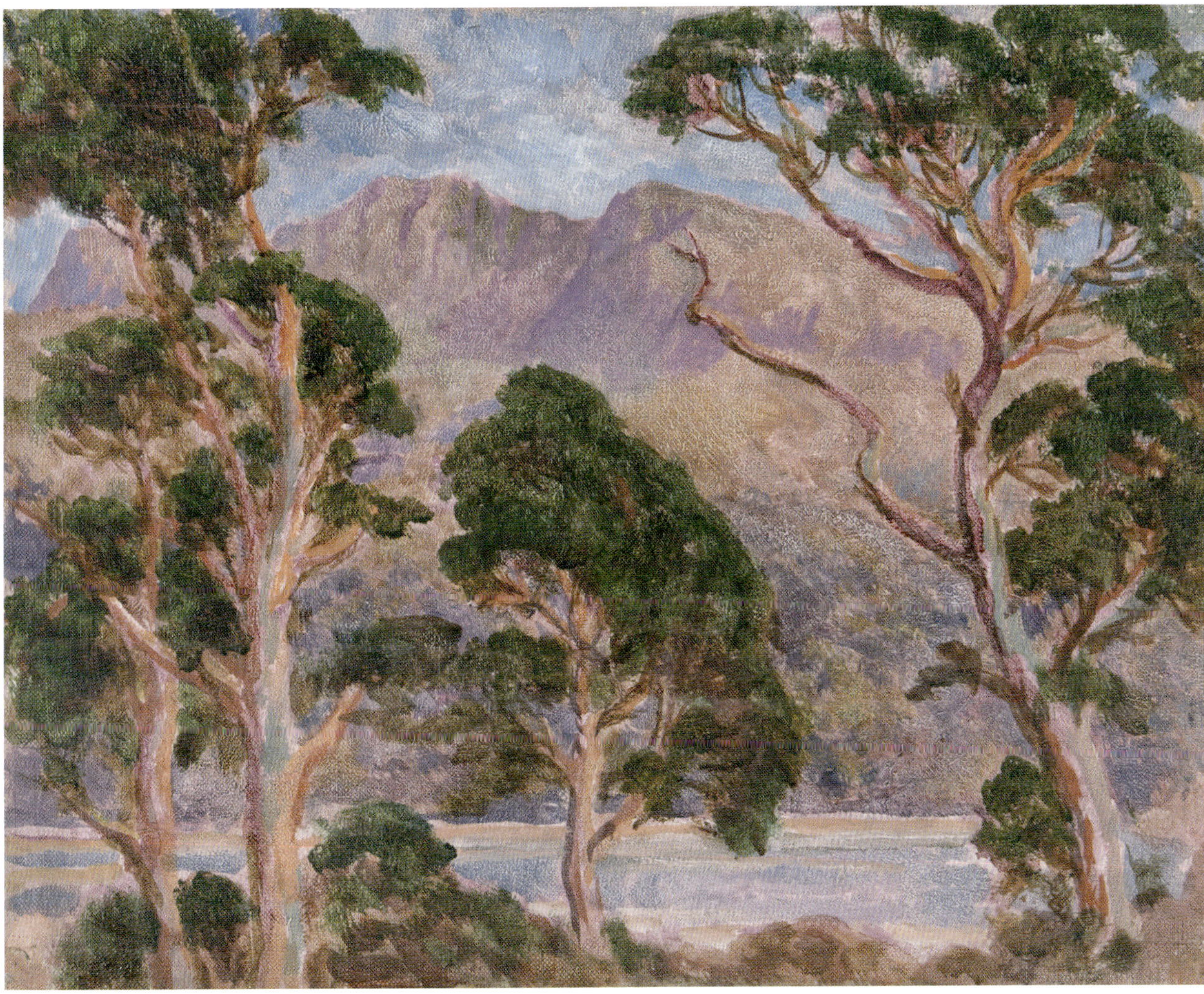

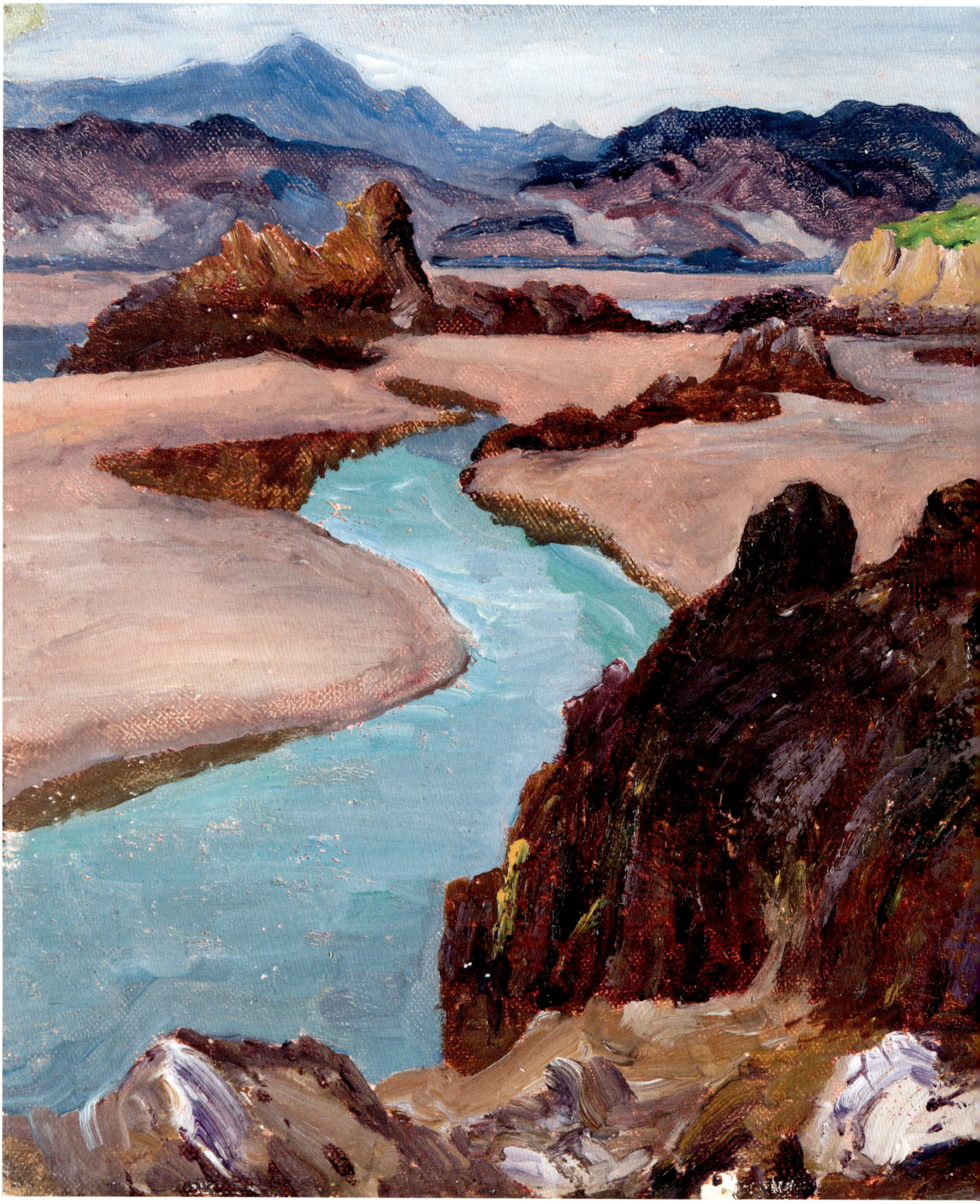

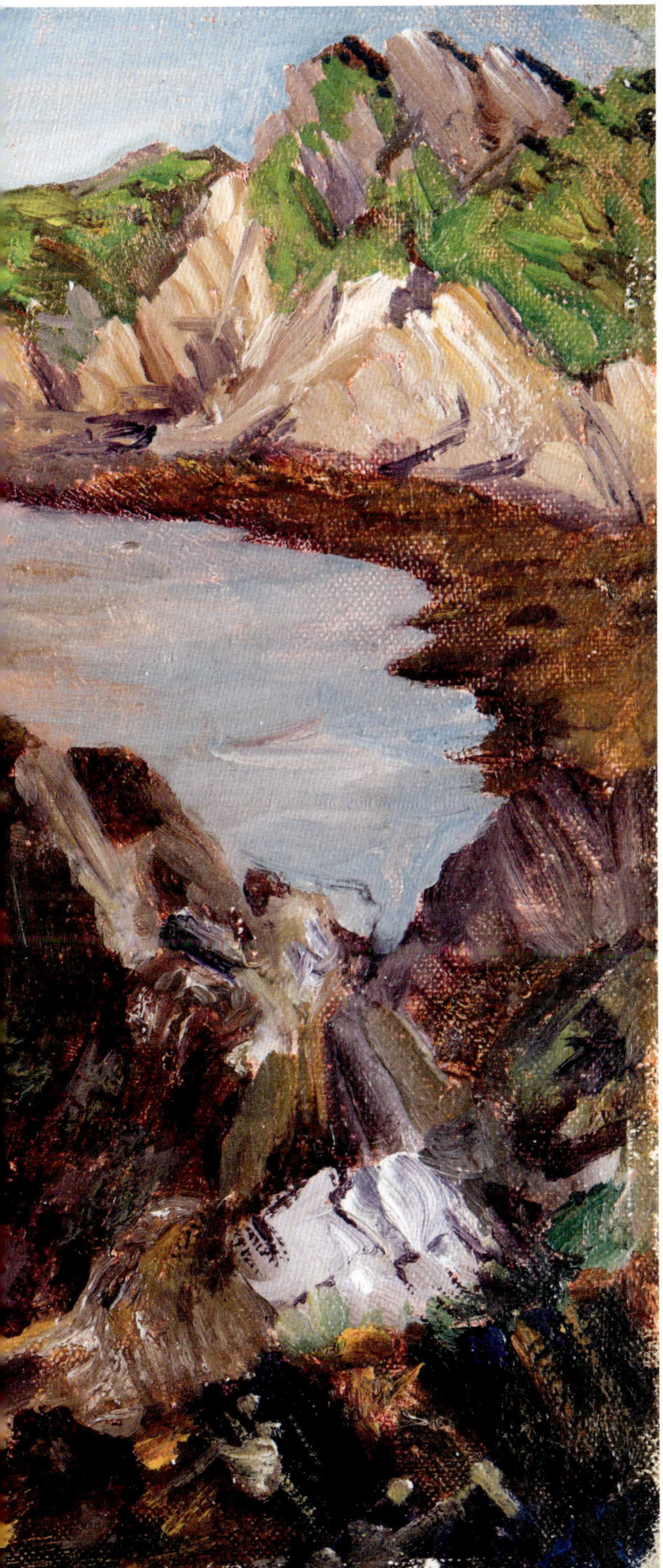

73. Christopher Williams
Arthog, North Wales, c. 1917, olew ar gynfas, 37.2 x 47 cm, Amgueddfa Cymru.

74. Christopher Williams
Cregennan Lake by Moonlight,
heb ddyddiad, olew ar gynfas,
49 x 59 cm, Cyngor Bwrdeistref
Sirol Penybont-ar-Ogwr,
Swyddfeydd Dinesig.

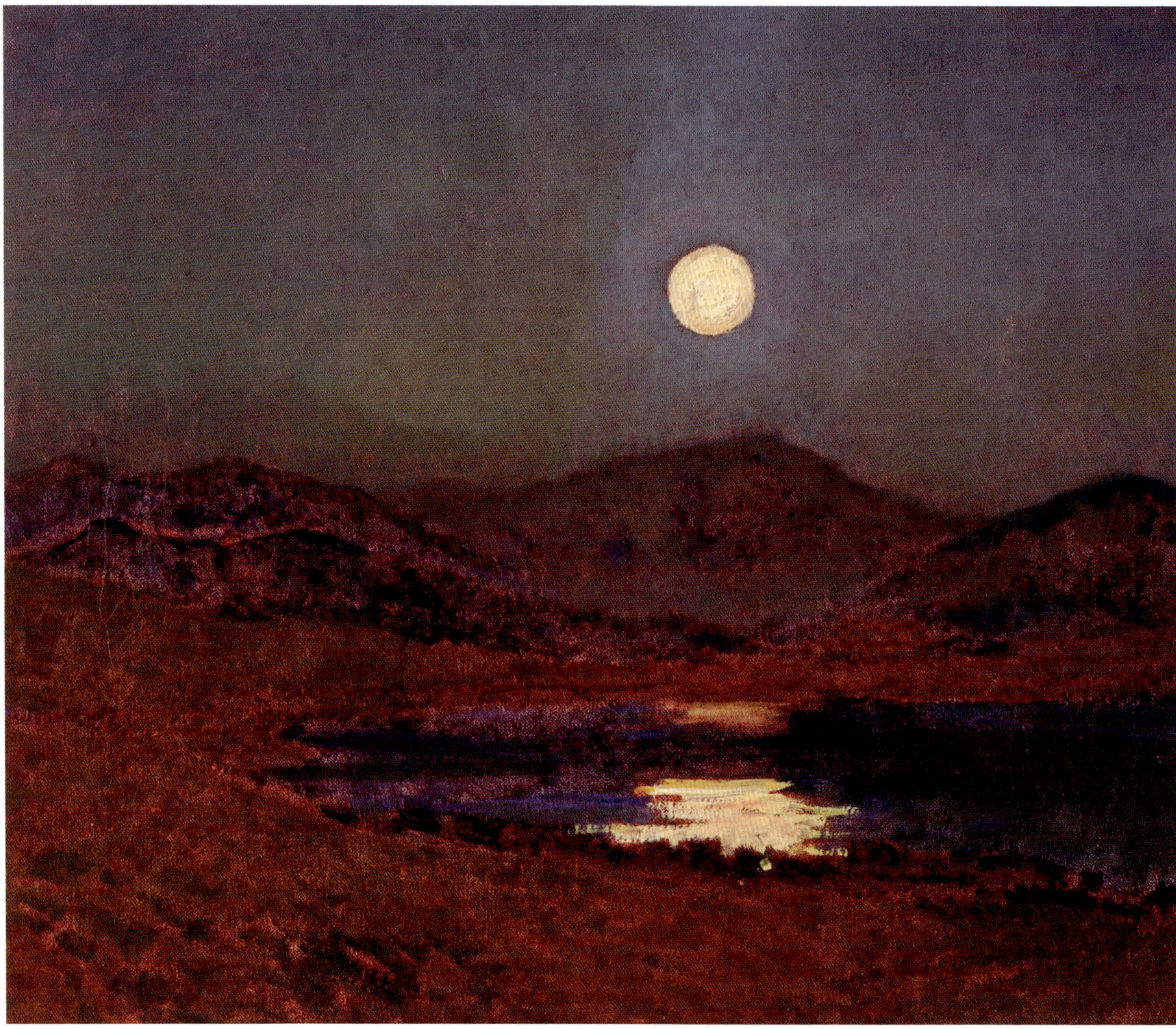

75. Christopher Williams
Cader Idris and Bird Rock, c. 1913,
olew ar fwrdd, 28 x 37.2 cm,
Llyfrgell Genedlaethol Cymru.

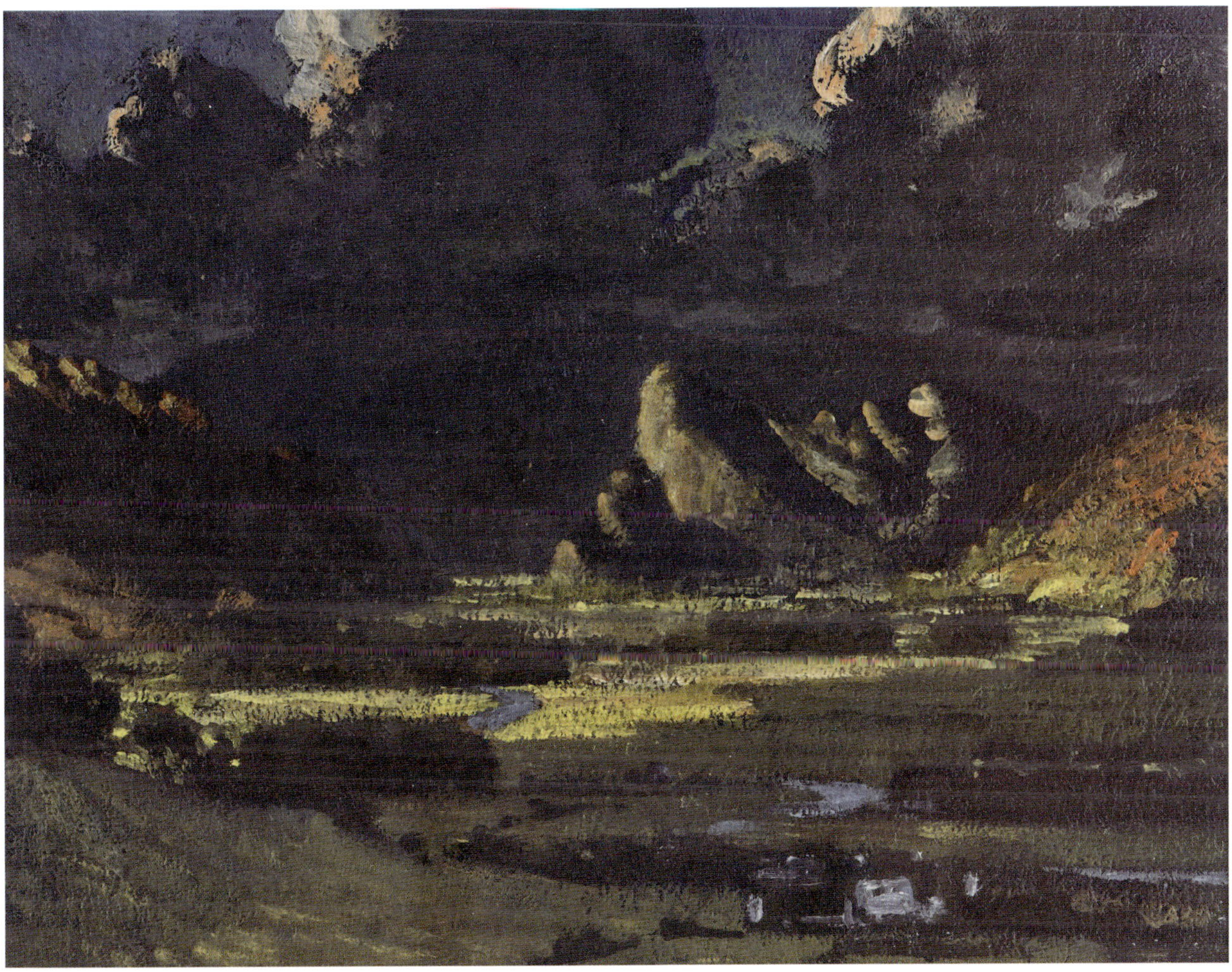

76. Christopher Williams
The Cader Idris Range, c. 1930, olew ar gynfas, 122 x 210 cm, Llyfrgell Genedlaethol Cymru.

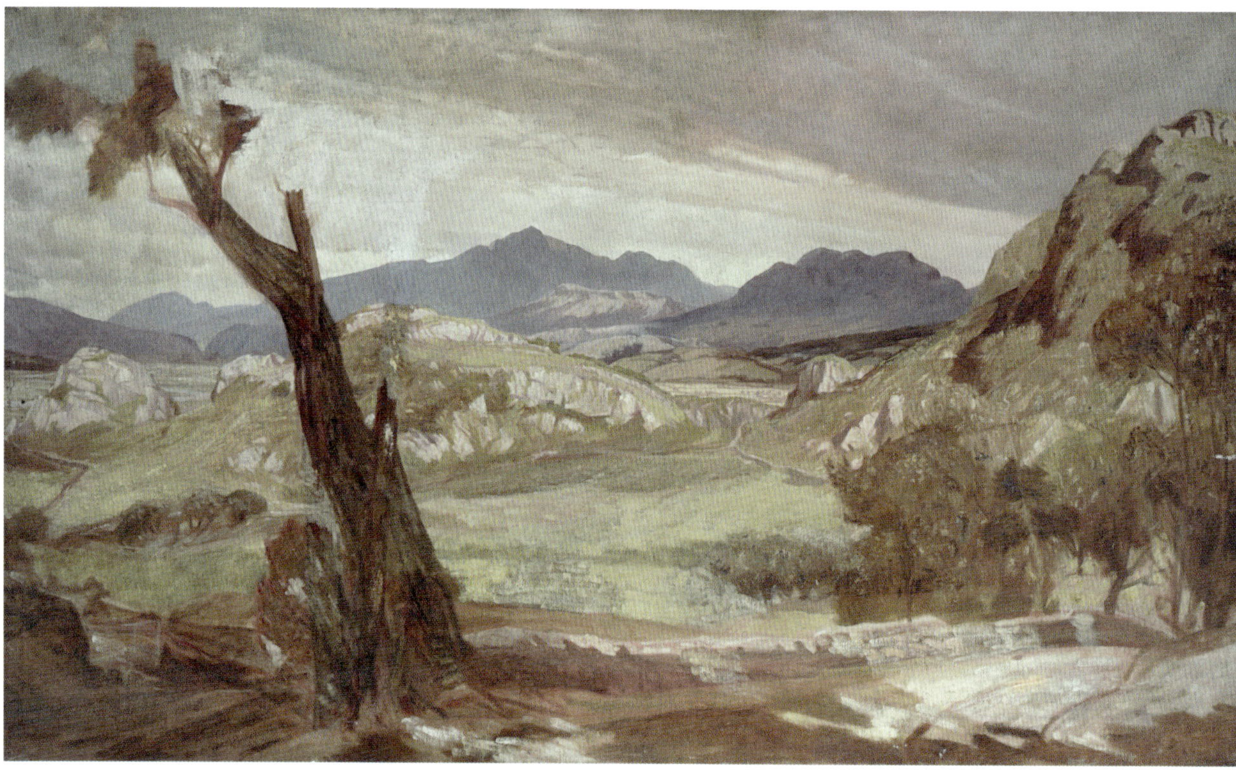

77. Herbert Hughes-Stanton
Cader Idris, 1918, olew ar gynfas, 41.2 x 54.9 cm, Royal Albert Memorial Museum and Art Gallery, Exeter.

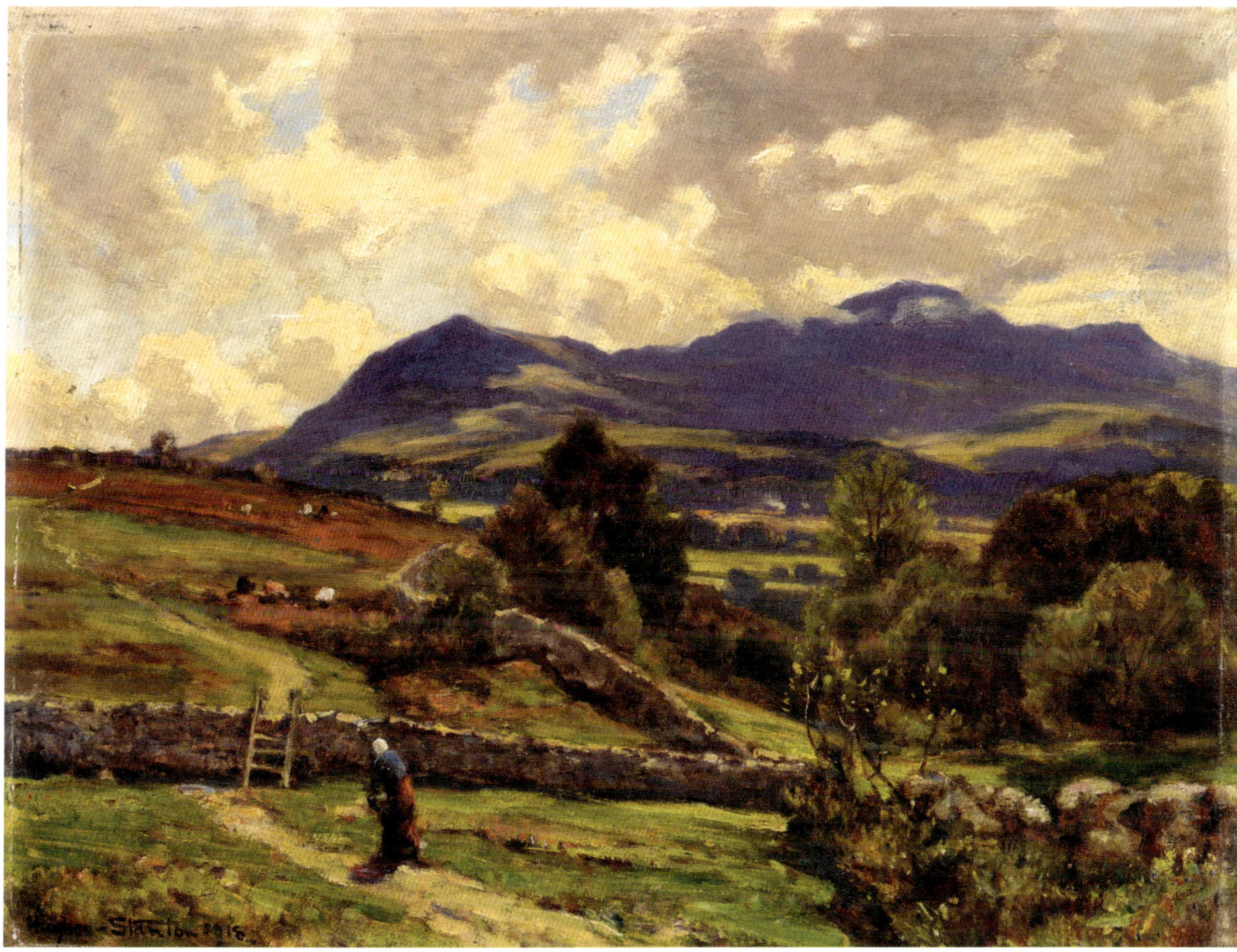

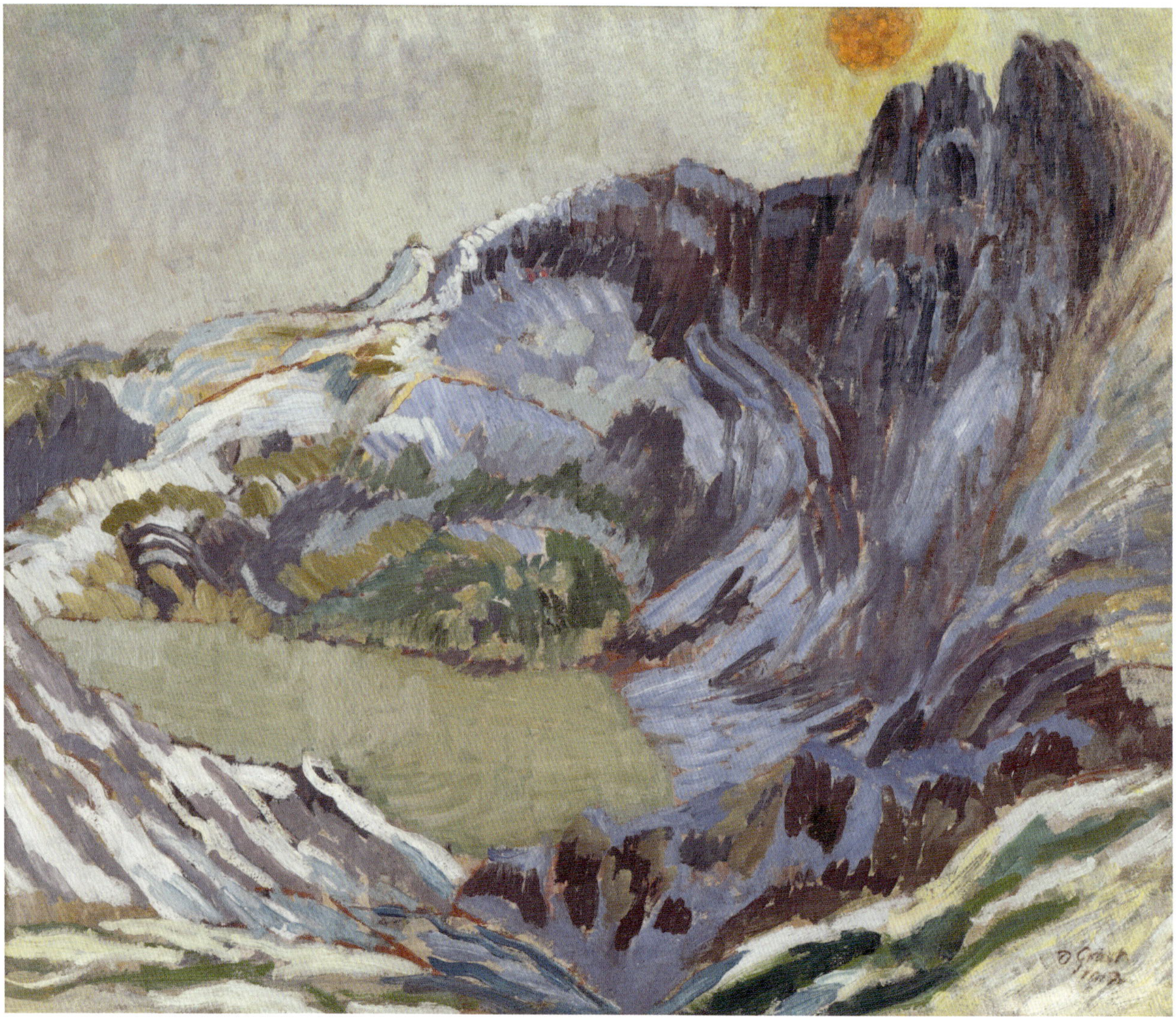

78. Duncan Grant
Cader Idris, 1912, olew ar gardbord, 67 x 79.5 cm, Government Art Collection.

ym Mharis yn 1906, ac o 1909 bu'n byw yn Llundain, lle ymunodd ag artistiaid a llenorion cylch Bloomsbury. Cafodd y gweithiau gan Cézanne a'r Fauves a ddangoswyd yn arddangosfa arloesol ôl-argraffiadol Roger Fry yn 1910–11, argraff fawr ar Grant, a daeth yn un o'r peintwyr cyntaf ym Mhrydain i ddilyn esiampl y Fauves yn ei waith ei hun. Daeth ei luniau'n fwy beiddgar a bywiog, gyda siapiau mwy onglog a lliwiau llai naturiolaidd.

Yn *Cader Idris* gosododd Grant Lyn y Gader, wedi'i liwio'n wyrdd annaturiolaidd, ar waelod ei lun, ond bu'n greadigol wrth gyfleu'r copaon uwch ei ben (Ffig. 78). Nid oedd ganddo ddiddordeb yn nhopograffi manwl yr olygfa, nac yn awyrgylch y mynydd, nac yn y grymoedd emosiynol posibl y gallai eu rhyddhau. Yn lle hynny, arbrofodd gyda chasglu siapiau ynghyd â gwneud i ffurf a lliw ryngweithio. Trefnodd hefyd y clogwyni, wedi'u peintio yn las tywyll, porffor a gwyn, i greu symudiad cylchol nerthol yn y llun, gyda'r llyn yn ei ganol llonydd. Uwchben Pen-y-gader disgleiria haul oren emblematig, ac eurgylch melyn llachar o'i amgylch. O'i brofiad sydyn o Gader Idris, creodd Grant waith ac iddo liw, egni a ffurf, a'r cyfan wedi'i dynnu bron yn gyfan gwbl o'i gyd-destun daearyddol go iawn.

Ar ôl y Rhyfel Byd Cyntaf daeth rhagor o ymwelwyr i Feirionnydd ar y trên ac ar y ffordd. Defnyddid delweddau o Gader Idris i'w denu. Gwnaeth H. Alker Tripp, a beintiodd yn ei oriau hamdden tra oedd yn gweithio i Heddlu Llundain, sawl llun i'w hatgynhyrchu fel posteri rheilffordd gan y Great Western Railway. Yn *Cader Idris & the Afon Mawddach* (1937) cyflwyna olygfa hafaidd ddelfrydol o'r mynydd o'r gogledd-orllewin. Roedd ei arwynebau gwastad a lliwiau golau yn nodweddiadol o gelf fasnachol o'r cyfnod rhwng y ddau ryfel (Ffig. 79).

Yn ystod yr Ail Ryfel Byd, yn dilyn awgrym gan Kenneth Clark a chydag arian o Ymddiriedolaeth Pilgrim, comisiynodd y llywodraeth dros drigain o artistiaid dyfrlliw i bortreadu Prydain yn ei hamrywiaeth, cyn bod y rhyfel a'i effeithiau yn gweddnewid y wlad. Un o'r goreuon o'r artistiaid 'Cofnodi Prydain' hyn oedd y peintiwr modernaidd Kenneth Rowntree, a deithiodd trwy Feirionnydd a Sir Gaernarfon, gan ddewis pynciau a oedd ymhell o fod yn gonfensiynol. Ar ôl y rhyfel, yn 1948, dewisiwyd ef gan Nikolaus Pevsner i ddarlunio llyfr 'King Penguin', *A Prospect of Wales*, i gyd-fynd ag ysgrif gan Gwyn Jones. Ymysg

79. Herbert Alker Tripp
Wales, Cader Idris and the Afon Mawddach, 1937, olew ar gynfas, 102.3 x 127.6 cm, National Railway Museum, York.

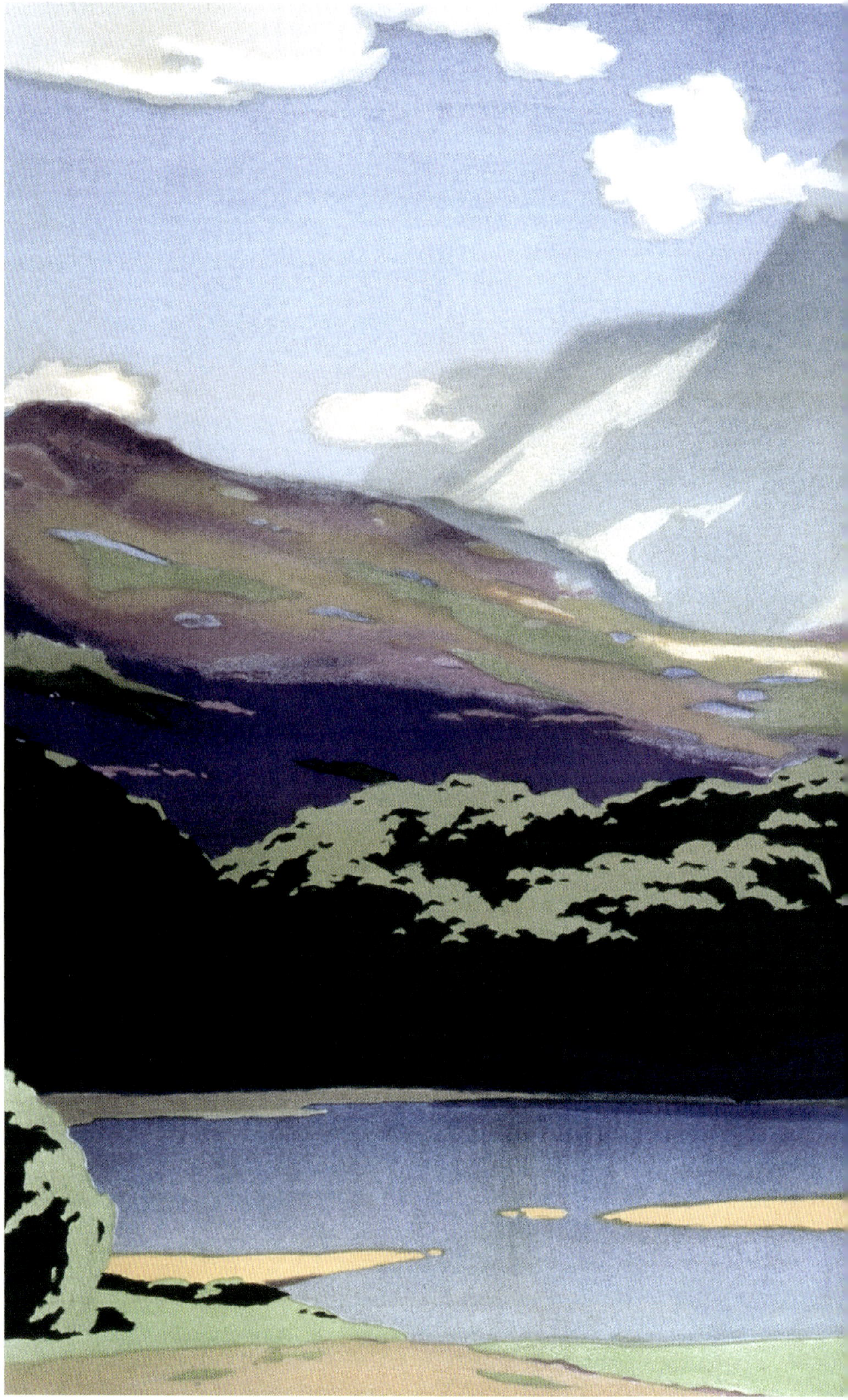

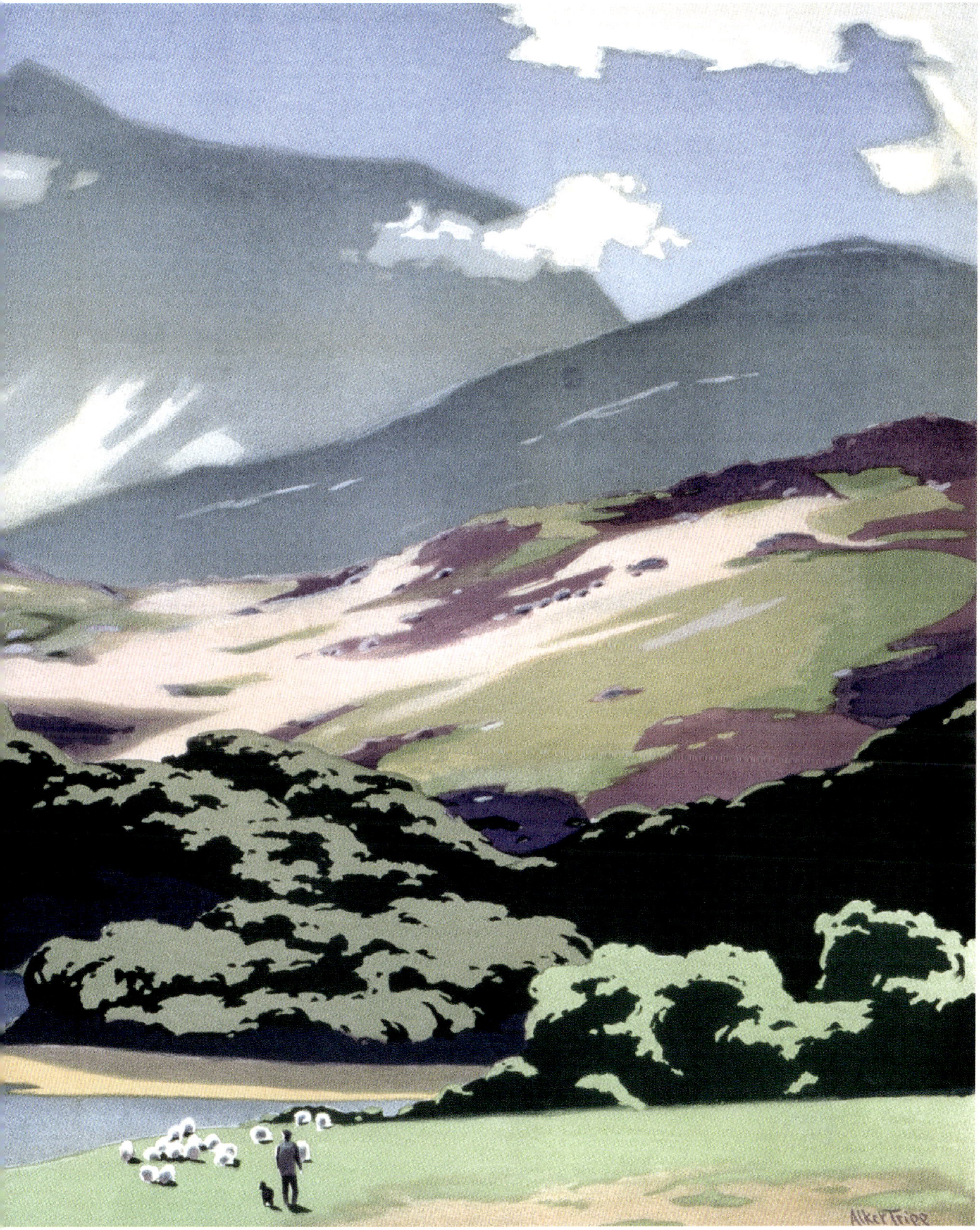
Alker Tripp

dyfrlliwiau'r llyfr yr oedd *School at Upper Corris, Merioneth*, lle gosodir yr adeilad generig Fictoraidd yn bendant yn ei gyd-destun diwylliannol a thirweddol (Ffig. 80). Yn amlwg yn y blaendir mae crawiau, sef llechi unionsyth a glymir at ei gilydd gan wifrau i wneud ffens, ac yn y pellter saif talp mawr tywyll Cader Idris.

Artist arall o Loegr oedd yn gweithio yng ngogledd Cymru yn ystod yr Ail Ryfel Byd oedd John Piper. Rhwng 1940 a 1944 bu'n gweithio i Bwyllgor Ymgynghorol Artistiaid y Rhyfel, yn aml yn arlunio eglwysi wedi'u bomio yn Lloegr. Yn 1943 comisiynwyd ef i fynd i Flaenau Ffestiniog, lle y gwarchodwyd lluniau o'r Oriel Genedlaethol yn chwarel lechi Manod. Bu'n rhy dywyll i fraslunio o fewn y chwarel, ond achubodd Piper ar y cyfle i deithio ar feic neu ar droed i beintio rhannau eraill o ogledd Cymru. Cymro oedd tad Myfanwy Evans, ei wraig, ac roedd Piper eisoes yn gyfarwydd â'r ardal a'i thraddodiadau artistig a'i pheintwyr, gan gynnwys Richard Wilson. Yn *Llyn-y-Gader, Cader Idris*, llun sy'n defnyddio inc, dyfrlliw a *gouache*, dangosa'r llyn o'r gorllewin, a Llwybr Madyn yn mynd i fyny'r mynydd. Mae gan y llun awyrgylch tywyll, a dim ond ymylon y llyn sy'n adlewyrchu golau o'r awyr gymylog. Dangosa *Cader Idris*, llun arall mewn inc a dyfrlliw, Lyn y Gader eto, ond y tro hwn o'r dwyrain, yn edrych tua thyrau'r Cyfrwy (Ffig. 81). Mae'r llyn yn las tywyll, o dan gysgod y llethrau creigiog serth uwchben, a dim ond awgrymiadau o oleuni sy'n torri trwy'r tywyllwch llethol.

Dechreuodd John Piper ei yrfa yn y 1930au cynnar yn fodernydd pybyr, gan beintio lluniau haniaethol, ond erbyn iddo ddod i Gymru roedd wedi mabwysiadu'r arddull Neo-ramantaidd y mae'n fwyaf adnabyddus amdano heddiw. Mae'n cyfuno elfennau o waith haniaethol a swrealaeth â gwybodaeth drylwyr o'r traddodiad Rhamantaidd. Aeth Piper ymlaen i logi eiddo yn Nant Ffrancon am flynyddoedd lawer ac i wirioni ar beintio mynyddoedd gogledd Cymru.

Ymwelwyr â Chymru oedd Rowntree a Piper. Cafodd trydydd peintiwr o Gader Idris yn y 1940au, Kyffin Williams, ei eni a'i fagu ar Ynys Môn, ac roedd eisoes yn gyfarwydd iawn â mynyddoedd gogledd Cymru. Dechreuodd beintio tirluniau, o Eryri'n bennaf, yn 1945, tra oedd yn athro celf yn Ysgol Highgate yn Llundain, wedi'i ynysu o'r hyn a ystyriai yn 'ddylanwadau heintus' yr ysgolion celf. 'Sylweddolais, er mwyn

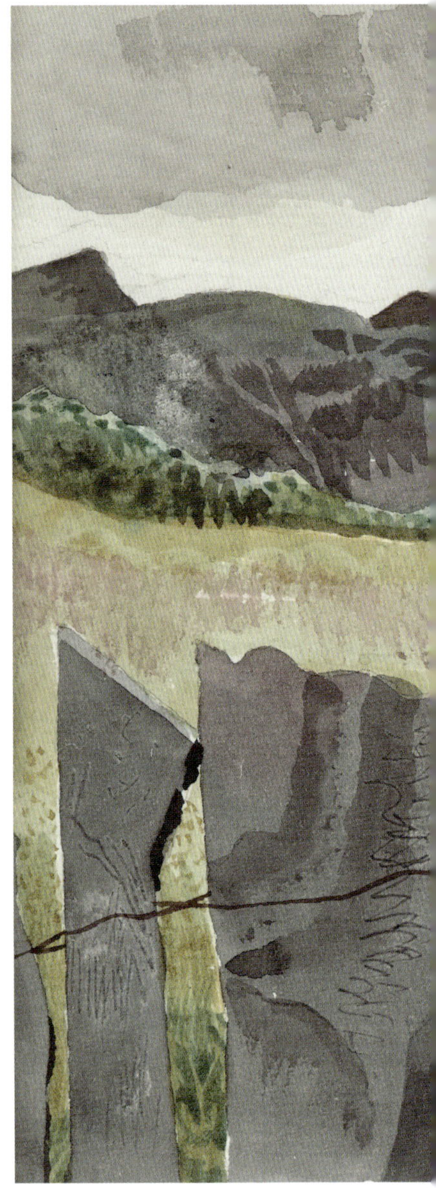

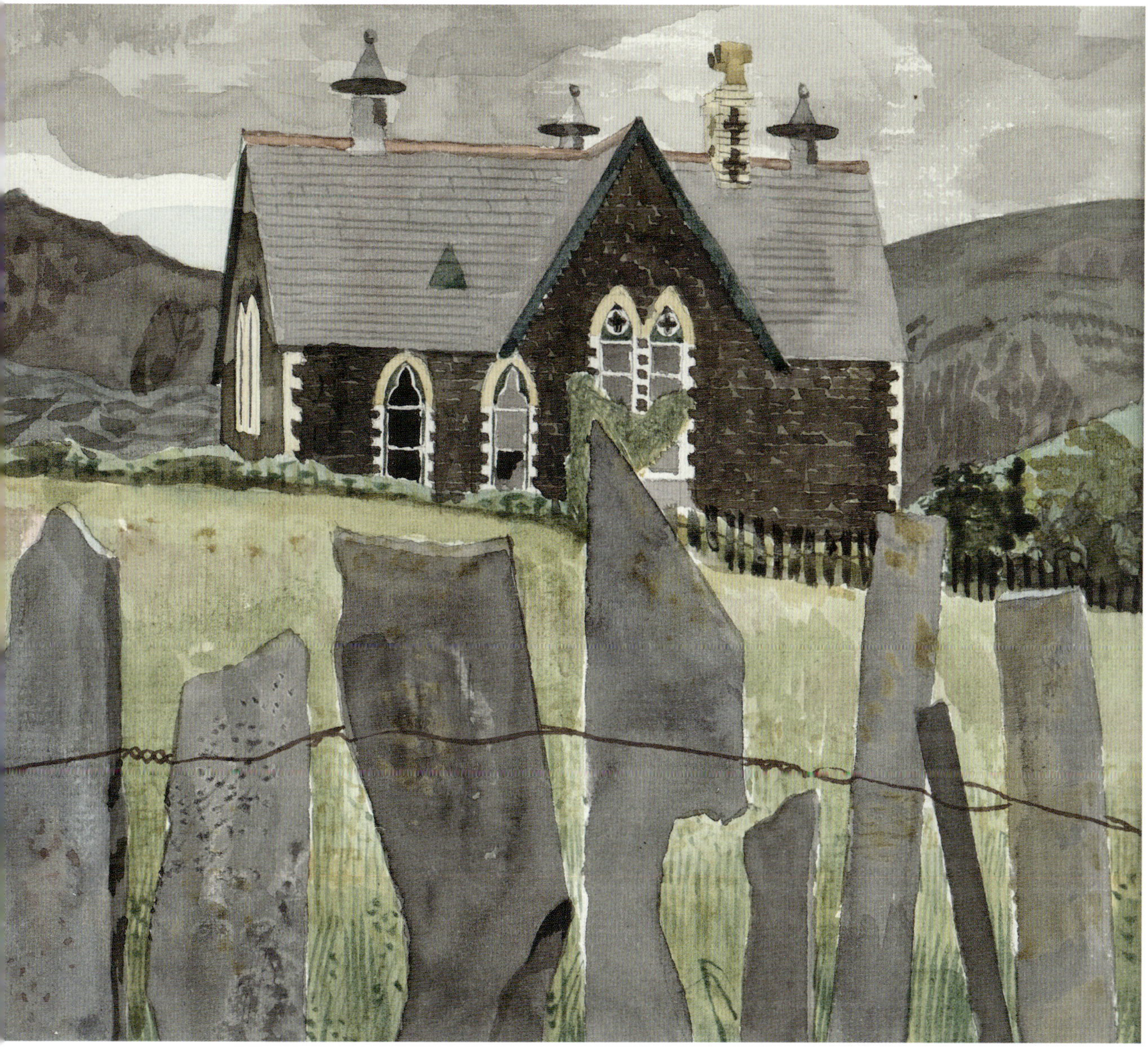

80. Kenneth Rowntree
School at Upper Corris, Merioneth, c. 1948, dyfrlliw ar bapur, 13.3 x 22 cm, Llyfrgell Genedlaethol Cymru.

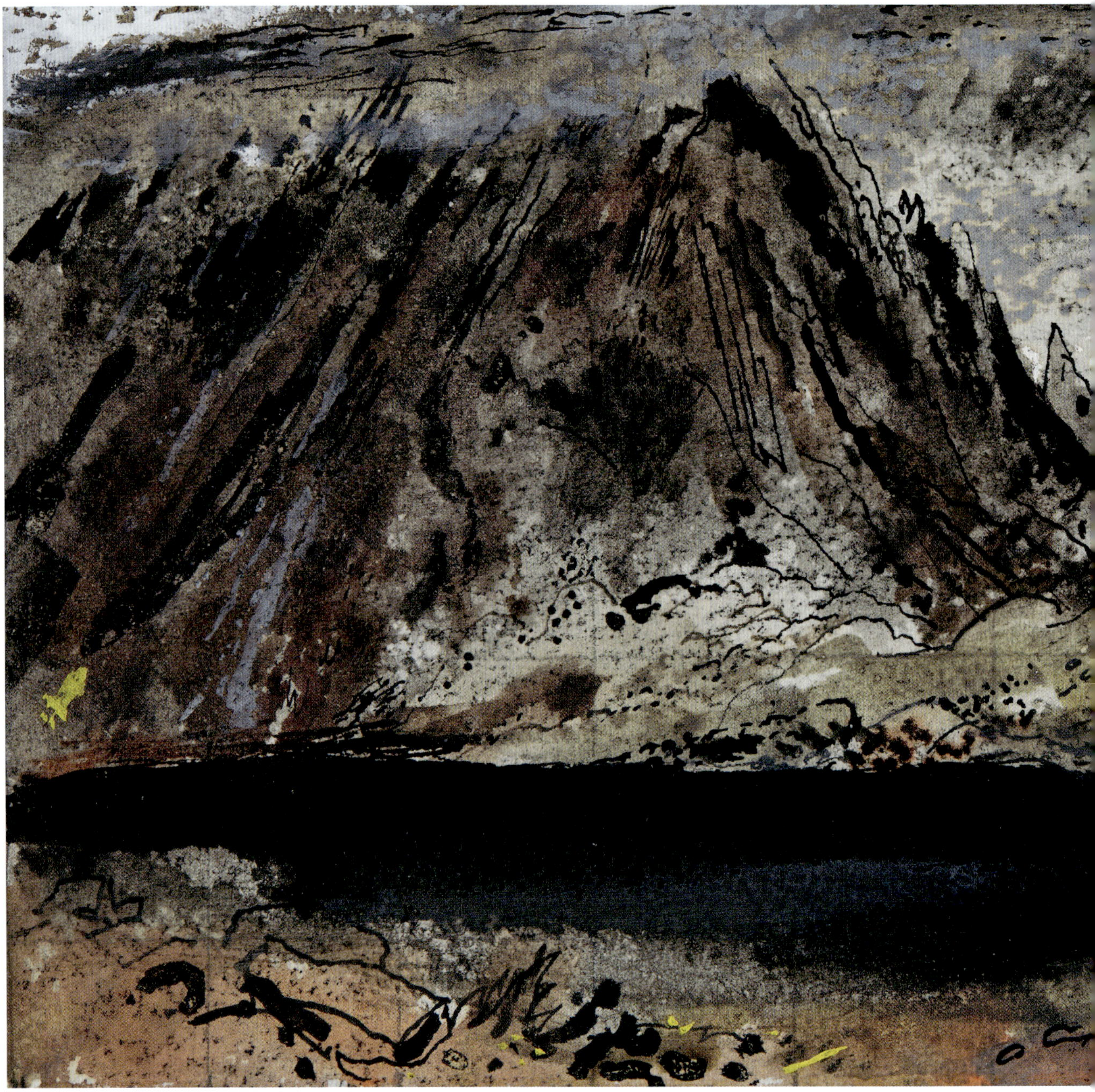

cyfleu pwysau mawr y mynyddoedd,' meddai'n ddiweddarach, 'fod y gyllell balet yn gyfaill mawr, ac felly dechreuais dylino a moldio'r paent.' Yn y cyfnod hwn cafodd peintio 'afael obsesiynol' arno. Yng ngwanwyn 1948 roedd yn aros yn Nhal-y-llyn, a gwnaeth fraslun, ac wedyn paentiad olew, o ochr ddeheuol Cader Idris (Ffig. 82). Nid oes gan y llyn y talpiau gwastad o baent, wedi'u taenu gan gyllell balet, sy'n nodweddiadol o'i waith aeddfed, ond mae'n crynhoi'r ffurfiau enfawr, plygiedig o Gader Idris, yn ymgodi dros stribyn gwyrdd, tenau o gaeau heulog yng ngwaelod y dyffryn.

Dychwelodd Williams i Gader Idris ychydig flynyddoedd yn ddiweddarach i beintio Llyn Cau (Ffig. 83). Mae ei olygfa'n debyg i'r olygfa yn llun Richard Wilson, ond mae'n dileu pob arlliw o loywder ysgafn a llawenydd Wilson. O dan yr awyr unffurf, flin a'r gorwel danheddog, syrthia llethrau tywyll Craig Cau'n serth tuag at y llyn du; yn wahanol i lun Wilson, nid oes yr un person yn y blaendir creigiog. Ymddengys bugeiliaid a ffigyrau eraill mewn lluniau eraill gan Kyffin Williams, ond maent yn llafurio ac yn pwyso ymlaen dan gysgod y mynyddoedd – yn rymoedd diffaith, elfennol nad ydynt yn malio dim am faterion dynol.

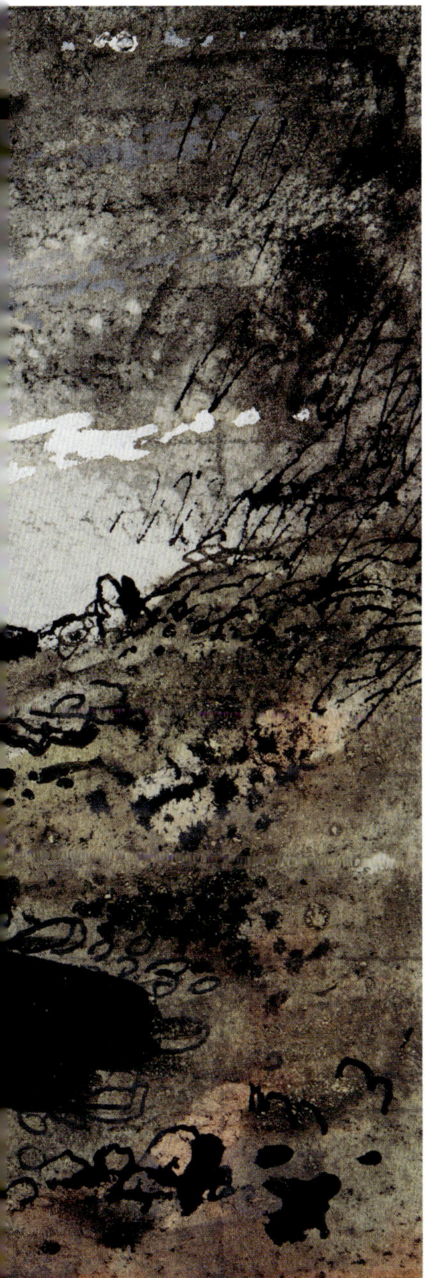

81. John Piper
Cader Idris, c. 1943, inc a dyfrlliw ar bapur, 11.4 x 16.5 cm, Amgueddfa Cymru.

82. Kyffin Williams
Cader Idris, 1948, olew ar gynfas,
94 x 117 cm, Highgate School,
London.

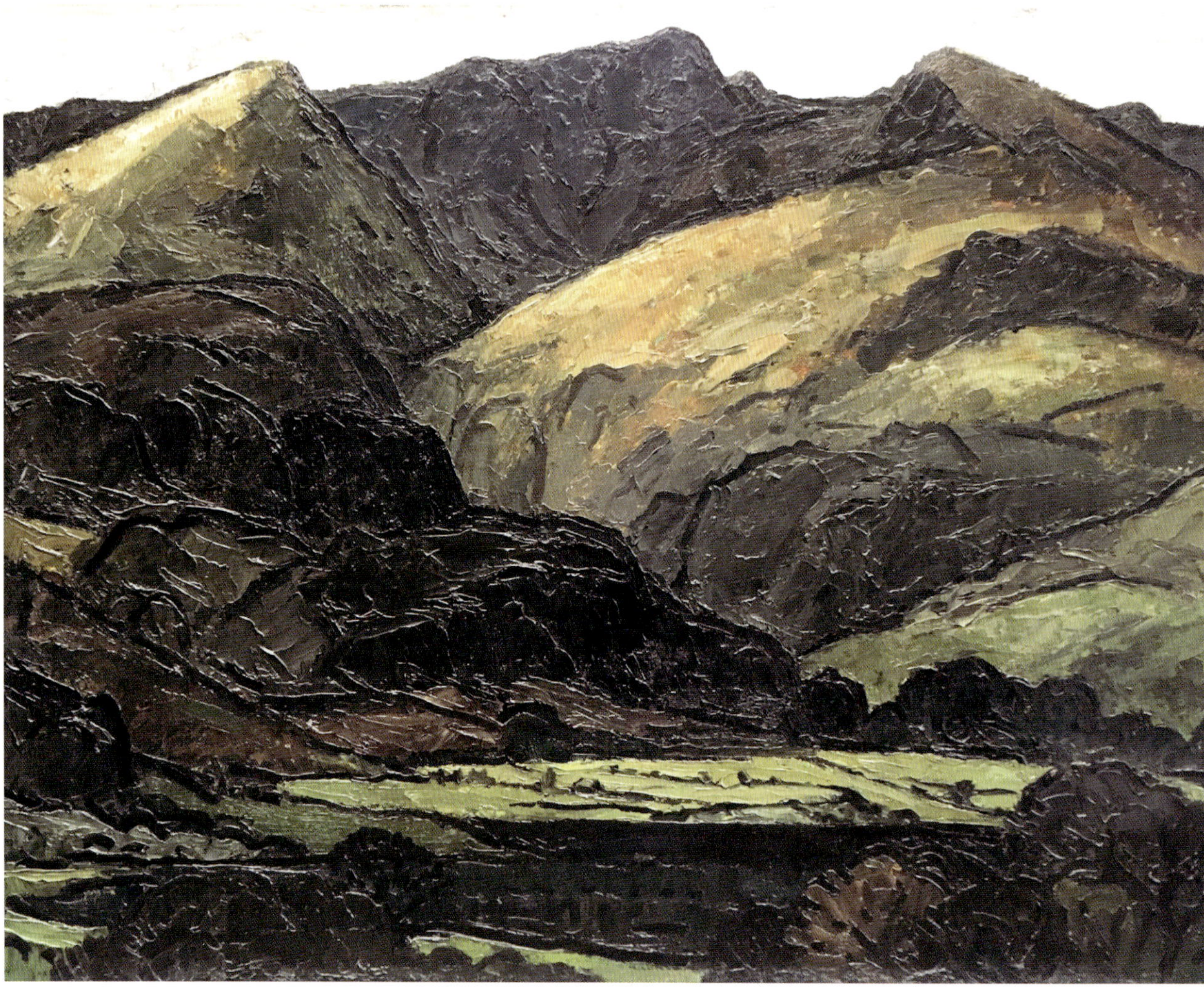

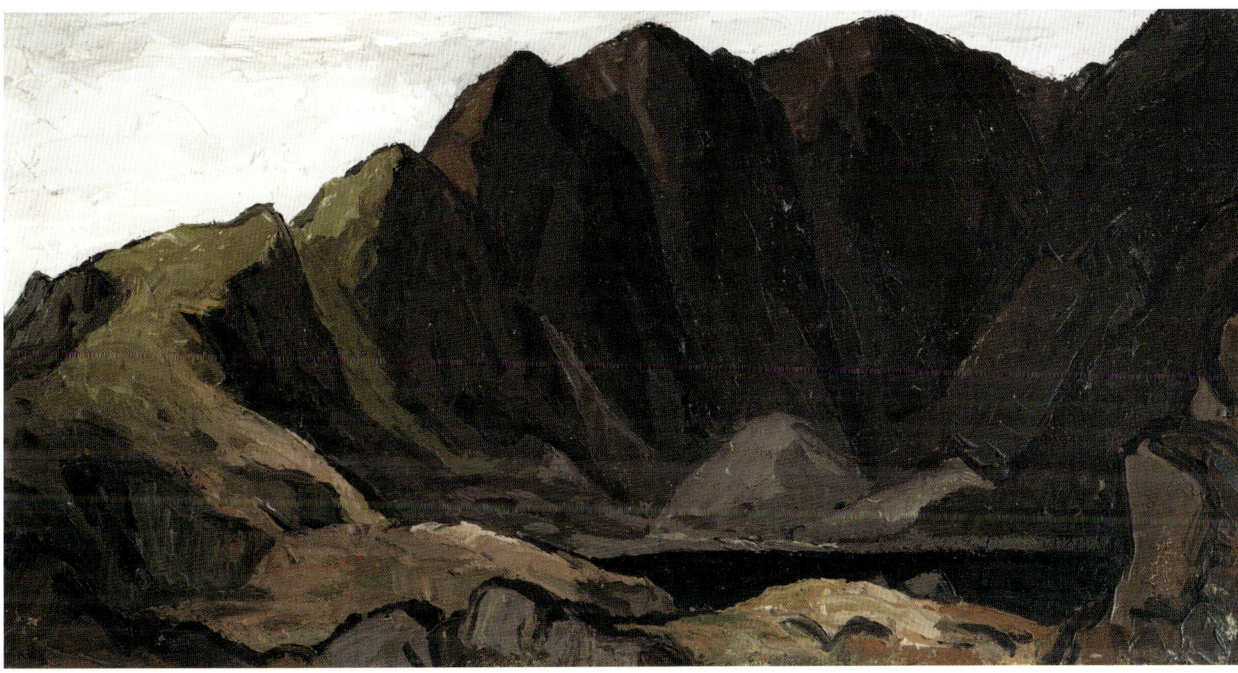

83. Kyffin Williams
Cader Idris, c. 1950, olew ar gynfas, 37.3 x 75.3 cm, Llyfrgell Genedlaethol Cymru.

PENNOD 6

'Far and high from bustling streets': ffotograffwyr a modernwyr

84. John Piper
Llyn Cau and Craig Cau, Cadair Idris, heb ddyddiad, ffotograff, 6 x 6 cm (negatif), Tate Gallery.

O'r bedwaredd ganrif ar bymtheg denodd Cader Idris ffotograffwyr. Gweithiai llawer ohonynt i gleientiaid masnachol fel cyhoeddwyr cardiau post, ac yn aml dewisent eu golygfeydd ar sail eu gwybodaeth am sut yr oedd artistiaid cynharach wedi gweld y mynydd. Roedd yr un peth yn wir am y ffotograffwyr mwy creadigol a ddaeth yn ail hanner yr ugeinfed ganrif. I John Piper roedd ffotograffiaeth yn ffynhonnell o ysbrydoliaeth yn ogystal â ffordd o gofnodi adeiladau a thirweddau ar gyfer arweinlyfrau Shell a chyhoeddiadau eraill. Chwiliodd am olygfa o Gader Idris a adleisiai llun Richard Wilson ddwy ganrif yn gynt (Ffig. 84).

Roedd Piper ymysg y cyntaf mewn cyfres o ffotograffwyr tirlun rhagorol, pob un yn gweithio mewn du a gwyn. Fel Piper, mae Paul Joyce yn cyfuno peintio a ffotograffiaeth. Adleisia ei baentiad acrylig o'r *arête* ar y Cyfrwy (Ffig. 85) y llun a dynnwyd gan y brodyr Abraham o'r un safle [Ffig. 59]. Yn y 1970au tynnodd gyfres o ffotograffau o ogledd Cymru, gan gynnwys nifer o Gader Idris. Dangosa *A lonely path, downwards from Cader Idris* ran o Lyn Cau o Fwlch Cau, a phen y llwybr serth a elwir yn 'Chwalfa Gerrig' (Ffig. 86). Astudiaeth mewn arwynebau yw'r llun anarferol hwn – o graig arw, cysgod, a'r llyn tywyll, llyfn. Sylwa Joyce ar agweddau eraill ar y mynydd. Yn *At the foot of Cader Idris* gorwedd car drylliedig ar ei ochr yn ymyl esiampl hŷn o ddiffeithwch, sef adfail bwthyn carreg di-do (Ffig. 87). Perthyn y llun hwn i'w oes, yn sicr, ond mae'n rhan hefyd o draddodiad Pictiwrésg hir.

Roedd gweithio mewn du a gwyn yn gweddu i ffotograffwyr a oedd yn awyddus i bwysleisio agwedd arw ac unig y mynydd. Yn ei *Cader Idris* gwêl yr artist-gerddwr Hamish Fulton y mynydd oddi isod, fel silwét tywyll sy'n codi a syrthio yn erbyn awyr lawn cymylau (Ffig. 88). Yn nes at y camera mae tir llydan a cherrig ar wasgar drosto, ac arno garnedd fechan sy'n adleisio copa'r mynydd yn y pellter. Roedd Cader Idris yn un o saith copa yr ymwelodd Fulton â nhw yn ystod taith gerdded 606 milltir o hyd, o dde Cymru i ogledd-ddwyrain Lloegr yn 1987.

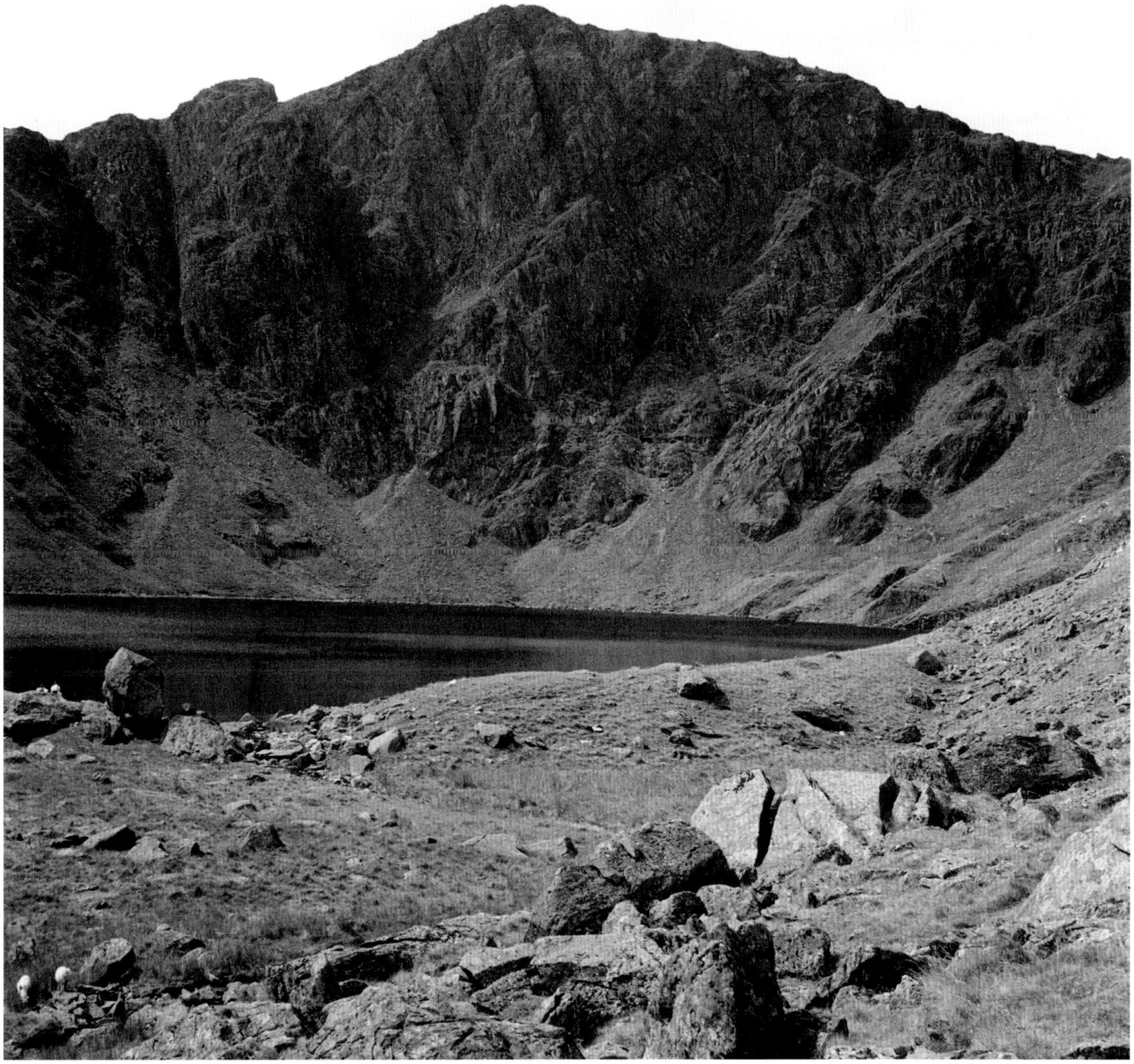

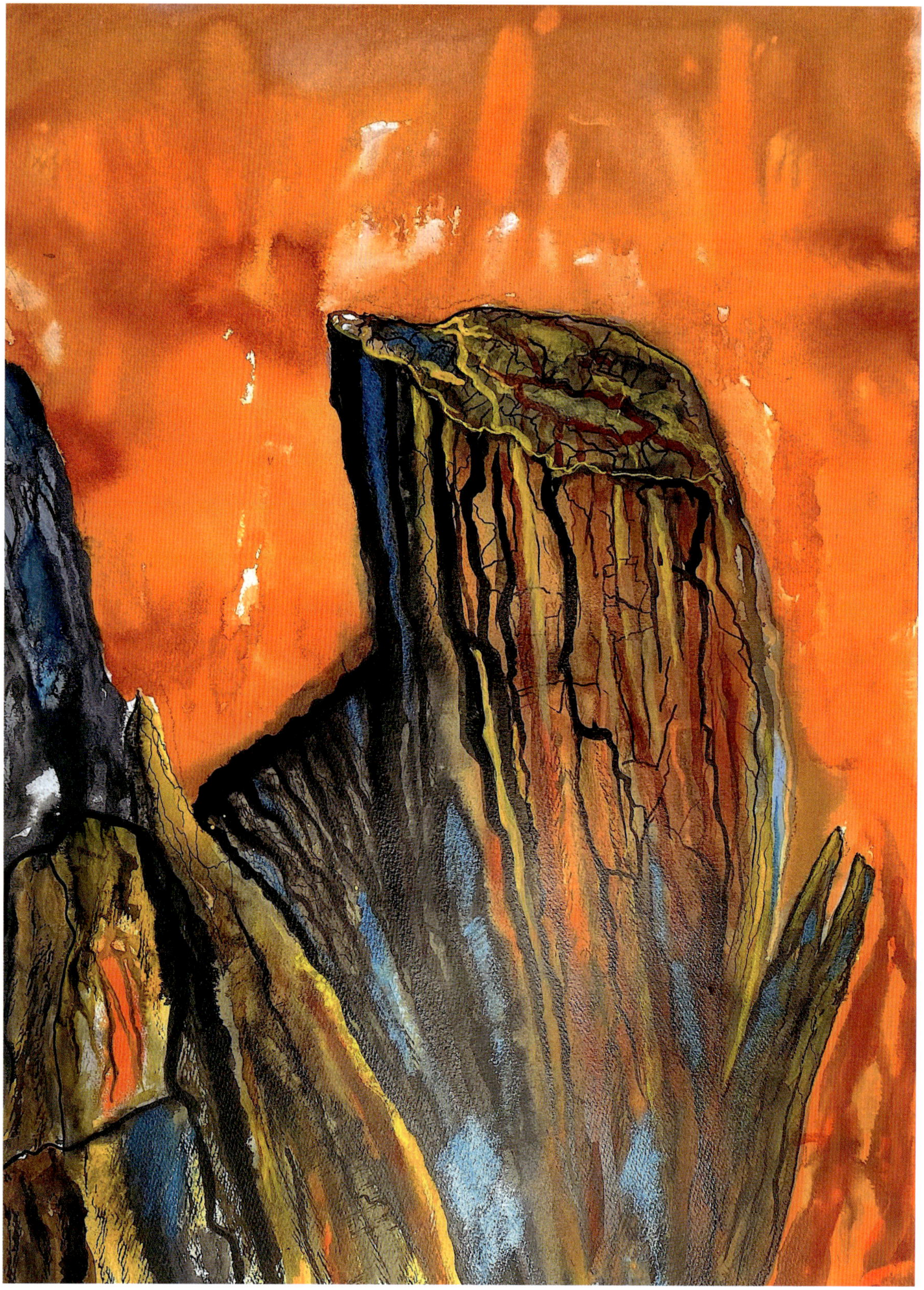

Chwith: **85. Paul Joyce**
Cader Idris, 2025, graffit, acrylig ac acrylig hylifol at bapur gesso trwm, 70 x 50 cm, casgliad yr artist.

86. Paul Joyce
A lonely path, downwards from Cader Idris, 1976, ffotograff, 24.1 x 24.4 cm, Amgueddfa Cymru.

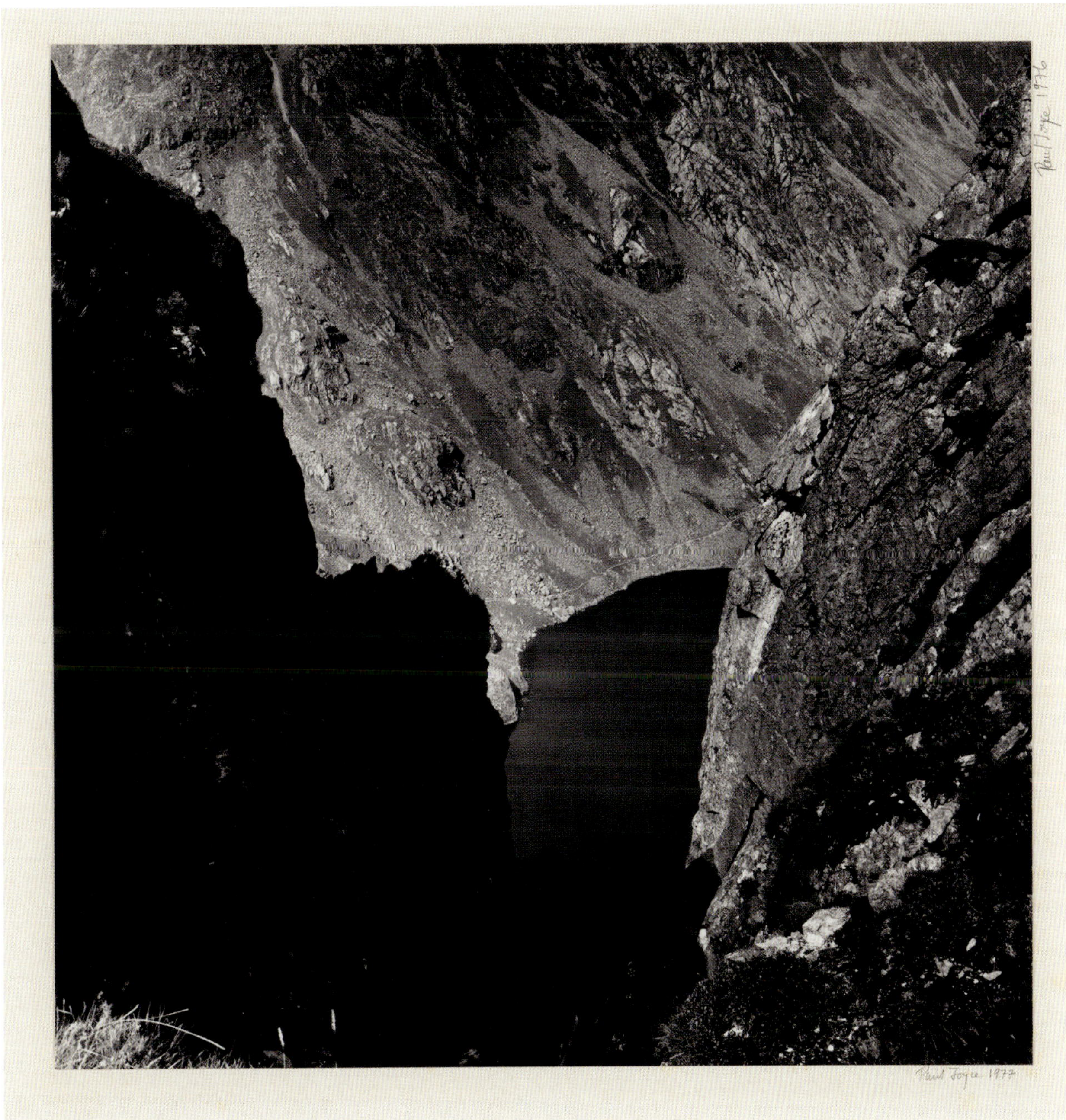

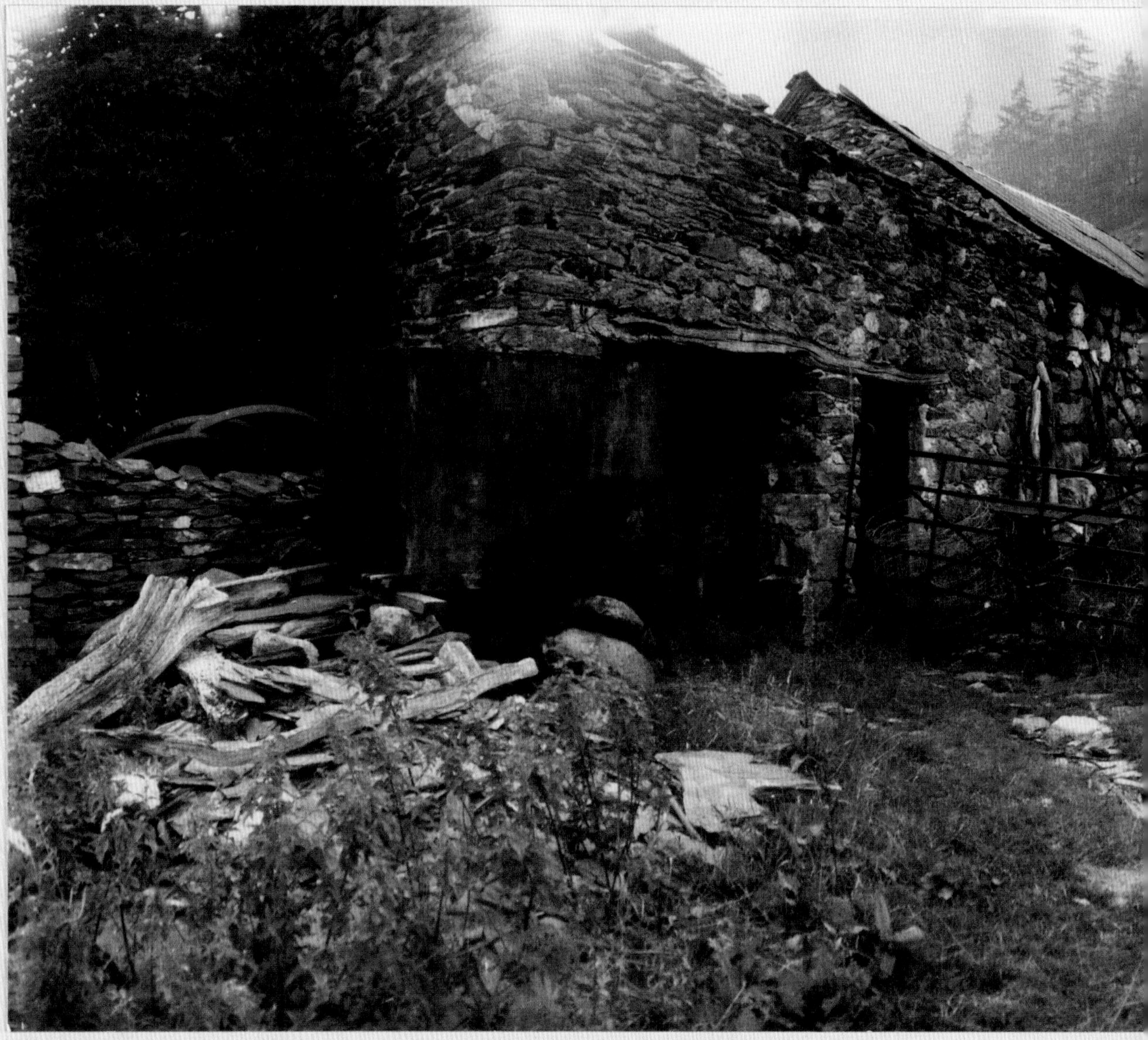

87. Paul Joyce
At the foot of Cader Idris, 1977,
ffotograff, 12.7 x 30.6 cm,
Amgueddfa Cymru.

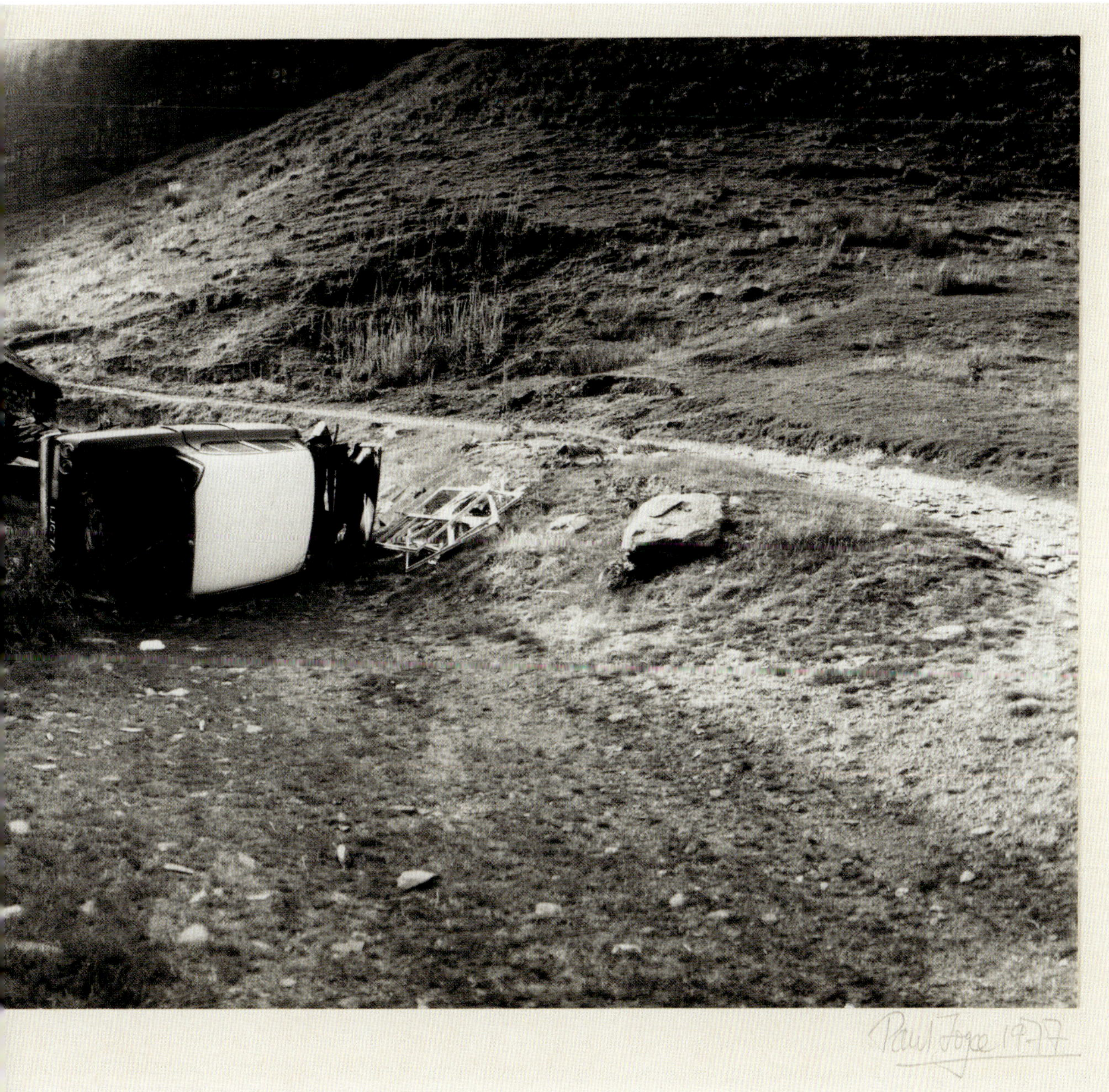

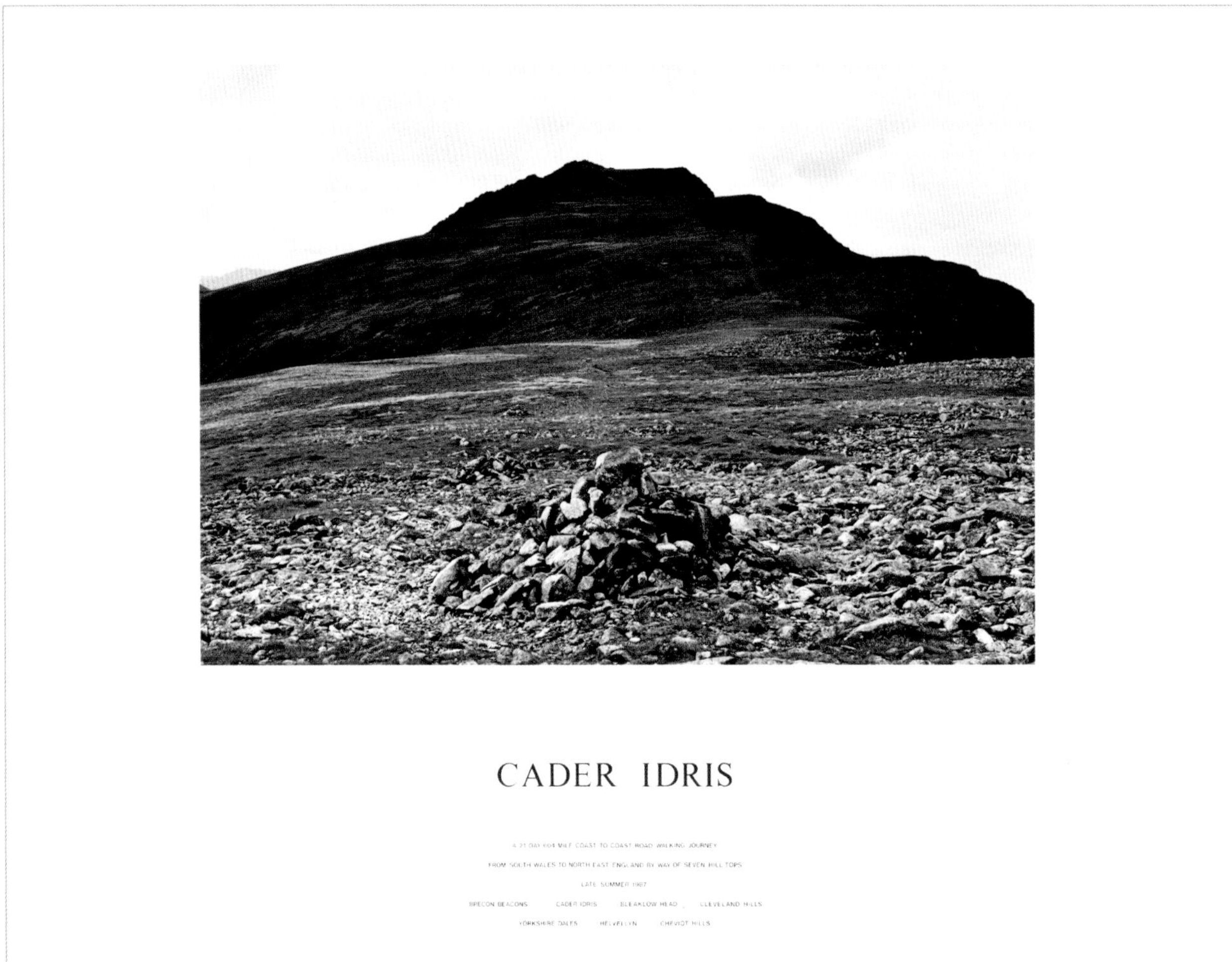
CADER IDRIS
A 21 DAY 604 MILE COAST TO COAST ROAD WALKING JOURNEY
FROM SOUTH WALES TO NORTH EAST ENGLAND BY WAY OF SEVEN HILL TOPS
LATE SUMMER 1987
BRECON BEACONS CADER IDRIS BLEAKLOW HEAD CLEVELAND HILLS
YORKSHIRE DALES HELVELLYN CHEVIOT HILLS

88. Hamish Fulton
Cader Idris, 1987, ffotograff ar fwrdd, 118.5 x 135 cm (ffrâm), Amgueddfa Cymru.

Mewn cyfweliad eglurodd: 'Dim ond ar deithiau cerdded byddaf yn tynnu fy holl luniau, a dwi ddim yn aros nes daw moment well. Cydiaf yn yr ennyd tra ei bod yno, yn digwydd, a daw'r llun o'r amser hwnnw.'

'Enaid lle unig' yw isdeitl arddangosfa o brintiau arian a phlatinwm gan Pete Davis, a arddangoswyd gyntaf yn 1997. Wedi'i eni a'i fagu yng Nghaerdydd, mae Davis dan gyfaredd Cader Idris ers ei lencyndod. Yn ystod ei grwydradau niferus bu'n canolbwyntio ar greigiogrwydd llwm, amhoblog y mynydd, yng ngolau'r haul ac weithiau pan fo niwl a chymylau isel yn cuddio'r llethrau (Ffig. 89). 'Cyhyd ag y gallaf', ysgrifennodd, 'daliaf ati i dynnu lluniau o'r Gader, a phan fydd fy nghoesau'n methu yn y diwedd, bydd y delweddau hynny yn dal wedi'u cadw yn fy nghof.' Hyd yn oed yn fwy na'r ffotograffwyr eraill roedd Davis yn ymwybodol o waith artistiaid blaenorol, ac un yn arbennig: 'dim ond ar ôl imi benderfynu neilltuo corff mawr o waith at yr union fan hon, a chychwyn ar fy ymchwil am y delweddu artistig o'r mynydd y sylweddolais bwysigrwydd 'yr artist lleol' Richard Wilson a'r llun hwnnw.' (Ffig. 90) Yn ei lyfr wedi'i seilio ar yr arddangosfa, ceir ysgrif hir ganddo ar Richard Wilson a'r 'llun hwnnw', *Llyn-y-Cau, Cader Idris*.

Mae arlunwyr cyfoes hefyd – y rhai sydd wedi glynu at werth arsylwi a thrawsnewid tirweddau – yn dal i dreulio amser ar Gader Idris ac ucheldiroedd eraill. Ymddengys gweithiau hynod Robert Newell fel petaent yn cerdded ochr yn ochr â'r rhai gan ffotograffwyr cyfoes. Mae'n arbenigo mewn darlunio a pheintio creigiau; bwydo i'w gilydd y mae'r ddau arfer. Mae cerdded ar ei ben ei hun ar fynyddoedd yn rhan ganolog o'i ddull o weithio. 'Treuliaf ddiwrnodau lawer', ysgrifenna, 'yn cerdded i ddarganfod testunau. Cynigia cerdded well dealltwriaeth o dopograffi a graddfa sy'n llywio darlunio ei hun.' Mae ganddo feddwl mawr o unigrwydd am ei allu i ysgogi 'synfyfyrio a rhyddhau'r dychymyg'.

89. Pete Davis
Llyn Cau, 1994, print gelatin/arian arlliwedig â seleniwm, 29.2 x 40.6 cm, casgliad yr artist.

Ar y dde:
90. Pete Davis
Summit of Cader Idris, 1997, print gelatin/arian arlliwedig â seleniwm, 40.6 x 29.2 cm, casgliad yr artist.

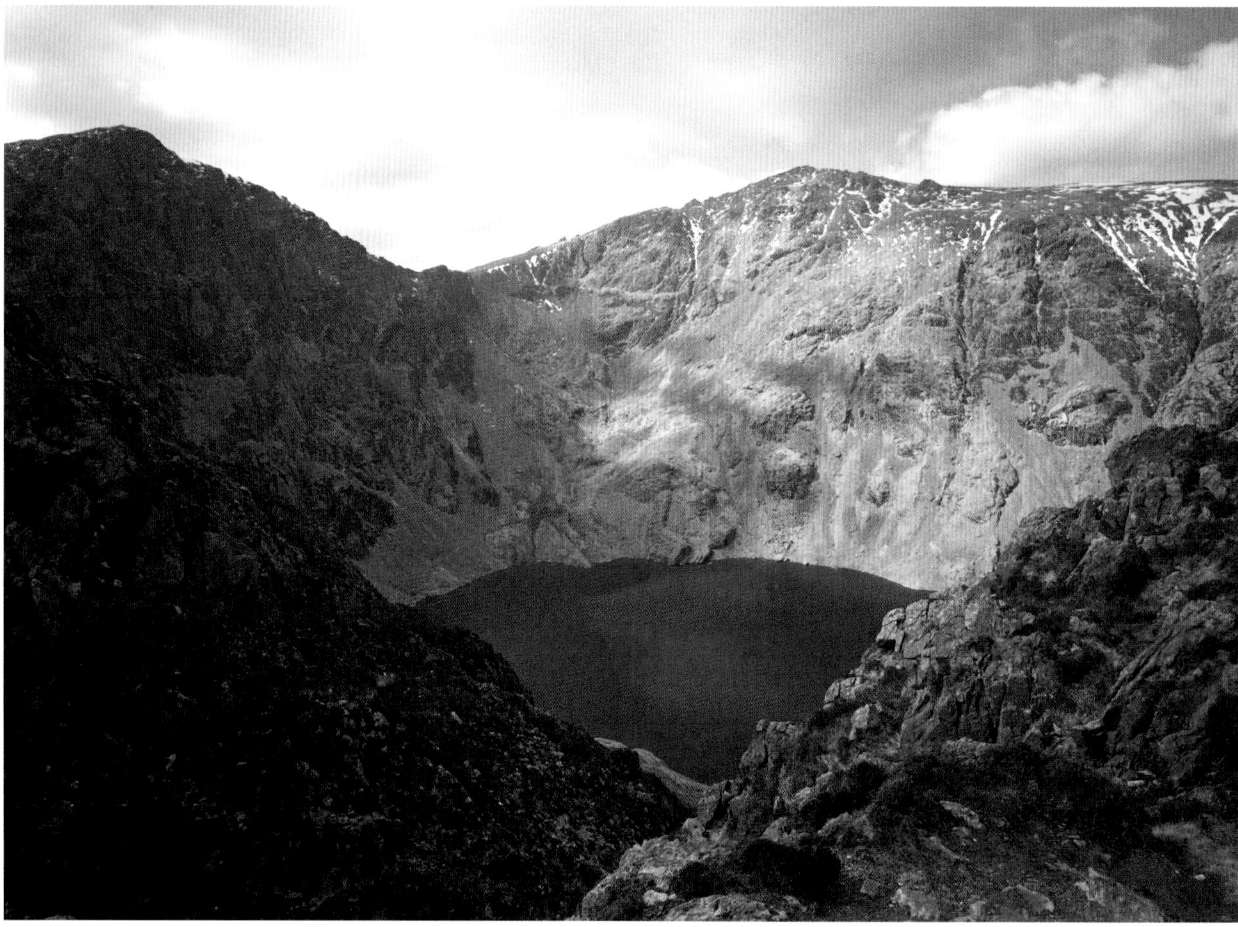

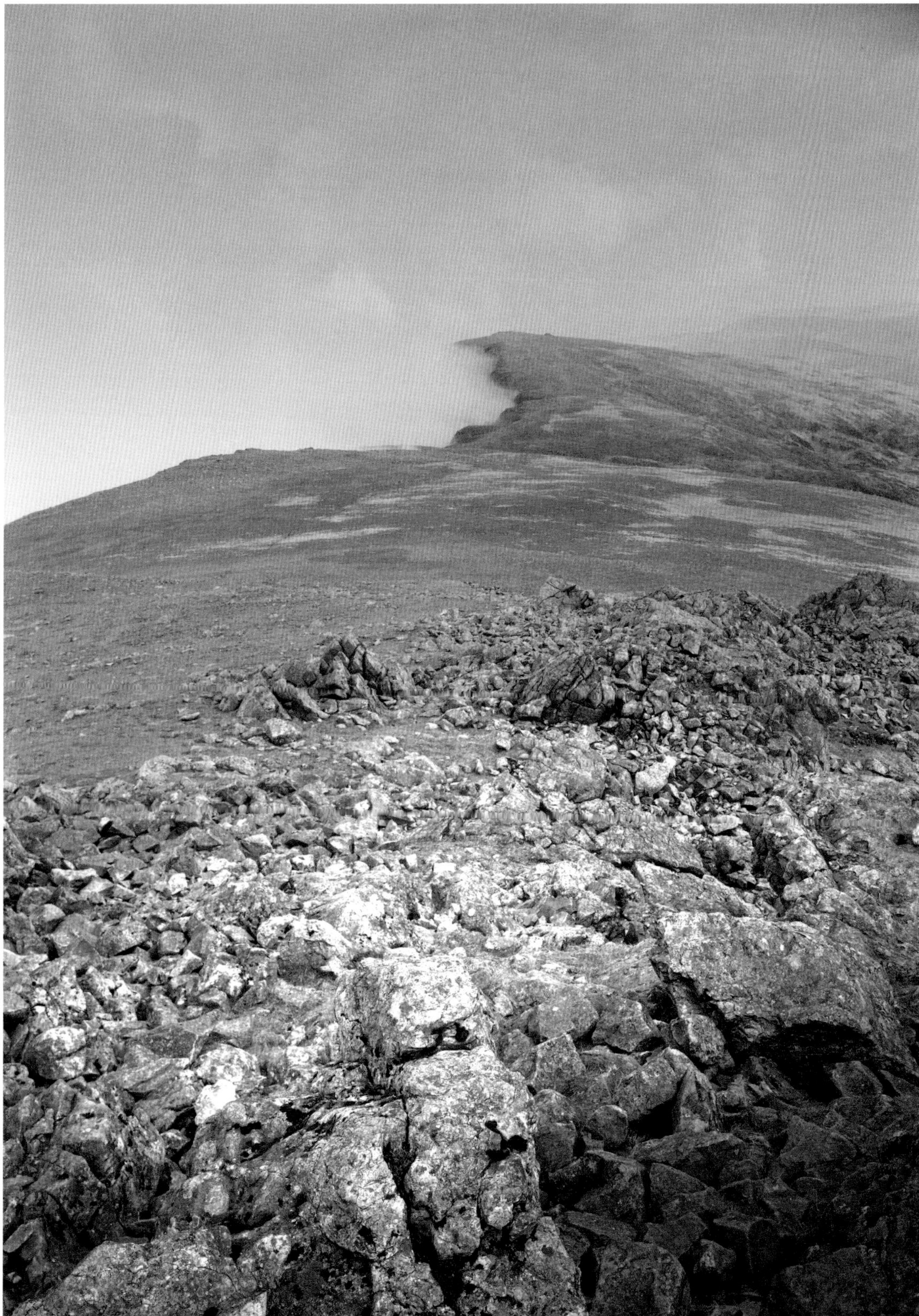

Magodd Newell ddiddordeb arbennig yn naeareg yr ucheldiroedd. Yn y 2010au gwnaeth sawl ymweliad â Phared-y-cefn-hir, allgraig ychydig i'r gogledd o Gader Idris (Ffig. 91). Ar ei llethrau mapiodd, mewn darluniau manwl, ac yna mewn llun olew, yr holltau a'r agennau yn y cerrig llaid a folcanig ar ddau gopa'r bryn. Ar Gader Idris ei hun darluniodd y blociau geometrig drylliedig o ficro-wenithfaen pilerog wedi'u gwasgaru ar hap dros lethrau sgri isaf y Cyfrwy (Ffig. 92).

Trwy ei sylwgarwch dwys a'i bortreadu manwl gywir amlyga natur gymhleth, hynafol y dirwedd, wedi'i dinoethi o'r pridd a'r planhigion sydd fel arfer yn cuddio'r graig foel.

Symudodd cyfoedion Robert Newell i'r cyfeiriad arall, tuag at arddull syml, plaen a haniaethol. Dyna oedd cywair Tom Cross, artist a ddenwyd at Gader Idris yn gyson o'r 1960au cynnar. Yn ei lun dyfrlliw a *gouache*, *Cader Idris from Talyllyn* (1994), gellir adnabod Mynydd Moel ac ymyl Craig Cau, ond lleolir nhw mewn cymysgwch haniaethol o siapiau, wedi'u bywiogi gan sawl lliw cyfnewidiol (Ffig. 93).

Yn 2000, peintiodd Alistair Crawford, a oedd, fel Newell, yn athro celf yn ogystal ag artist, lun olew o'r enw *Cader Idris (after Richard Wilson)* (Ffig. 94). Ynddo mae'n cywasgu llethrau'r mynydd a'r awyr yn ffurfiau geometrig y llinell, yr arc a'r don, gan droi Llyn Cau yn llygad siâp almon, wedi'i liwio yn las asur llyfn. Serch hynny, nid yw'n ddelwedd heb fywyd: mae strôcs brwsh strempiog yn awgrymu taith y gwynt a'r haul, mewn tirwedd a wêl yr artist yn ei gof yn hytrach nag ar led o'i flaen.

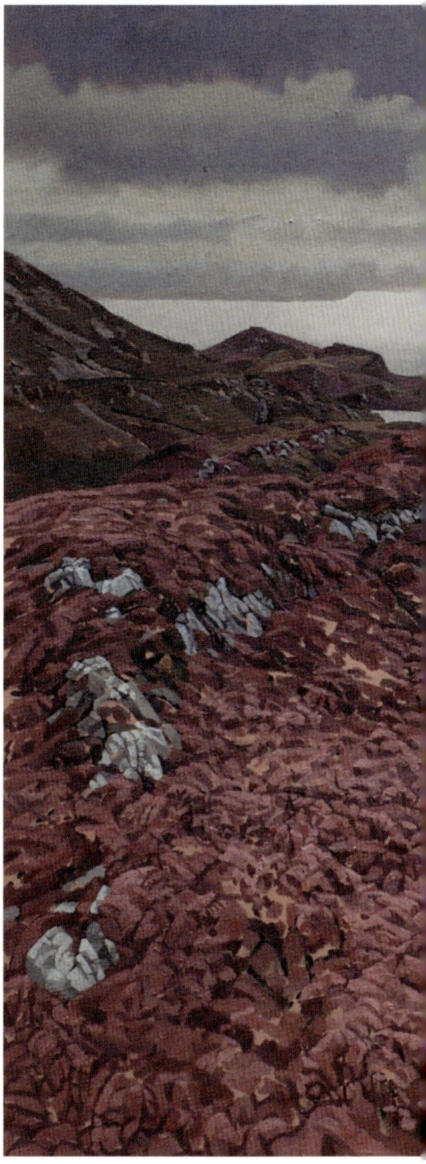

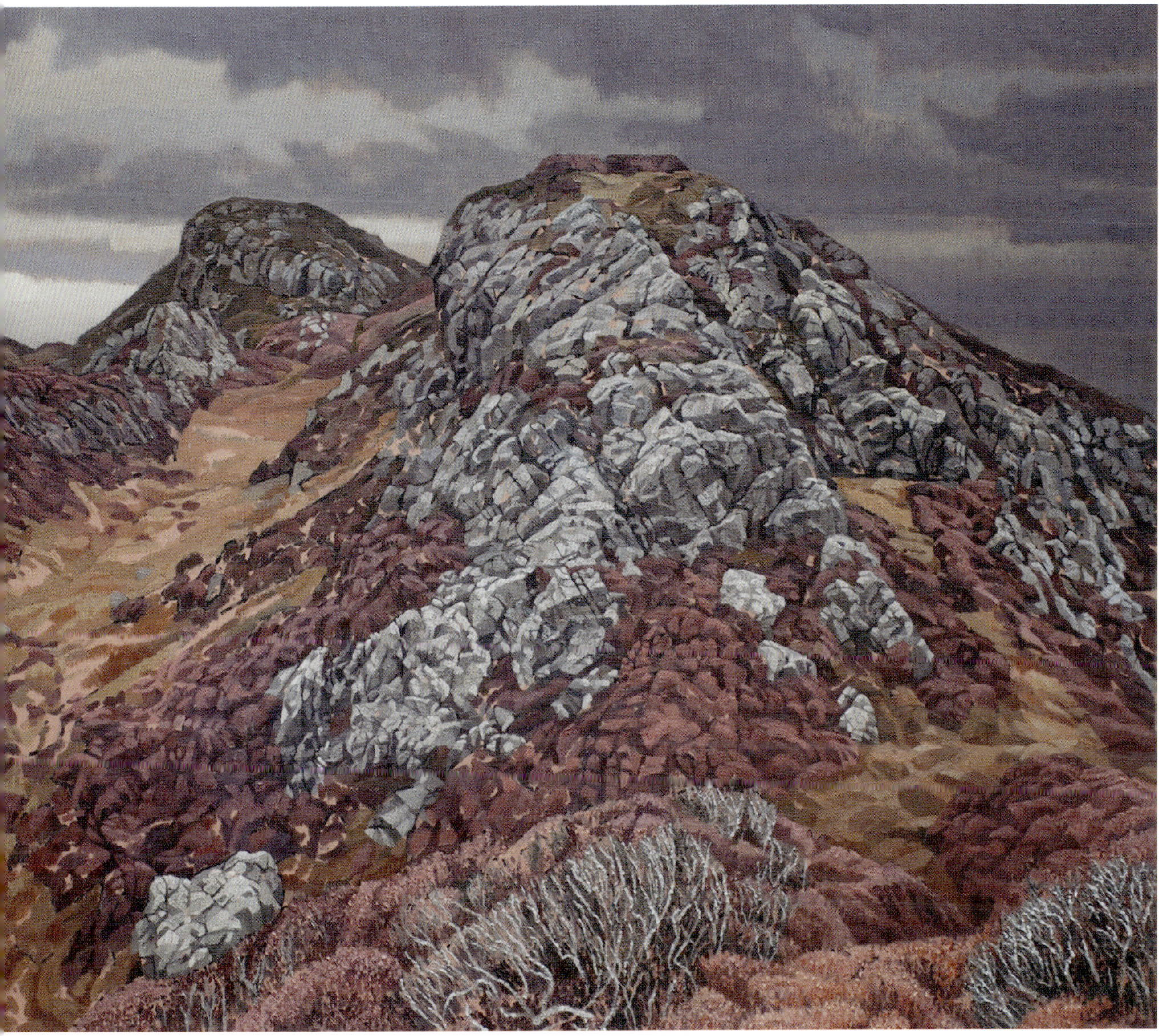

91. Robert Newell
Pared y Cefn-hir, heb ddyddiad,
olew ar gynfas, 96.5 x 15.24 cm,
casgliad yr artist.

92. Robert Newell
Cyfrwy, 2019, pastel olew ar bapur,
30 x 42 cm, casgliad yr artist.

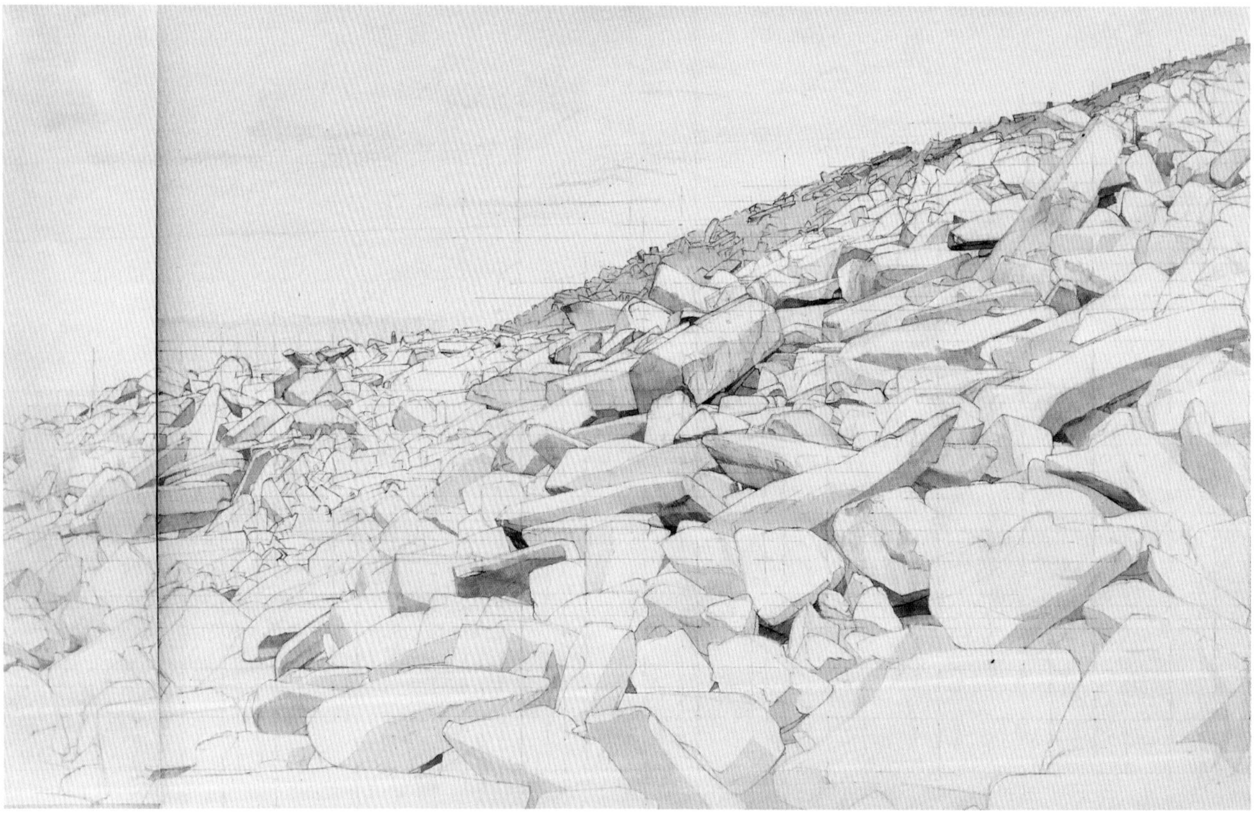

93. Tom Cross
Cader Idris from Talyllyn, 1994, dyfrlliw a *gouache* ar bapur, 45.5 x 73.5 cm, Llyfrgell Genedlaethol Cymru.

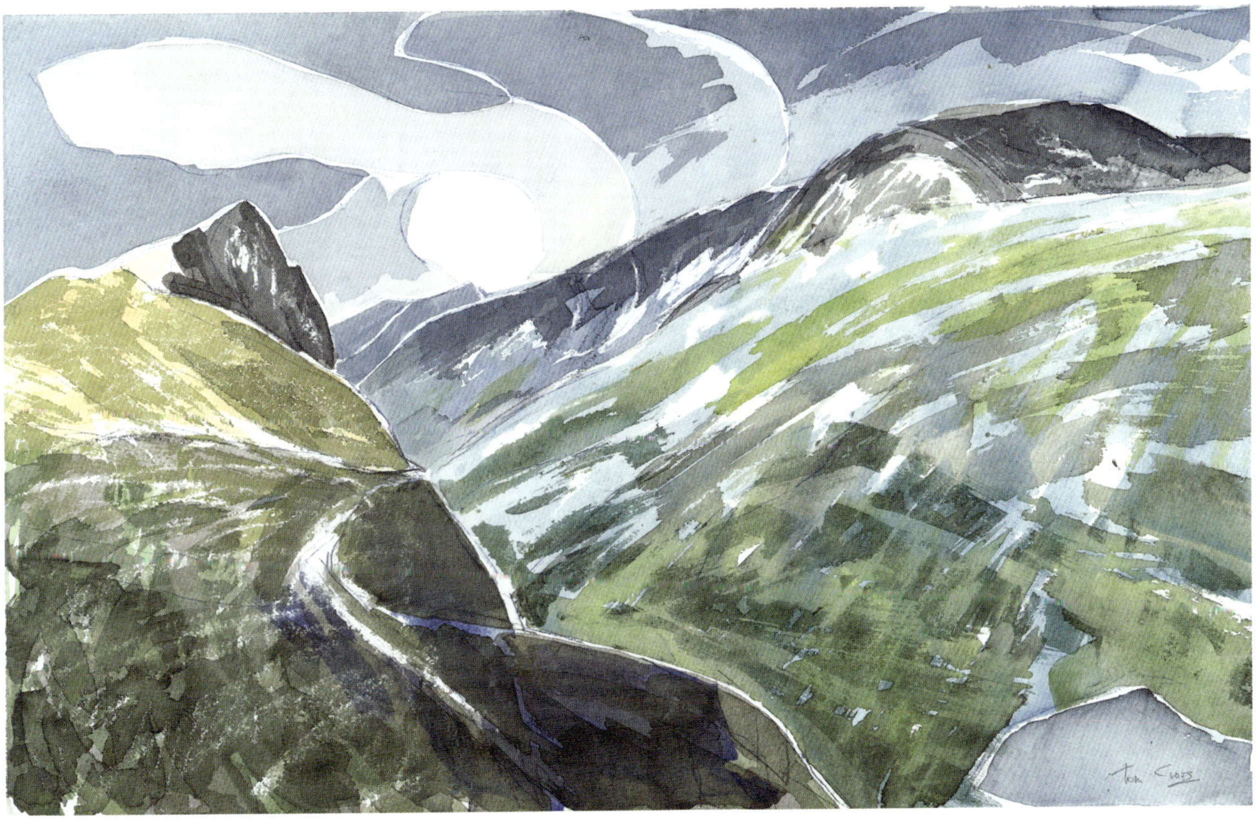

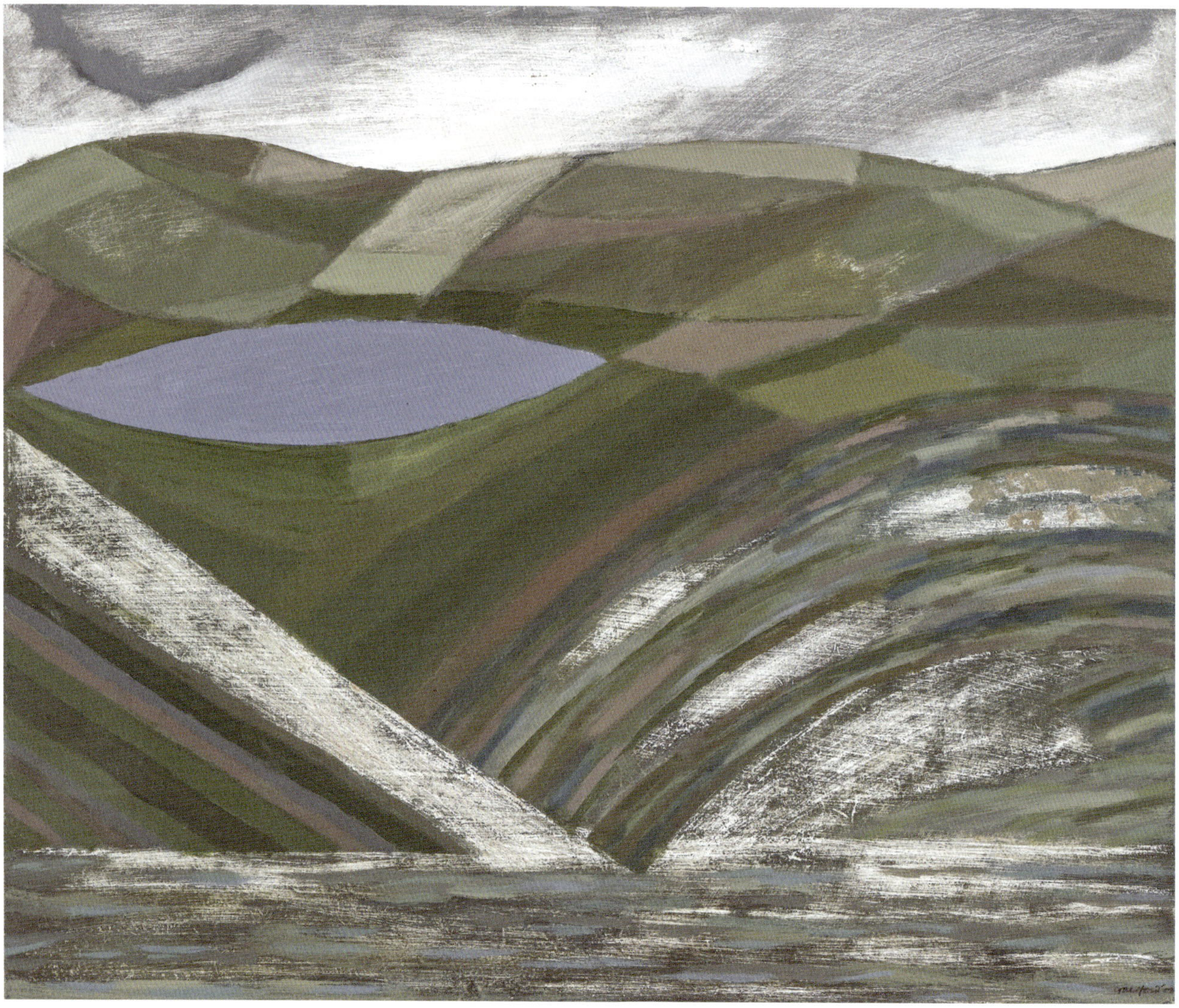

94. Alistair Crawford
Cader Idris (for Richard Wilson), 2000, olew ar fwrdd, 31.5 x 45 cm, Llyfrgell Genedlaethol Cymru.

Daeth Gillian Ayres, un o beintwyr haniaethol mwyaf blaenllaw Prydain, i adnabod Cader Idris am y tro cyntaf pan ddaeth ar wyliau i ogledd Cymru. Honnodd iddi ddringo'r mynydd ddwy ar bymtheg o weithiau yn ystod y 1950au. Nid yw ei pheintiadau yn gynrychioliadol mewn unrhyw ffordd, ond ymddengys fod gwaith fel *Cumuli* (1959) fel petai wedi'i drwytho â'r profiad o gerdded ar yr ucheldir (Ffig. 95). 'Wrth ddringo mynydd,' meddai, 'a'r cymylau'n dod i mewn, dyma pryd y dechreuwch chi weld pob peth mewn paent.' Ysgrifennodd Mel Gooding fod ffurfiau a lliwiau Ayres yn dwyn i gof 'y toddi sydyn, o'r naill i'r llall, o gysgod cymylog a disgleirdeb heulog sy'n nodweddiadol o'r tywydd bythol anwadal ar fynyddoedd gogledd Cymru.'

Mewn arddull lliwgar tebyg peintiodd Teilo Trimble *Cofio Macsen*, gwaith wedi'i ysbrydoli gan olygfa o ochr ddeheuol Cader Idris: 'rydych chi'n troi cornel, ac yn sydyn dyma'r ehangdir enfawr hwn, fel petai, yn dod amdanoch – fel ton o greigiau, ac yn eu mysg ffrwydradau o liw o'r eithin a'r grug yn eu blodau.' (Ffig. 96) Mae'r mynyddoedd uchel yn atgoffa Teilo eu bod wedi gwarchod y Cymry rhag ymosodiadau gan oresgynwyr trwy'r canrifoedd, ers cyfnod Macsen Wledig.

Mae tirluniau lled-haniaethol David Tress – o olygfeydd o'i fro ei hun yn Sir Benfro yn aml – yn adnabyddus am y ffordd y maent yn portreadu'n uniongyrchol dirwedd ddramatig a thywydd tymhestlog Cymru. Mae ganddynt arwynebau cymhleth, ac ymylon anwastad neu garpiog, sydd hefyd yn adlewyrchu gwylltineb y byd naturiol. Yn *Cadair Idris from above Dolgellau* mae Tress yn adfywio'r Aruchel mewn peintiadau o ddechrau'r bedwaredd ganrif ar bymtheg, trwy ddefnyddio iaith fynegiadaeth haniaethol (Ffig. 97). Uwchben proffil glas Cader Idris, gyrrir cymylau ar draws awyr wyntog, a throsir y tir garw, toredig yn y tu blaen gan smotiau amryliw, llinellau rhychiog a rhwygiadau papur.

95. Gillian Ayers
Cumuli, 1959, olew a ripolin ar fwrdd, 305 x 320 cm, casgliad preifat.

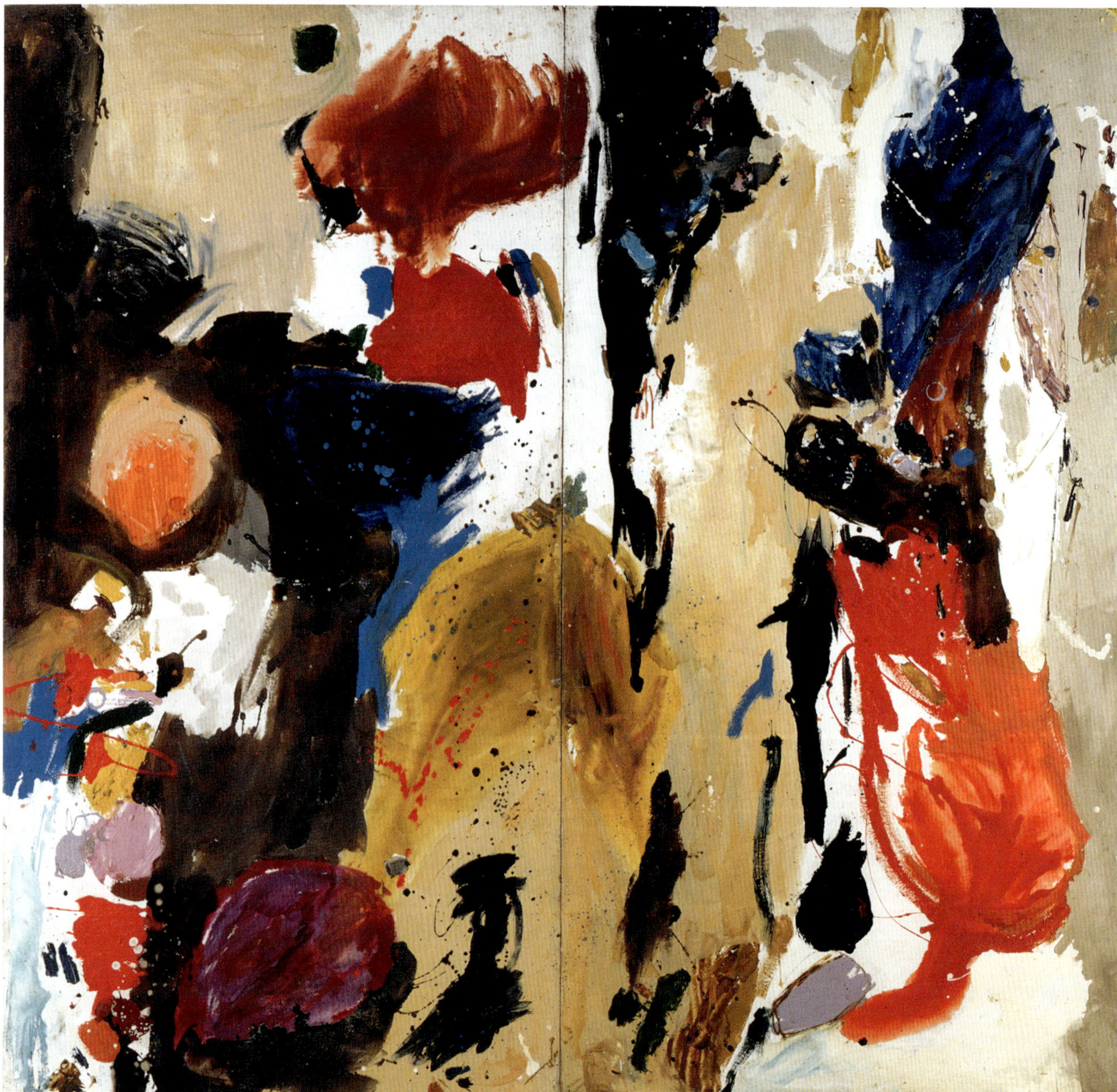

96. Teilo Trimble
Cofio Macsen, 2020, cyfryngau cymysg ar bapur wedi'i osod ar fwrdd, 49.5 x 64.5 cm, casgliad yr artist.

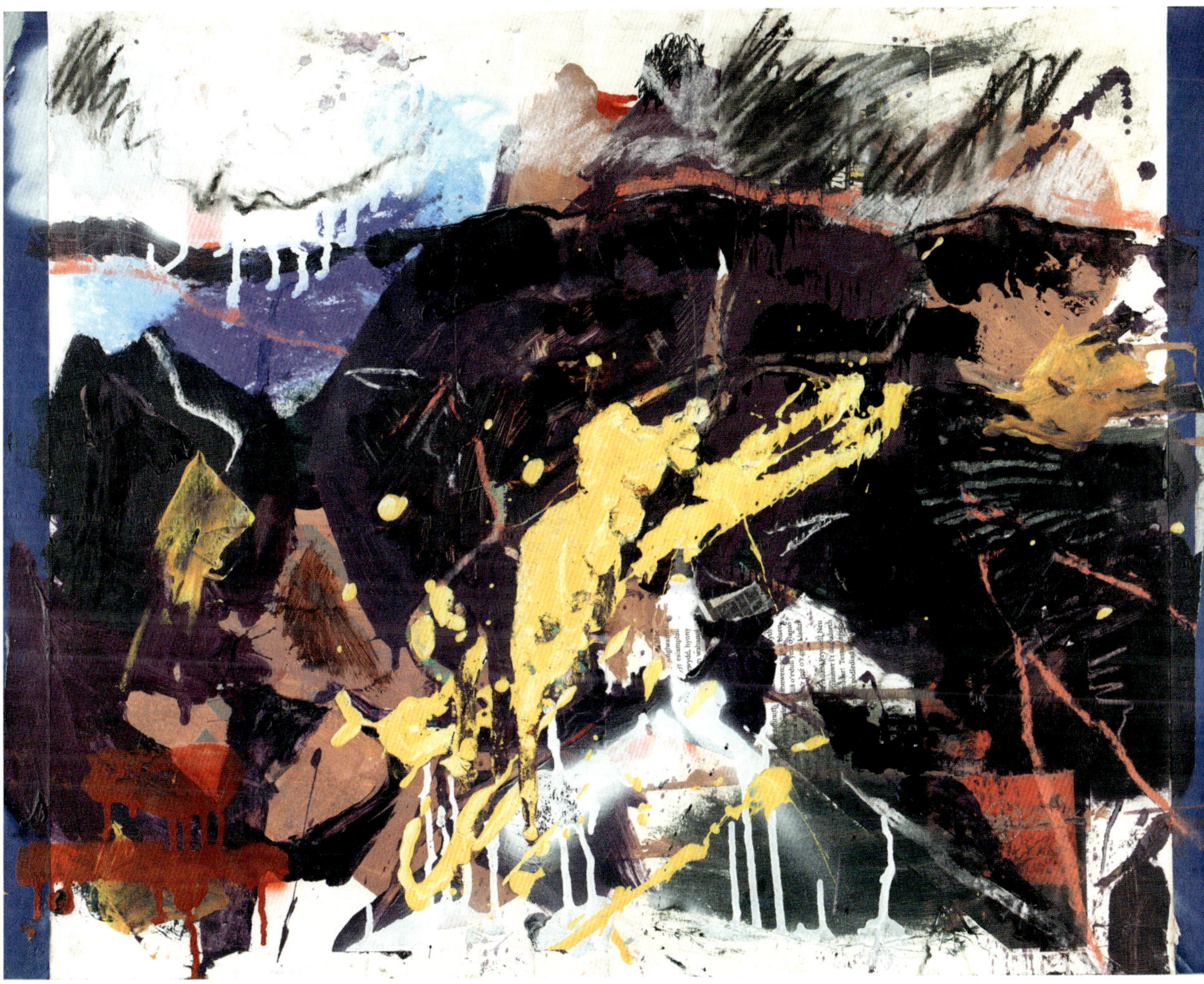

O haniaeth mae'n daith fer i gysyniadolaeth: yn fras, y gred bod y syniad y tu ôl i waith celf yn cael blaenoriaeth dros ei ffurf gorfforol derfynol. Yn ystod yr hanner canrif ddiwethaf, y syniad, yn hytrach na'r ddelwedd, o Gader Idris sydd wedi mynd â bryd sawl artist.

Yn 2001 arddangosodd yr artist o Dregaron, Ogwyn Davies, waith amlgyfrwng mawr, cymhleth o'r enw *Cader Idris* (Ffig. 98). Saif ffigwr tal, noeth Idris Gawr – 'consuriwr, seryddwr', y cawr o fytholeg y mynydd – mewn silwét balch yn erbyn yr amlinelliad o Ben-y-gader a'r awyr wedi'i britho â glas a gwyn. O'i gwmpas mae *collage* o doriadau print, mapiau (yn cynnwys taith Davies o'i gartref i Gader Idris), lluniau o Lwybr Minffordd a'r copa, a data am gyfansoddi'r gwaith. Cyfunodd, mewn delwedd unigol, y gorffennol chwedlonol a realiti presennol Cader Idris.

Efallai bod Idris Gawr yn llun Davies yn cynrychioli'r mynydd ei hun, ond gallai hefyd gynrychioli'r dringwr ar Gader Idris; mae rhai artistiaid wedi ailosod ffigyrau o'r dringwyr hynny fu'n aml yn absennol o luniau o'r Gader ers gweithiau'r artistiaid topograffig cynnar. Yn 1988 lluniodd Michael Edmonds, un o sylfaenwyr Grŵp 56 Cymru, gyfres o ddyfrlliwiau yn dwyn y teitl *Going up Cader Idris* (Ffig. 99). Yn y pedwerydd llun, rhwng silwét o'r gadwyn a chymylau syml, mae llethr serth, â marciau arni'n dynodi llwybr a chyfres o gamau i fyny tuag ati – marciau sy'n cyfateb yn weledol i'r ymdrechion a'r boddhad o ddringo. Artist arall a ysbrydolwyd yn fawr gan gerdded yw Judith Yarrow. Defnyddiodd gymysgedd o baent acrylig, papurau sidan, hesian a phastel i greu *Climbing Cader Idris on Christmas Eve* (2003)(Ffig.100). Mae ei gweadau moethus, haenog yn awgrymu'r dirwedd ac, ar yr un pryd, yn cyfleu'r profiad o gerdded ynddi.

97. David Tress
Cadair Idris from above Dolgellau, 2005, cyfryngau cymysg ar bapur, 57 x 78 cm, casgliad yr artist.

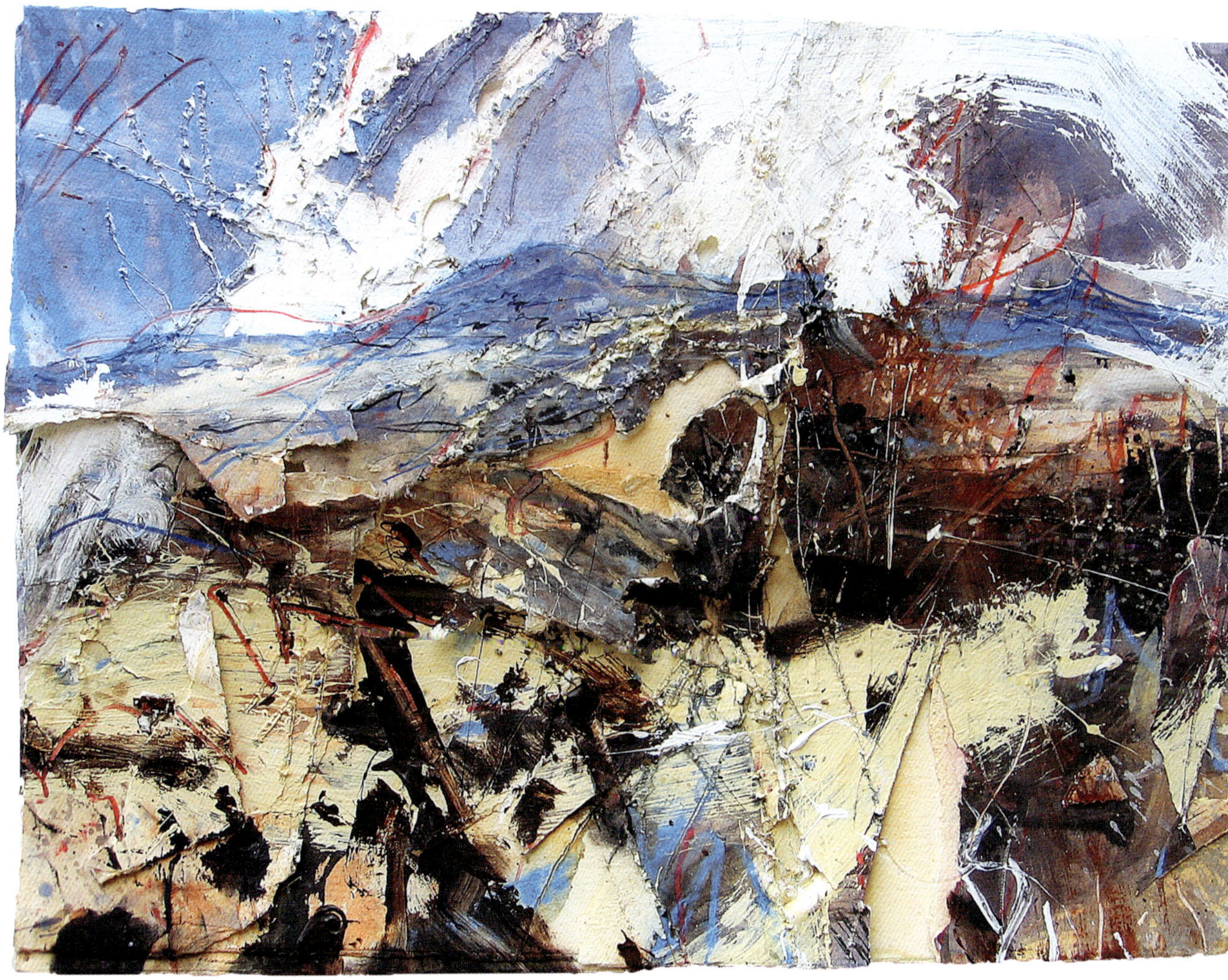

98. Ogwyn Davies
Cader Idris, 2001, cyfryngau cymysg, 74.5 x 54 cm, Llyfrgell Genedlaethol Cymru.

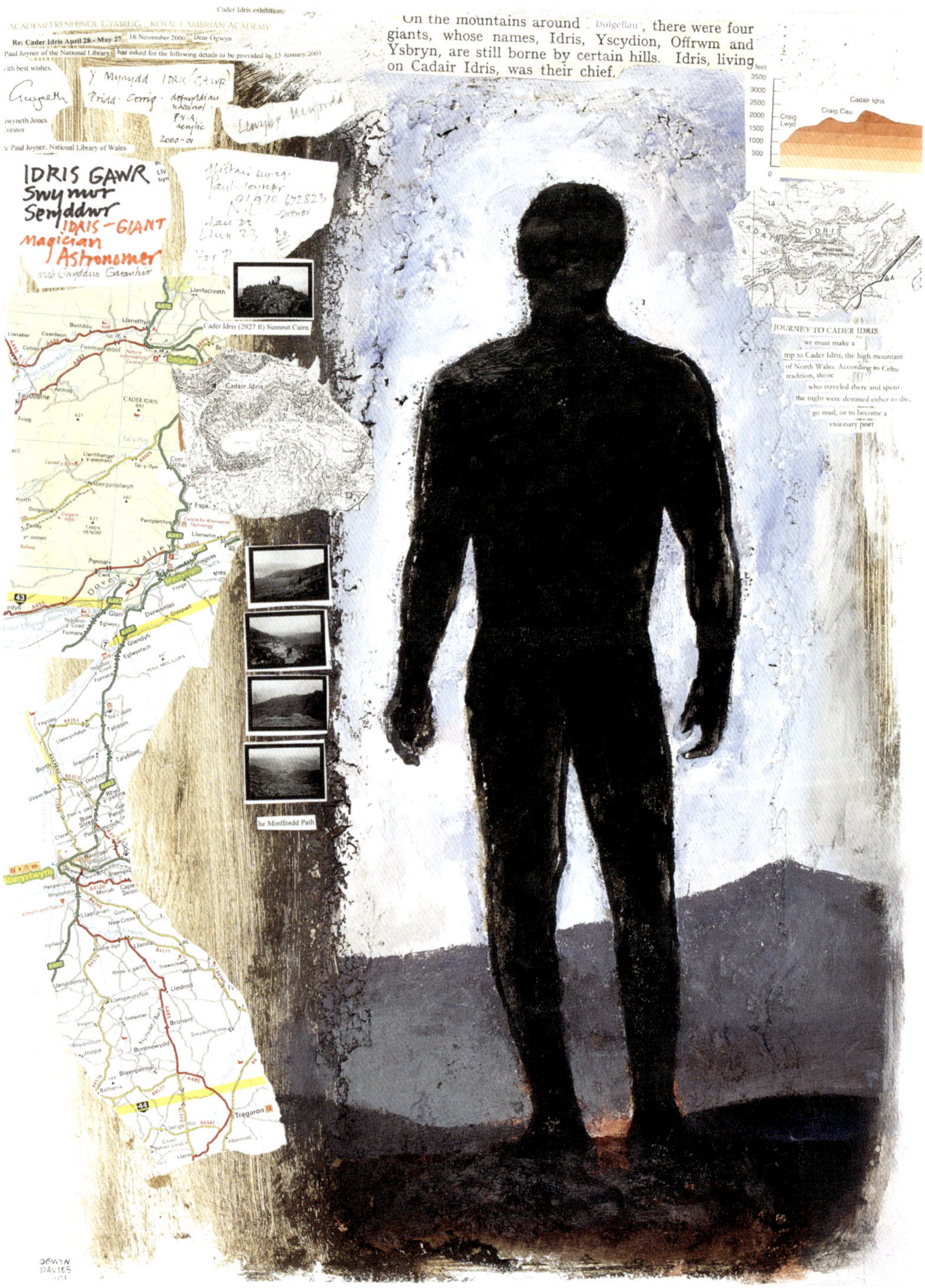

99. Michael Edmonds
Going up Cader Idris IV, 1988, dyfrlliw ar bapur, 76.5 x 73cm, Amgueddfa Cymru.

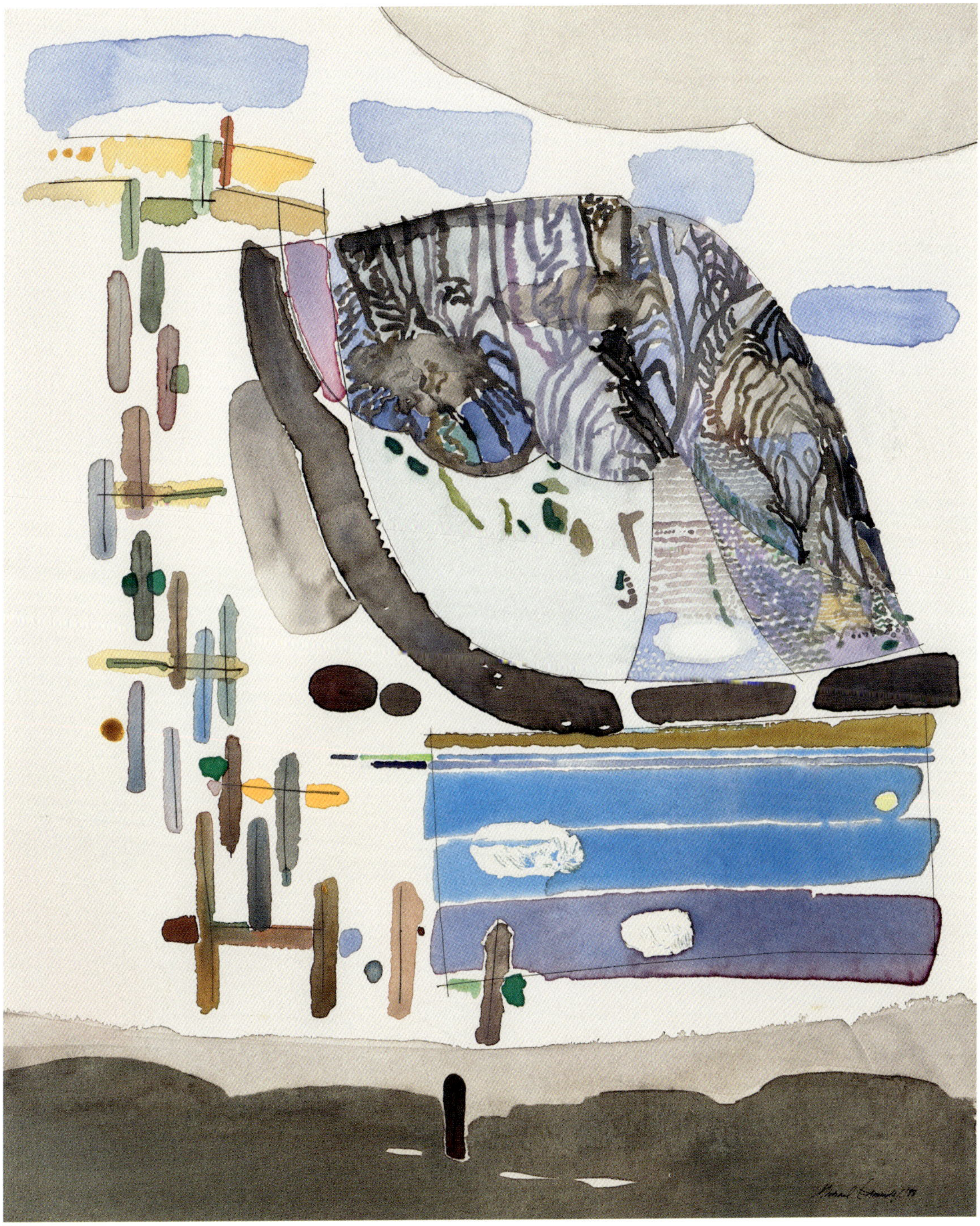

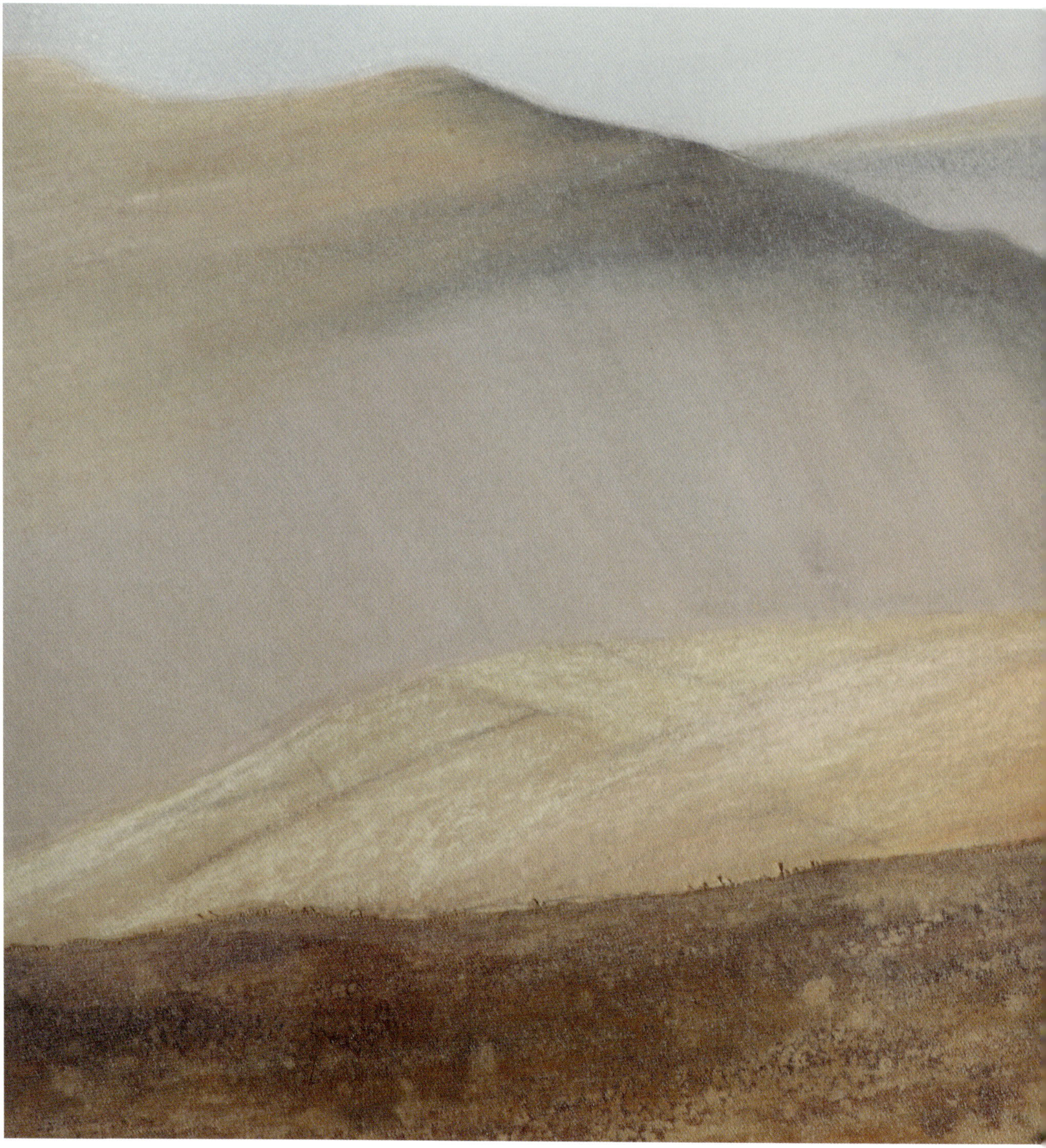

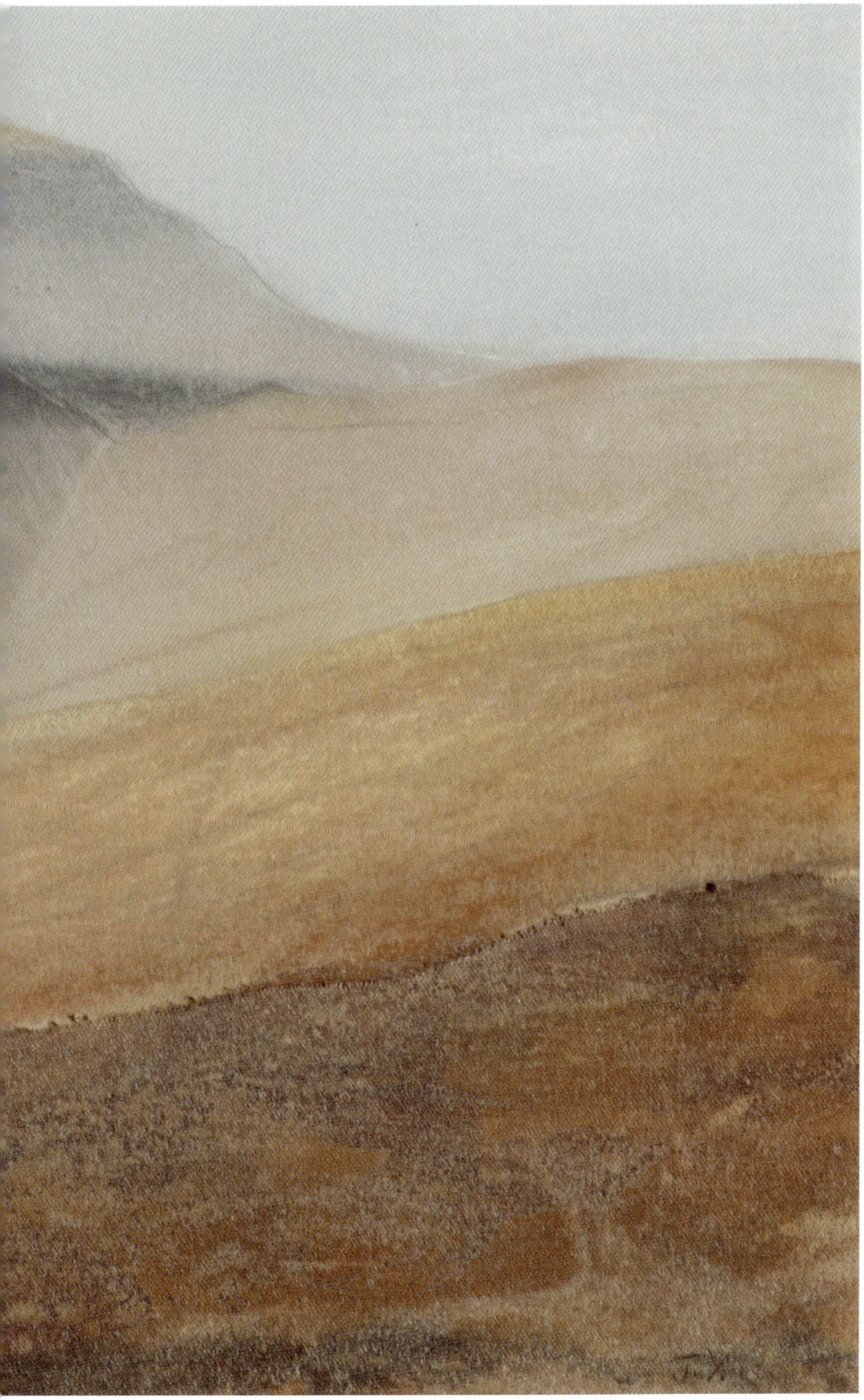

100. Judith Yarrow
Climbing Cader Idris on Christmas Eve, 2003, acrylig, pastel, olew a chyfryngau cymysg ar fwrdd, 39.5 x 64 cm, Brunel University.

101. Tony Cragg
Cader Idris, 1986, darnau plastig wedi'u gludo i fwrdd a beiciau, casgliad preifat.

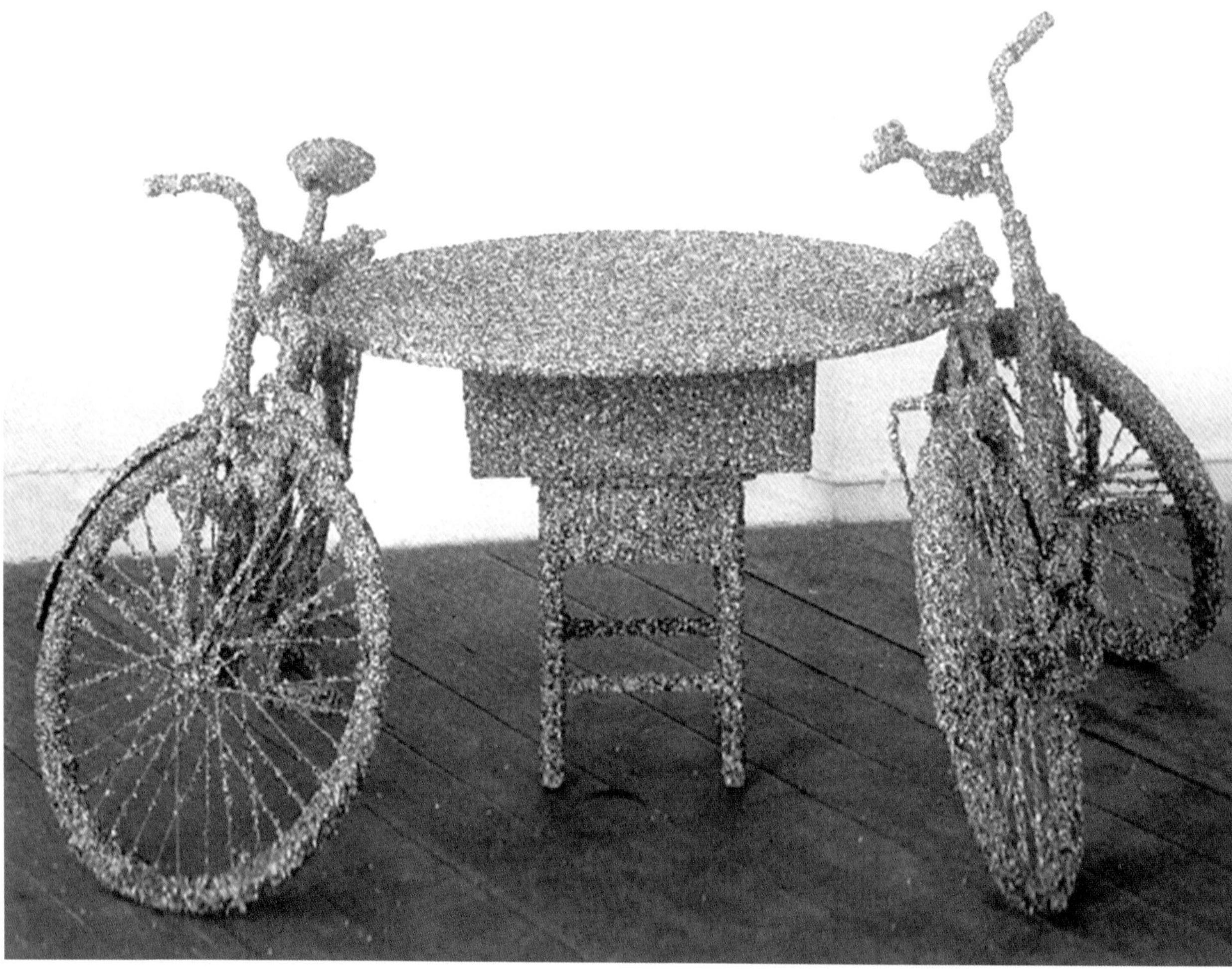

Yn ei cherdd 'Climbing Cader Idris', cymar geiriol i'r ddau waith gweledol hyn, dychmyga Gillian Clarke ei bod yn cerdded i fyny at Lyn Cau gyda chyfaill sy'n fynyddwr ('you know the mountain with your body, I with my mind'):

> You climb on to the summit
> 'to test my body further'.
> I prefer to stare at shirred water
> and the vast face of stone.
> I search for words.
>
> While I'm still catching my breath
> you describe that dizzy joy
> at the sheer page,
> 'A move so delicate
> along a traverse,
> just fingertip
> between the hold and the fall.'

Hepgorodd artistiaid mwy radical, cysyniadol wedd weledol Cader Idris yn llwyr, ac yn lle hynny chwilion nhw am fetafforau fyddai'n cymeryd lle'r syniad o'r mynydd. Yng nghherflun Tony Cragg *Cader Idris* (1986) mae dau hen feic yn pwyso yn erbyn bwrdd crwn (Ffig. 101), a gorchuddir y tri gwrthrych gan haenau o ddarnau bach plastig. Mae Cader Idris yn bodoli i Cragg fel cof byw ac 'eithriadol brydferth'. dringodd hi am y tro cyntaf yn blentyn ysgol, a deng mlynedd yn ddiweddarach daeth yr holl ffordd o Lundain ar gefn beic i'w dringo eto.

Yn 1990 gosodwyd cyfres o stripiau dur wedi'u lliwio ar wyneb gogleddol Llyfrgell Ganolog Birmingham (Ffig. 102). Enw'r gwaith celf hwn oedd *Cader Idris – Horizon Line*, gan David Patten, artist o ganolbarth Lloegr. Roedd Patten wedi darganfod bod yn well gan artistiaid Fictoraidd o Birmingham, fel William Ellis, beintio Cader Idris a mynyddoedd eraill yng Nghymru yn hytrach na golygfeydd o'u dinas eu hunain. Ar blac gerllaw, ysgrifennodd Patten ddyfyniad:

> Wrth ddisgyn o fryn uchel, cefais olwg lawn, o dan haul disglair, o Gader Idris. Pe gofynner imi pa hyd fyddai llinell a dynnwyd o'r llygad i'r copa, atebwn, 'milltir, am wn i.' Credaf mai rhagor na phum milltir yw'r hyd; mor dwyllodrus yw'r olwg wrth edrych ar un gwrthrych yn unig, a hwnnw'n uchel.

102. David Patten
Cader Idris – Horizon Line, 1990,
cerflun dur, 200 x 3000 cm,
Birmingham Museums Trust.

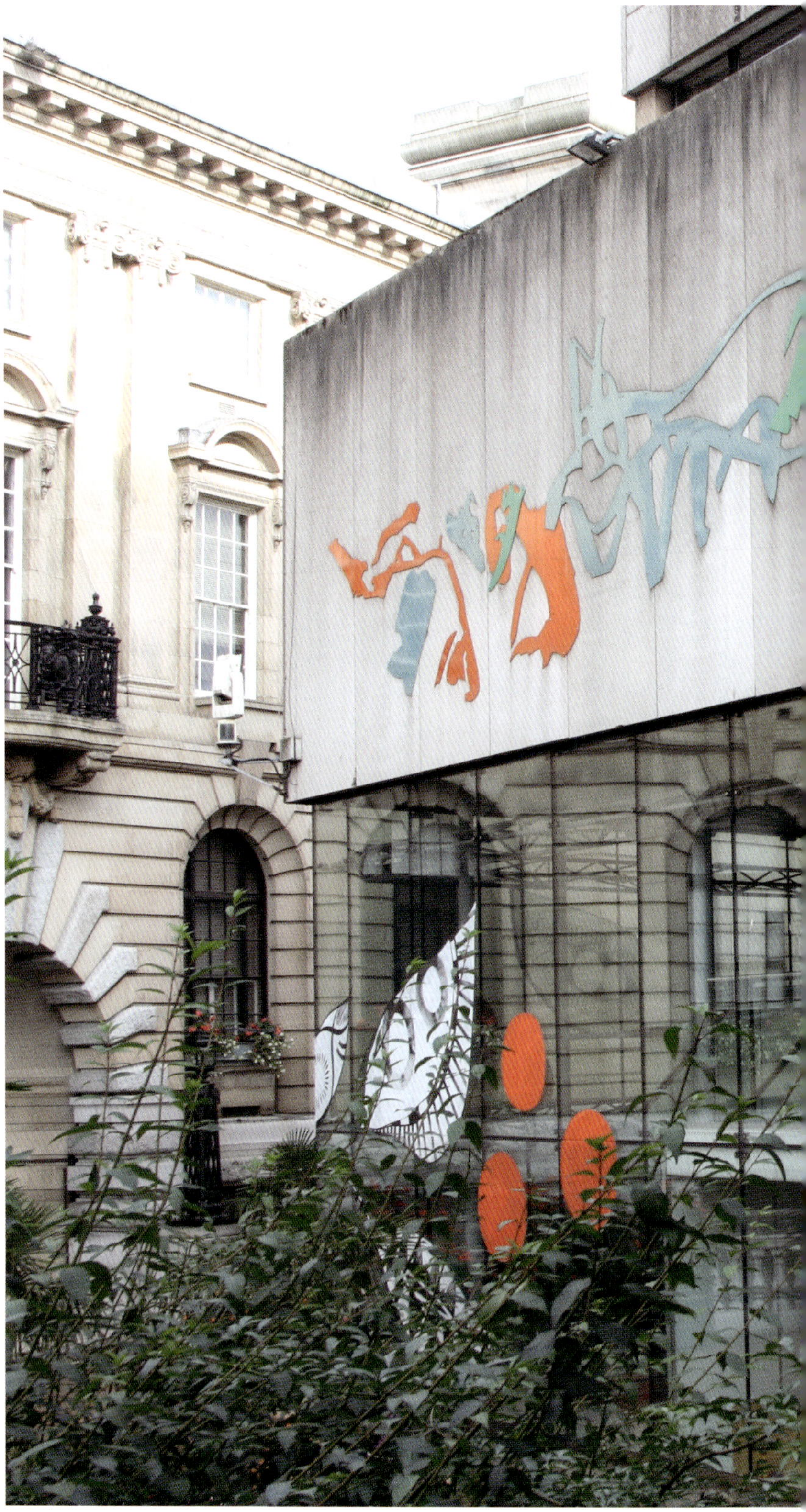

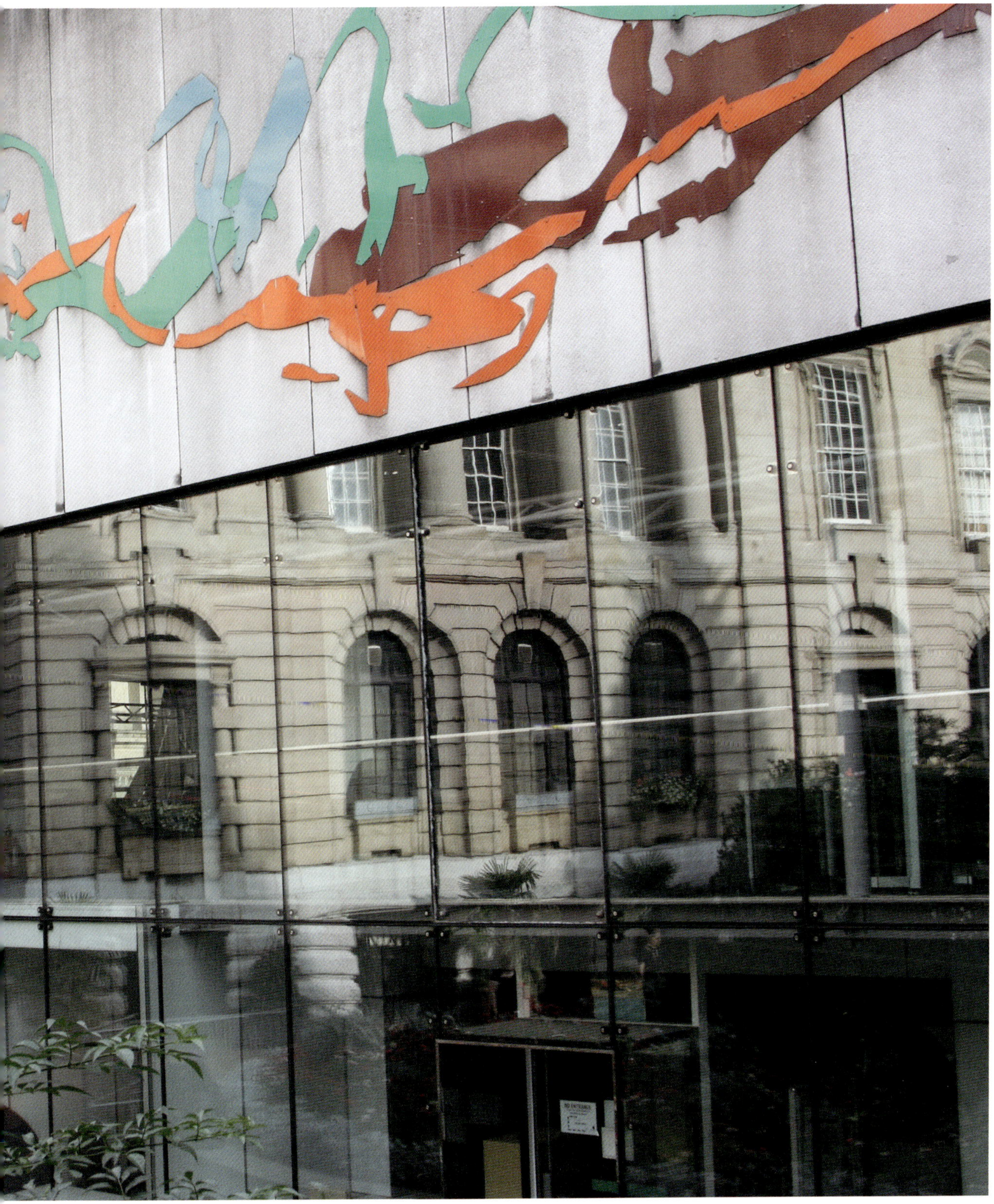

Dyma'r geiriau a gyhoeddwyd yn 1803 mewn llyfr gan William Hutton, hanesydd Birmingham, Undodwr a cherddwr, a ymwelodd yn aml â gogledd Cymru. Adleisia llinellau'r paneli dur dirffurfiau Cader Idris. Mae'r gwaith hefyd yn tynnu sylw i'r pellter daearyddol a meddyliol rhwng gogledd Cymru gwledig a Birmingham diwydiannol, a'r bwlch rhwng canfyddiad gweledol a realiti ofodol a oedd yn drysu Hutton. Pan ddymchelwyd y Llyfrgell Ganolog yn 2016, aethpwyd â'r gwaith celf i storfa.

Yn 1999 ymddangosodd gwaith celf sylweddol arall, ar y cyntedd y tu allan i orsaf reilffordd Caerdydd Canolog. Cafodd William Pye ei gomisiynu i greu cerflun carreg, pedwar metr o uchder, o'r enw *Cader Idris* (Ffig. 103). Ei brif ysbrydoliaeth, fel sy'n wir yn aml yn achos artistiaid Cader Idris, oedd llun Richard Wilson, gwaith yr oedd Pye wedi'i edmygu ers ei lencyndod. Defnyddiodd ddau fath o garreg (heb unrhyw gyswllt â Chader Idris), tywodfaen Woodkirk o Swydd Efrog a phennant glas o dde Cymru.

Gwnaeth Pye leihau'r copaon o amgylch Llyn Cau, a'u llyfnhau, fel Cézanne, i wneud siapiau geometrig. Mae côn, sy'n atgoffa rhywun o'r siâp yn llun Richard Wilson *Llyn-y-Cau, Cader Idris*, yn codi i'r awyr, ac yn ymestyn i'r ochr mewn arc bron yn hanner cylch i amgáu 'dŵr tybiedig' y llyn rhewlifol, ar ffurf y bloc pennant tywyll. Wrth ei droed ychwanegodd Pye lwyfan mewn efydd, wedi'i haddurno â thair ar ddeg cerdd, yn Gymraeg ac yn Saesneg, yn cynnwys englyn wedi'i gomisiynu yn unswydd gan Rhys Dafis:

> Mae enaid angen munud – o afael
> y dref, ac mae gwynfyd
> fry yn bell o ferw'n byd
> yn hedd mynydd am ennyd.

> When my soul needs some solace – from urban life,
> there's bliss for a minute
> far and high from bustling streets
> alone on a peaceful mountain.

103. William Pye
Cader Idris, 1997-9, cerflun carreg ac efydd, yn wreiddiol ger gorsaf reilffordd Caerdydd Canolog, bellach ger Windsor Esplanade, Caerdydd.

Tudalennau 178-179:
104. Bedwyr Williams
Tyrrau Mawr (dydd), 2016, llun llonydd o osodiad fideo, Amgueddfa Cymru.

Tudalennau 180-181:
105. Bedwyr Williams
Tyrrau Mawr (nos), 2016, llun llonydd o osodiad fideo, Amgueddfa Cymru.

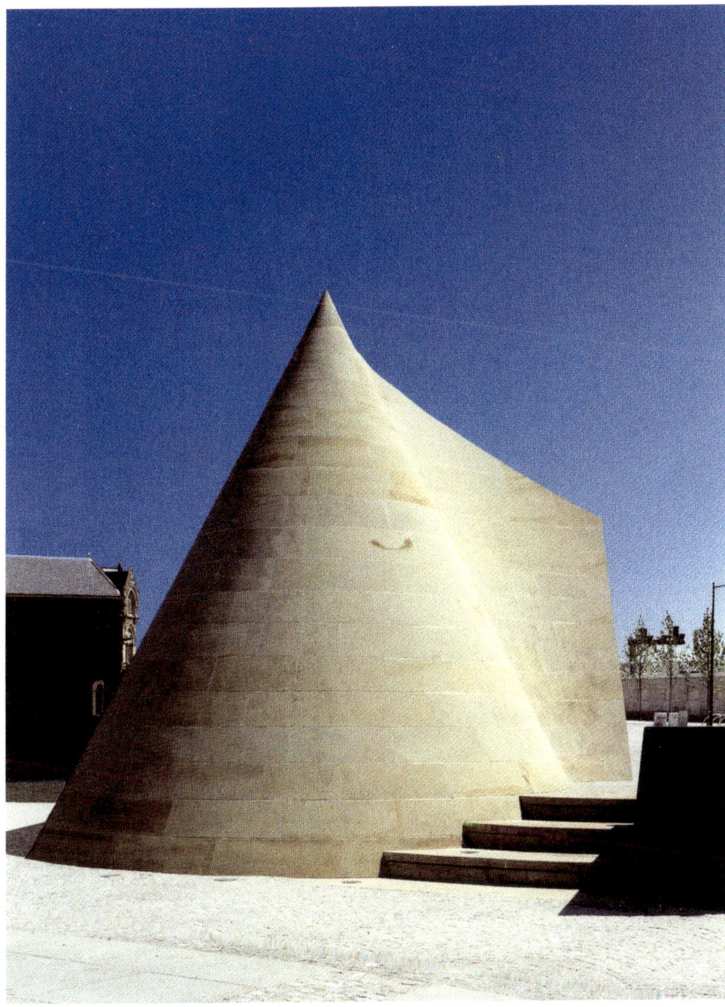

Fel *Cader Idris* David Patten, nid yw cerflun Pye bellach ar y safle lle cafodd ei osod gyntaf. Pan ailgynlluniwyd y Sgwâr Canolog ryw ddeng mlynedd yn ddiweddarach, cafodd y gwaith ei ddatgymalu a'i symud. Cafwyd hyd i gartref newydd iddo yng Ngwarchodfa Gwlypdiroedd Bae Caerdydd, er bod y llwyfan efydd a'r cerddi wedi diflannu.

Y gwaith celf mwyaf beiddgar o'r gweithiau cysyniadol sy'n ailddychmygu Cader Idris yw *Tyrrau Mawr*, fideo ymdrochol ugain munud o hyd, a greodd yr artist o Wynedd Bedwyr Williams ar gyfer gwobr Artes Mundi yn 2016 (Ffig.104-105). Fe'i cynlluniwyd i'w daflunio'n ddigidol ar wal lawn un o'r orielau mwyaf yn Amgueddfa Cymru yng Nghaerdydd. Mae ei deitl yn chwarae ar eiriau, gan gyfeirio at bentyrrau o dyrau dinesig ac at enw'r copa ar Gader Idris.

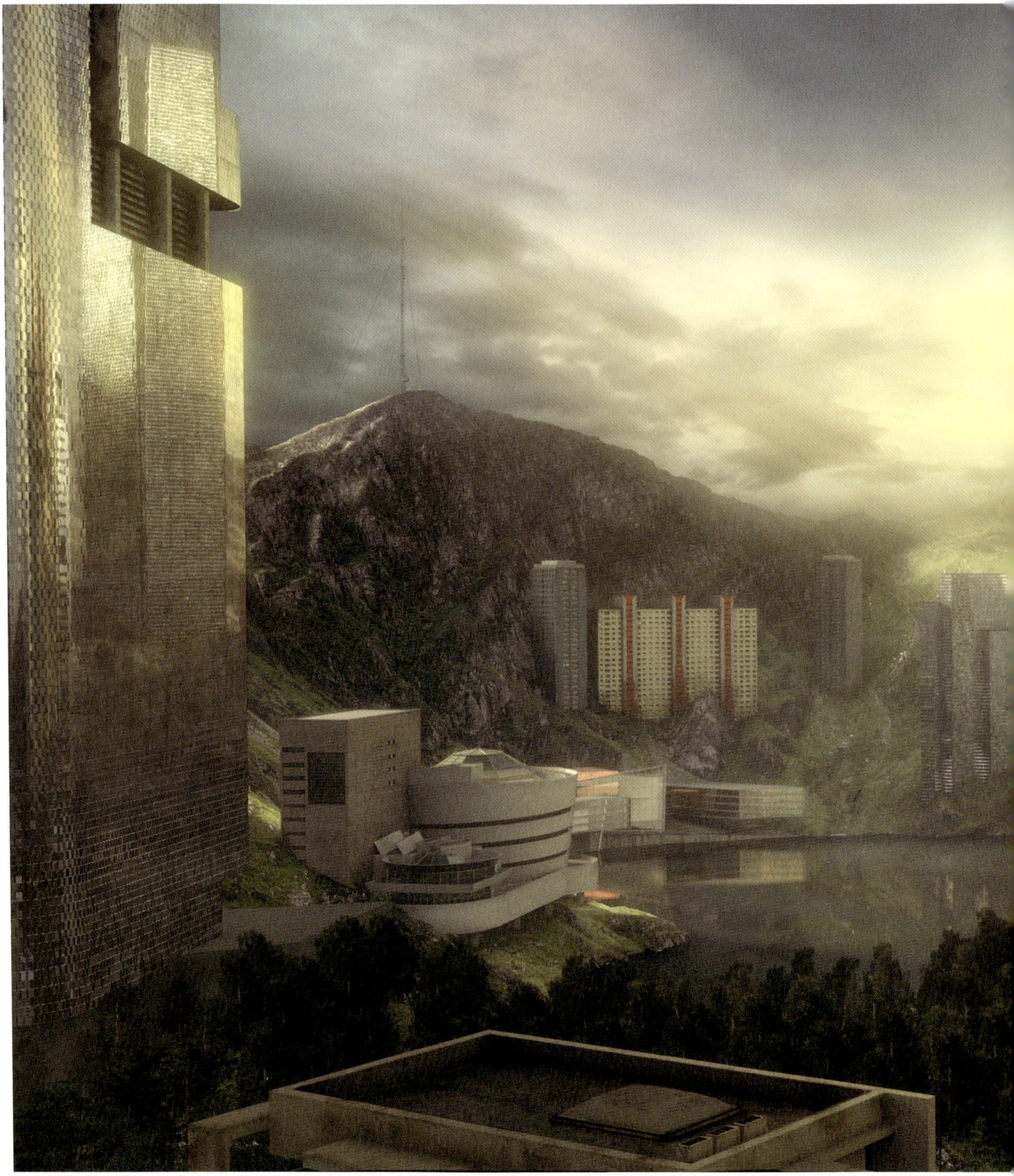

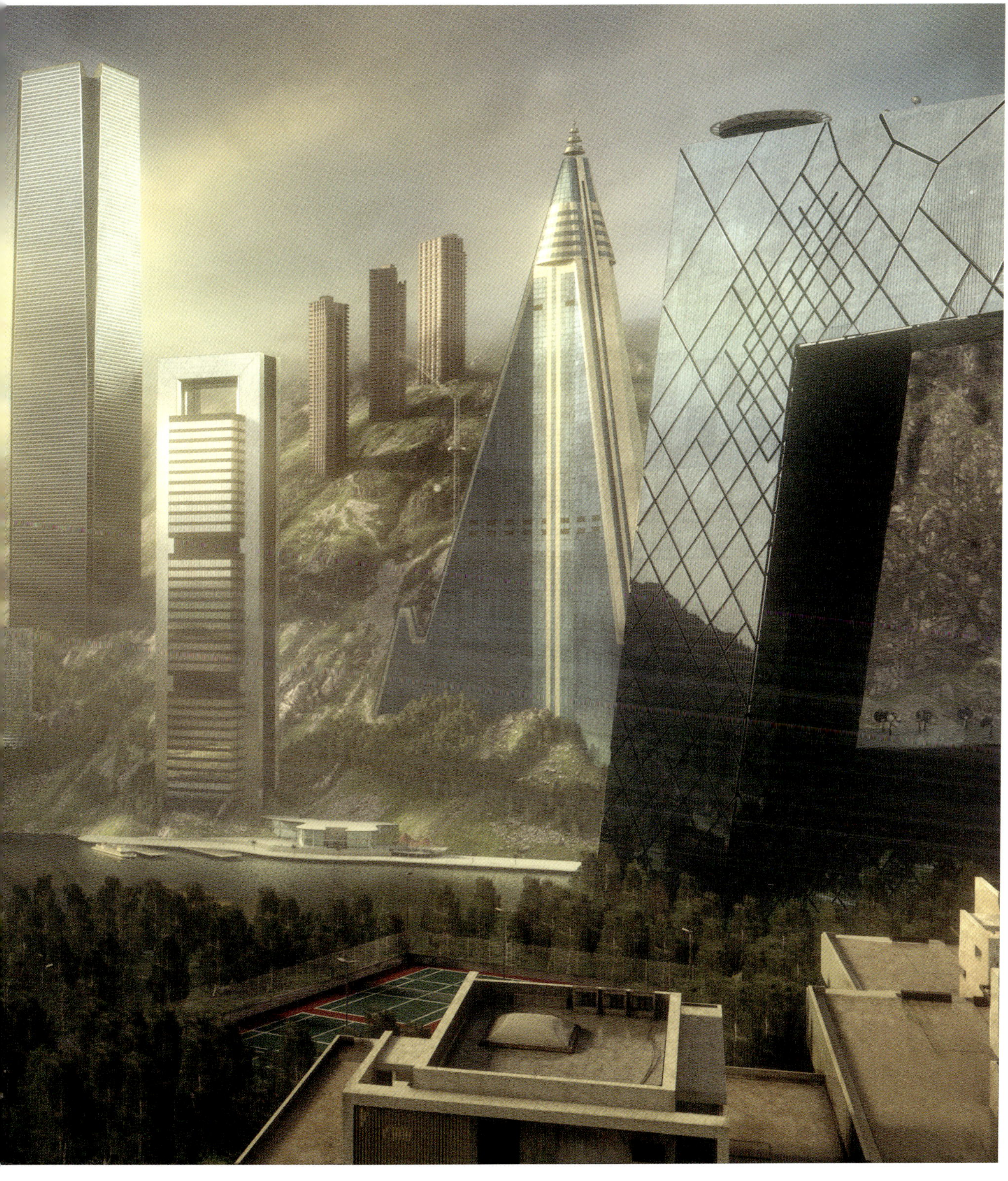

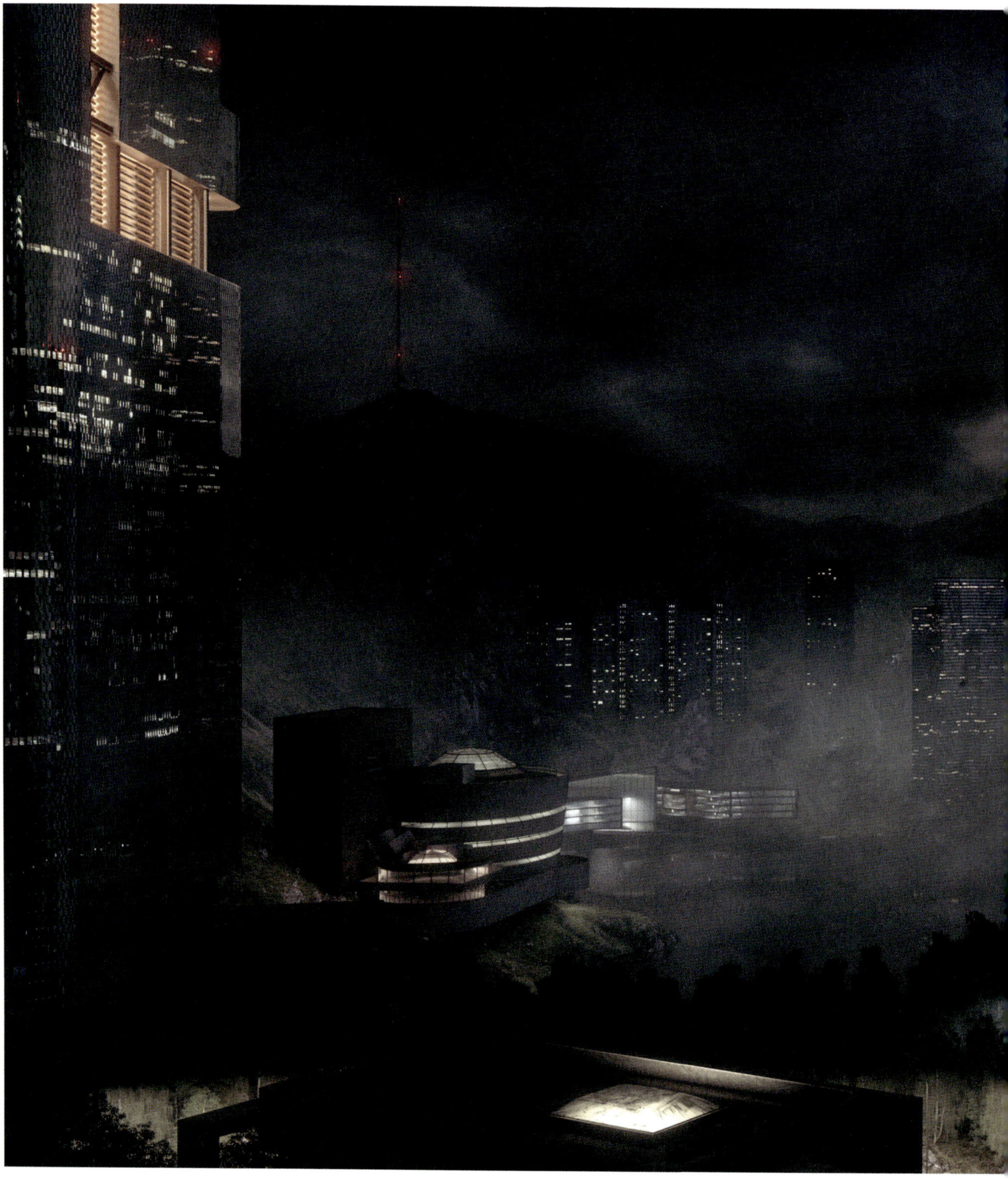

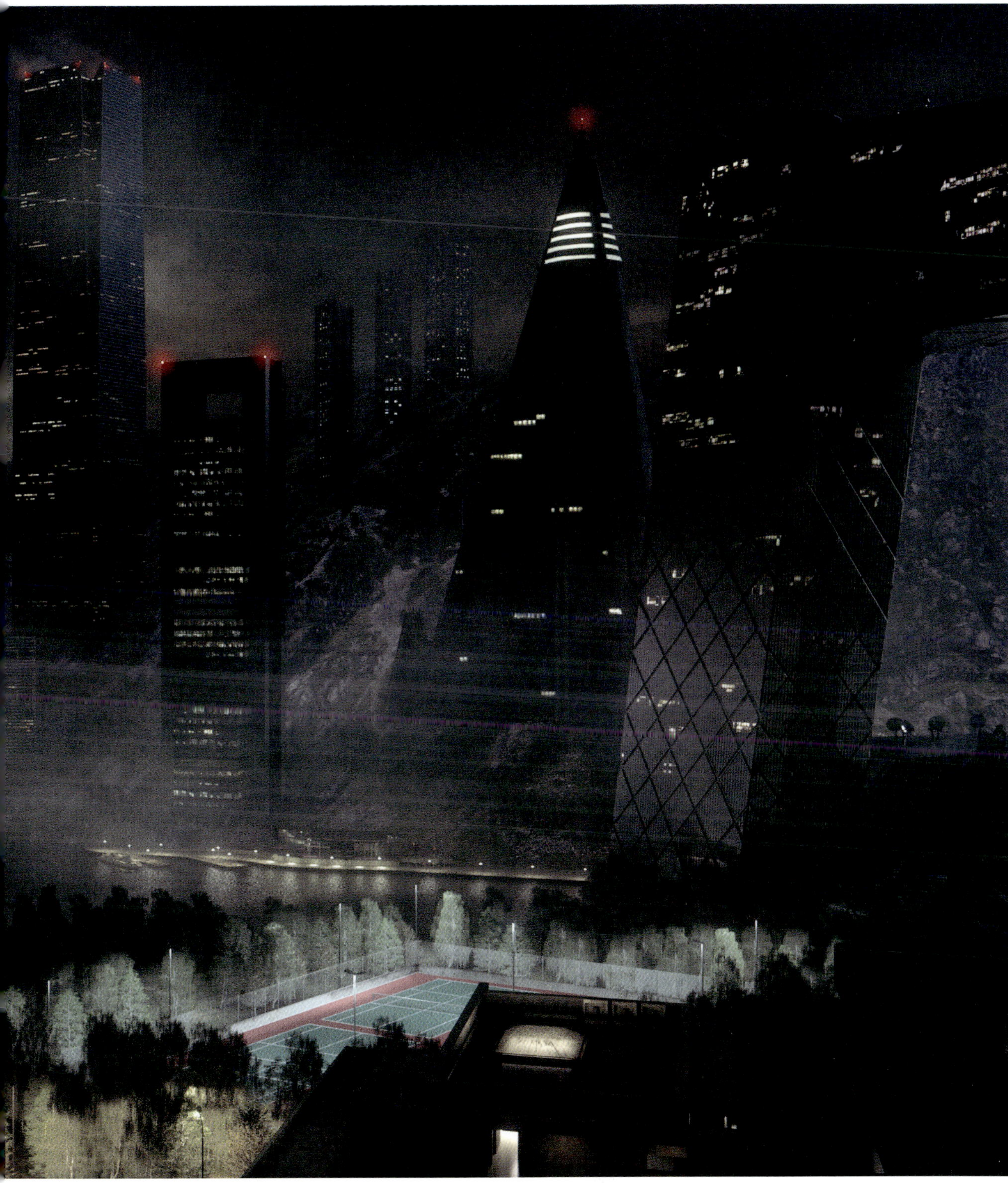

106. Eleri Mills
Cader Idris dan y sêr, 2001, paent,
siarcol a phastel ar bapur,
72 x 112 cm, casgliad preifat.

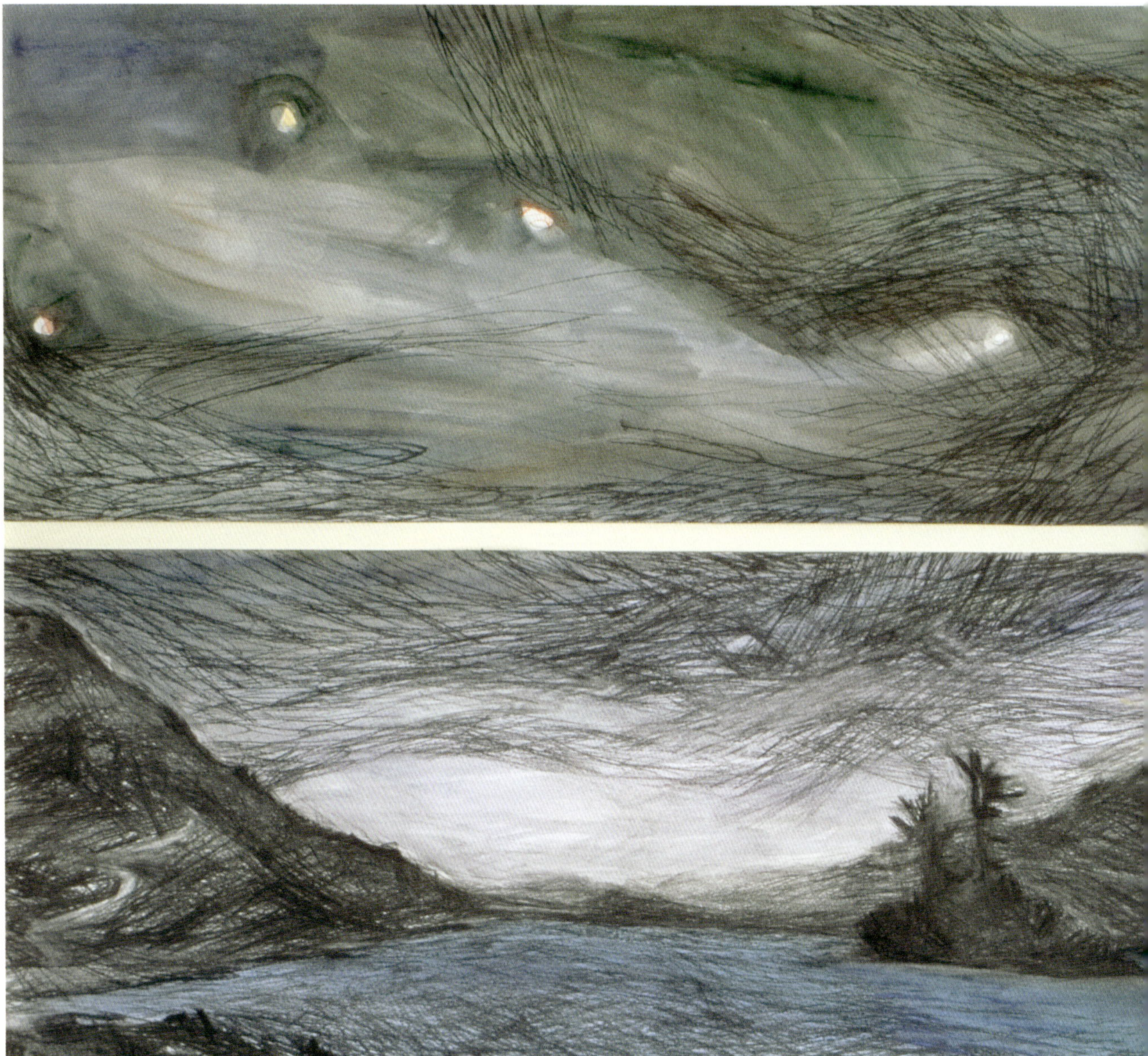

Yn 1970 ysgrifennodd y pensaer Dewi-Prys Thomas, Athro yn Ysgol Bensaernïaeth Cymru, am gymeriad pensaernïol Tyrau Mawr:

> Y Tyrau Mawr soar up to battlemented turret-like crags etched against the sky, haughty and architectonic as their name aptly suggests, fierce. These high ranges form the rampart lips of a vast bowl the ascent to which from the estuary is through a steep and thickly forested gorge.

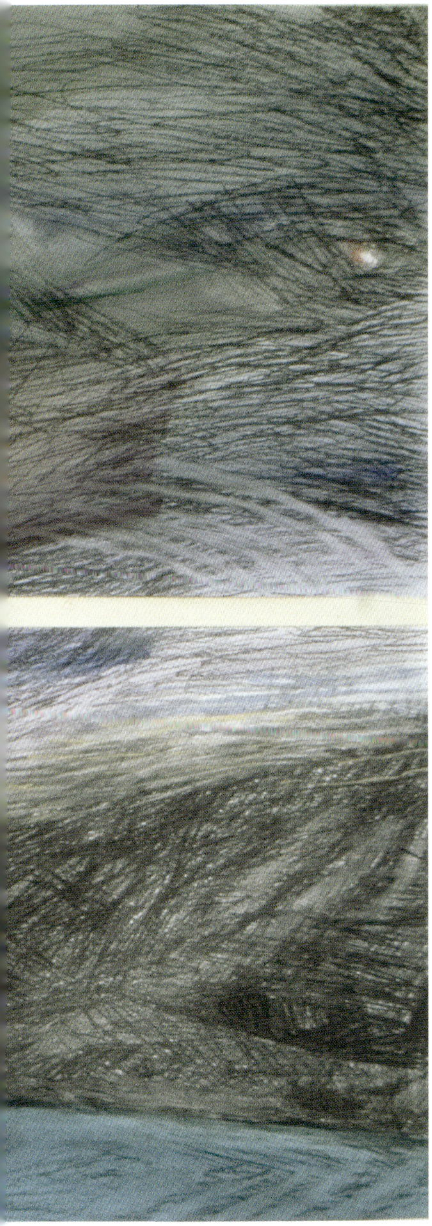

Yn ei fideo try Williams y metafforau hyn yn goncrit llythrennol. Mae'n trawsblannu i lethrau'r mynydd – nid rhai Tyrau Mawr ei hun, ond y copaon sy'n amgylchynu Llyn Cau, mewn teyrnged i Richard Wilson – y 'tyrau mawr' o fegalopolis dychmygol o'r dyfodol agos. Ar y sgrin, mae'r cyfnos yn troi'n nos, ac mae goleuadau'r ddinas yn llosgi'n llachar yn ei lleoliad mynyddig newydd, nes bod yr awyr, ymhen amser, yn goleuo wrth i'r wawr nesáu.

Cododd Williams yr adeiladau o ddelweddau llonydd, a chawson nhw eu modelu mewn proses o'r enw peintio *matte*, a'u digido. Yn eu mysg mae fersiwn o Amgueddfa Guggenheim yn Efrog Newydd a chynllun Zaha Hadid ar gyfer y Tŷ Opera yng Nghaerdydd, adeilad heb ei gyflawni, ac felly yn ddychmygol. Ar Fynydd Moel mae blociau swyddfeydd wedi tyfu. Mae gan Lyn Cau farina, a choronir Pen-y-gader gan fast cyfathrebu tal.

Ar y trac sain clywir cerddoriaeth fawreddog, yn rhannol gerddorfaol Hollywoodaidd, a rhannol electronica. I gyd-fynd â'r trac, adrodda Williams am ddyfodiad sydyn y ddinas hon, a bywydau gwag ei thrigolion cynnar, mewn parodi dinesig o *Dan y Wenallt*. Dywed sut methodd ei sylfaenwr, 'cadfridog Rhufeinig' o ddatblygwr tir, fyw yn ddigon hir i weld cyflawniad ei weledigaeth. 'Cafodd ei ladd gan ffrwd o goncrid gwlyb, a fyrstiodd allan o estyll pren haenog a adeiladwyd yn wael, ar droed yr hyn a oedd yn mynd i fod yn sba a chanolfan lesiant.'

Mae Bedwyr Williams yn adnabyddus am ei hiwmor tywyll, ac ar y dechrau gallai'r fideo â'i sylwebaeth esgus-ddifrifol wneud i rywun chwerthin. Ond cwyd *Tyrrau Mawr* gwestiynau difrifol. Gofynna sut y gallem fod wedi gadael i ddatblygu diatal wladychu cynifer o ardaloedd o'r blaned, gan ysgubo tirweddau a diwylliannau arbennig o'r neilltu i wneud lle i gydymffurfiaeth fyd-eang. Cynigia ddehongliadau gwahanol neu gystadleuol o 'brydferthwch' gwledig a threfol. Gosoda'r unigrwydd llawen o gerdded ar y mynydd yn erbyn yr anghynefindra unig o fyw mewn dinas yn yr unfed ganrif ar hugain.

Gellir ystyried y mynydd-ddinas o *Tyrrau Mawr*, wedi'i ysbrydoli gan ymweliad Bedwyr Williams â metropolis uchel arall, Dinas Mecsico, yn wirion bost, ond mae hefyd yn weledigaeth arswydus, yn rhybudd am sut y gall ein hetifeddiaeth anwylaf gael ei dirmygu a'i dileu. 250 mlynedd ar ôl i Richard Wilson greu llun heulog, paradwysaidd o Lyn Cau a'r uchderau o'i gwmpas, mae *Tyrrau Mawr* yn creu delwedd yr un mor odidog o'r un olygfa, ond yn ei llenwi â bywyd prysur ac awyrgylch tywyll, fel adlewyrchiad o amheuon a hurtrwydd ein hoes ein hunain.

Yn 2001, creodd Eleri Mills olygfa nos dra gwahanol o Gader Idris, a welir o Lynnoedd Cregennan (Ffig.106). Yn *Cader Idris dan y sêr*, mae cymylau'n gwau eu ffordd yn dyner ar draws yr awyr ac mae sêr yn disgleirio'n llonydd dros lethrau isaf y mynydd mawr.

Mae gosod gweithiau Bedwyr Williams ac Eleri Mills ochr yn ochr yn dangos gwirionedd amlwg am yr artistiaid sydd wedi dewis canolbwyntio ar Gader Idris. Dim ond un mynydd sydd, ond mae ffyrdd di-rif o'i ganfod (ac o'i amgyffred), ac o'i drawsnewid trwy gemeg celf. Bu topograffeg – yr awydd syml i gofnodi 'yr hyn sydd i'w weld' – bob amser yn boblogaidd gan artistiaid. Ond mae'r goreuon ohonynt wedi defnyddio'r mynydd mewn ffordd blastig bob tro, gan fowldio ei siapiau, lliwiau a'i hwyliau i ymgorffori eu gweledigaethau artistig personol.

Mae'n drawiadol cynifer o artistiaid – Cornelius Varley, David Cox, Christopher Williams a Robert Newell yn eu plith – sy'n defnyddio Cader Idris fel labordy ar gyfer arbrofion: fel modd o roi cynnig ar ddilyn llinell neu ddal golau a thywydd cyfnewidiol, neu gyfuno lliwiau. Mae John Sell Cotman yn arbrofi â thechnegau peintio newydd er mwyn ailymweld â Chader Idris yn ei gof ac ail-greu ei gwylltineb glas, unig. Mae eraill, megis Turner, Gillian Ayres a Judith Yarrow, yn ceisio dal y teimlad 'yn yr eiliad', corfforol o ddringo a cherdded ar y mynydd.

Mae mynyddoedd yn esgor ar deimladau cryfion, ac mae artistiaid wedi defnyddio eu gwaith ers tro byd i fynegi'r hyn y mae'r mynydd yn ei olygu iddynt. Gosoda Copley Fielding fynyddoedd yn ei luniau fel 'props' mewn theatr Ramantaidd o emosiwn. Yn lluniau Kyffin Williams, mannau tywyll, llwm yw'r mynyddoedd, ac eto maent yn gartref i'w gyd-wladwyr, sydd wedi gwrthsefyll ymosodiadau ac erydu diwylliannol ers canrifoedd. Dilyna gwaith Ogwyn Davies a Teilo Trimble drywydd tebyg.

Ffordd arall o ddod at Gader Idris yw ei thrin nid fel adnodd gweledol ond fel syniad nerthol. Mae panorama Robert Pugh a map Arolwg Ordnans Robert Dawson yn ystyried y mynydd mewn ffyrdd sy'n hynod wahanol i artistiaid confensiynol. Edrych David Patten arno yng nghyd-destun y tensiwn rhwng gwlad a dinas, ac i Bedwyr Williams mae'n cyfateb i'r byd naturiol, wedi'i oresgyn yn dreisgar gan gyfalafiaeth drefol.

Awgryma'r amrywiaeth hanesyddol hwn o edrych ar y mynydd fod gan Gader Idris y gallu i ddenu artistiaid y dyfodol, a fydd yn ymateb o'r newydd i'w hagweddau niferus, a gwneud defnydd newydd ohonynt. Mae'r un peth yn wir am bobl sy'n gweld, casglu a gwerthfawrogi celf – y rhai sydd eto i wneud y daith i'r copa ac sy'n chwilfrydig am sut bydd byd y mynydd yn cymharu â'u bywydau trefol, gwahanol iawn, a'r rhai sy'n gyfarwydd â Chader Idris a'i harwyddocâd yng Nghymru.

FFYNONELLAU

Cader Idris: arddangosfa ar y cyd gyda Llyfrgell Genedlaethol Cymru a'r Academi Frenhinol Gymreig / A joint exhibition with the National Library of Wales and the Royal Cambrian Academy, Aberystwyth: Llyfrgell Genedlaethol Cymru / National Library of Wales, 2001.

John Barrell, *Edward Pugh of Ruthin, 1763–1813: A Native Artist*, Cardiff: University of Wales Press, 2013.

Peter Bishop, *Cader Idris: A Selection of Work Made Over 25 years*, Peter Bishop, 2012.

Peter Bishop, *The Mountains of Snowdonia in Art: The Visualisation of Mountain Scenery from the Mid-eighteenth Century to the Present Day*, Llanrwst: Gwasg Carreg Gwalch, 2015.

Peter Bishop, 'Vision and revision: mountain scenery in Snowdonia, 1750-1880', Ph.D. thesis, University of Wales Aberystwyth, 2001.

R.D. Blackmore, 'George Bowring: a tale of Cader Idris', yn *Slain by the Doones*, New York: Dodd, Mead, 1895.

Euros Bowen, 'Richard Wilson', *Y Traethodydd*, cyf. 137, 1982, t. 116–17.

Sally Budd and Barbara Jones, *Creigiau a thirffurfiau Cader Idris / The rocks and landforms of Cader Idris*, Bangor: Cyngor Cefn Gwlad Cymru / Countryside Commission for Wales, 1991.

Gillian Clarke, 'Climbing Cader Idris', yn *Collected Poems*, Manchester: Carcanet, 1997.

Susan Cooper, *The Grey King*, London: Chatto & Windus, 1973.

Cornelius Varley: The Art of Observation, London: Lowell Libson, 2005.

Pete Davis, *Cader Idris: Soul of a Lonely Place*, Aberystwyth: University of Wales, Aberystwyth, School of Art, 1997; 2nd ed., Alltyblaca: Pete Davis, 2024.

Samatar Elmi, *The Epic of Cader Idris*, London: Bloomsbury, 2004.

Rian Evans and Nicholas Sinclair, *Kyffin Williams: The Light and The Dark*, London: Lund Humphries, 2018.

Oliver Fairclough, 'Richard Wilson revisited', *Transactions of the Honourable Society of Cymmrodorion*, new series, vol. 22, 2016, p. 61–76.

Bethan Gwanas, 'Cader Idris', yn *Essays on Ten Welsh Mountains: Images by Ray Wood*, Llandysul: Gomer, 2008, p. 22–33.

Felicia Hemens, 'The Rock of Cader-Idris', *Selected Poems, Prose and Letters*, edited by Gary Kelly, Ontario: Broadview Press, 2002, p.177–8.

Dawn L. Hollis, *Mountains before Mountaineering: The Call of the Peaks before the Modern Age*, Cheltenham: History Press, 2024.

David Fraser Jenkins a Melissa Munro, *John Piper: mynyddoedd Cymru*, Caerdydd: Amgueddfa Cymru, 2012.

Sydney D. Kitson, *The Life of John Sell Cotman*, London: Faber, 1937.

Robert Meyrick, *Christopher Williams: 'An Artist and Nothing Else', 1873-1934*, Aberystwyth: Aberystwyth: School of Art and Museum, 2012.

John Milner, *Kenneth Rowntree*, Aldershot: Lund Humphries, 2002.

David Patten, *Cader Idris and the City of a Thousand Trades: A Birmingham Sketchbook*, Birmingham: Ikon Gallery, 1989.

Martin Postle and Robin Simon, eds, *Richard Wilson and the Transformation of European Landscape Painting*, New Haven: Yale UP, 2014.

William Pye, *William Pye: his work and his words*, Sudbury: Brown & Brown, 2010.

Clare Rendell, *David Tress*, Llandysul: Gomer, 2002.

Ceri Thomas, *Bywyd a Gwaith yr Artist Ogwyn Davies / Ogwyn Davies – A Life in Art*, Talybont: Y Lolfa, 2022.

Simon Watney, *The Art of Duncan Grant*, London: Murray, 1990.

Scott Wilcox, ed., *Sun, Wind and Rain: the Art of David Cox*, New Haven: Yale Center for British Art, 2008.

Andrew Wilton, *Turner yng Nghymru*, Llandudno: Oriel Mostyn, 1984.

MYNEGAI

Noder bod y rhifau mewn italig yn cyfeirio at rifau'r lluniau.

LLUNIAU

Amgueddfa Cymru: delwedd ar y clawr a thudalennau 19, 30-31, 45, 58-9, 86-7, 103, 110, 115 (gwaelod), 131, 132-3, 144-5, 151, 152-3, 154, 178-9, 180-81.

Andrew Green: tudalennau 15, 16.

Birmingham Museums Trust: tudalennau 174-5.

Casgliad Cyngor Bwrdeistref Sirol Penybont-ar-Ogwr, Swyddfeydd Cyngor Tref Maesteg: tudalennau 129, 134.

Casgliad preifat: tudalennau 113, 118, 164, 172, 182-3.

Casgliad David Patten: tudalennau 174-5.

Casgliad David Tress: tudalennau 4, 167.

Casgliad Paul Joyce: tudalennau 149, 150, 151.

Casgliad Pete Davis: tudalennau 156, 157.

Casgliad Robert Newell: tudalennau 158-9, 160.

Casgliad Teilo Trimble: tudalen 165.

Casgliad William Pye: tudalen 177.

Courtauld Gallery: tudalennau 44, 117.

Fell and Rock Climbing Club Archives a ©Abrahamsphotographic: tudalen 112.

Fitzwilliam Museum/Bridgeman Images: tudalen 78.

Government Art Collection, DU: tudalen 138.

Highgate School, London: tudalen 146.

Leeds Museum and Galleries: tudalen 88.

Y Llyfrgell Brydeinig: tudalen 123.

Llyfrgell Genedlaethol Cymru: tudalennau 33 (gwaelod ar y dde), 34-5, 37, 39, 60, 66-7, 74, 99, 100, 104, 105, 106, 107, 109, 115 (rhan uchaf), 116, 121, 125, 126, 135, 136, 143, 147, 161, 162, 168, 169.

Morgan Library and Museum: tudalennau 46, 47, 48, 49, 50, 51, 57 (gwaelod).

National Gallery of Art, Washington: tudalennau 96-7.

National Portrait Gallery, Llundain: tudalen 28.

National Railway Museum, Caerefrog: tudalennau 140-141.

Norfolk Museums Service: tudalennau 76, 82, 83, 84.

Prifysgol Brunel: tudalennau 170-171.

Rijksmuseum, Amsterdam: tudalen 41.

Robert J Heath/Flickr: tudalen 23.

Royal Albert Memorial Museum & Art Gallery, Exeter City Council: tudalen 137.

Tate Gallery: tudalennau 20-21, 33 (y lluniau ar y chwith), 69, 70-71, 73, 92-3, 150.

Victoria and Albert Museum: tudalen 54.

Whipple Museum, Prifysgol Caergrawnt: tudalen 62.

Yale Center for British Art: tudalennau 25, 26, 33 (top ar y dde), 42, 52-53, 57 (pen), 63, 77, 80-81, 94-95, 120.

Ymddiriedolwyr yr Amgueddfa Brydeinig: tudalennau 89, 90, 91, 108.

Gwnaethpwyd pob ymdrech i ddod o hyd i ddeiliaid yr hawlfraint, ynghyd â chydnabod pob caniatâd ar gyfer y deunydd yn y cyhoeddiad hwn. Mae'r cyhoeddwr yn ymddiheuro am unrhyw wallau neu fylchau wrth nodi perchnogaeth, ac yn croesawu cywiriadau neu wybodaeth bellach er mwyn eu nodi mewn argraffiadau yn y dyfodol.

Cader Idris a'r Artistiaid
Cyhoeddwyd ym Mhrydain gan Graffeg yn 2026.
ISBN 9781805951841

Graffeg Cyf., 15 Cwrt Neptune, Ffordd Vanguard, Caerdydd, CF24 5PJ, Cymru, DU. Ffôn: 01554 824000. croeso@graffeg.com www.graffeg.com.

Argraffwyd gan FINIDR, s.r.o., Czechia.

Mae cofnod catalog CIP ar gyfer y llyfr hwn ar gael o'r Llyfrgell Brydeinig.

Cynrychiolydd UE penodedig:
Easy Access System Europe Oü, 16879218
Mustamäe tee 50, 10621, Tallinn, Estonia
gpsr.requests@easproject.com

Mae'r cyhoeddwr yn cydnabod yn ddiolchgar gefnogaeth ariannol Cyngor Llyfrau Cymru i'r gyfrol hon. www.gwales.com.

Gyda diolch i'r Marc Fitch Fund.

1 2 3 4 5 6 7 8 9

FSC www.fsc.org MIX Paper from responsible sources FSC® C014138